marathon(s)

marat

ISBN : 978-2-02-097275-8

www.seuil.com

Bernard Chambaz

hon(s)

Seuil

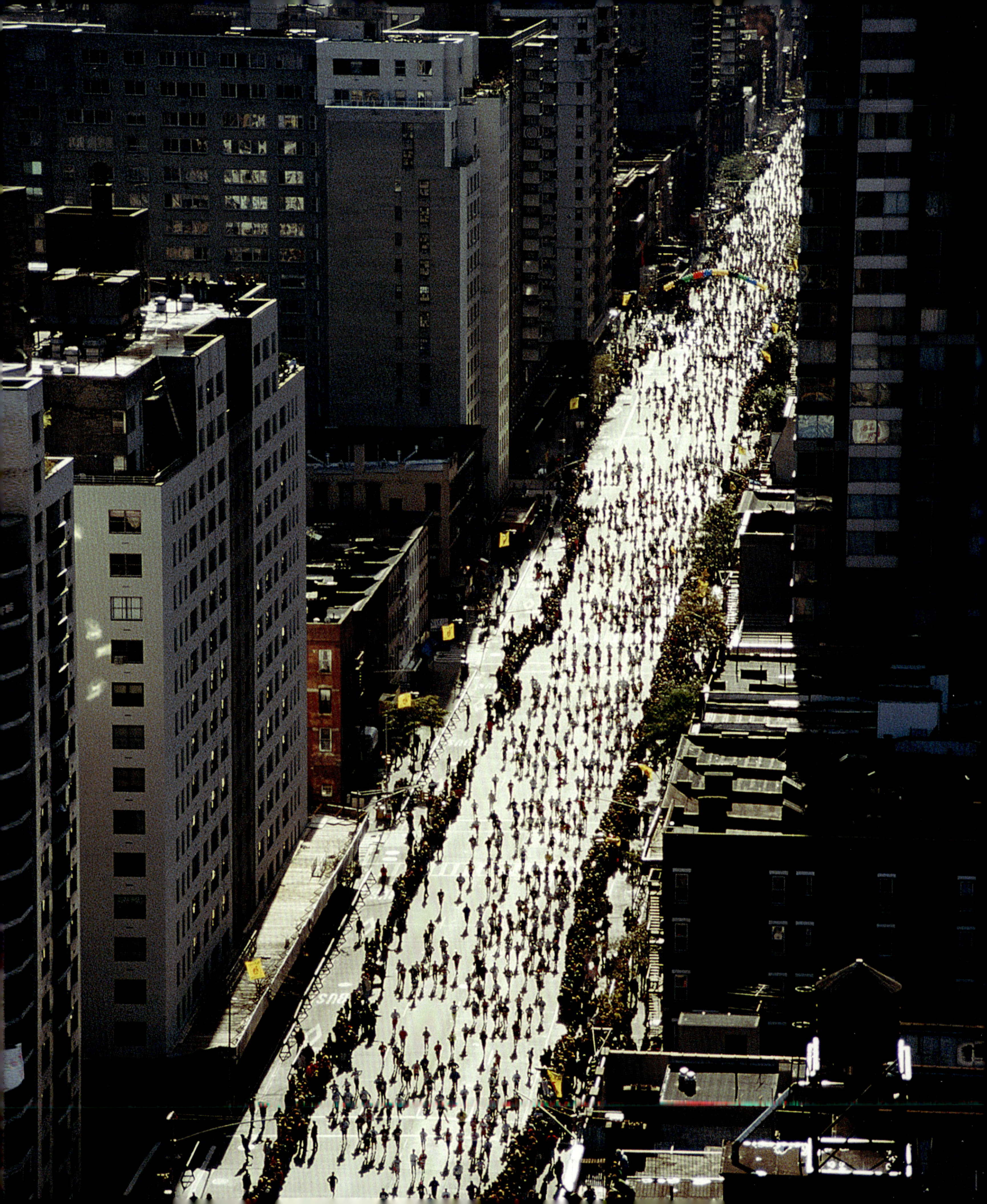

« Je suis un Grec tout neuf, courant dans la blancheur, le long du bleu violent de la mer, et parfois sous les oliviers. Tout va bien. Ma foulée s'allonge. Je trouve le bon rythme. »

Jacques Teboul, *Cours, Hölderlin !*

« Cette course-apothéose que nous suivions par échos répercutés d'une colline à l'autre se courait entre les pages roses du dictionnaire. »

Antoine Blondin, *L'Ironie du sport*

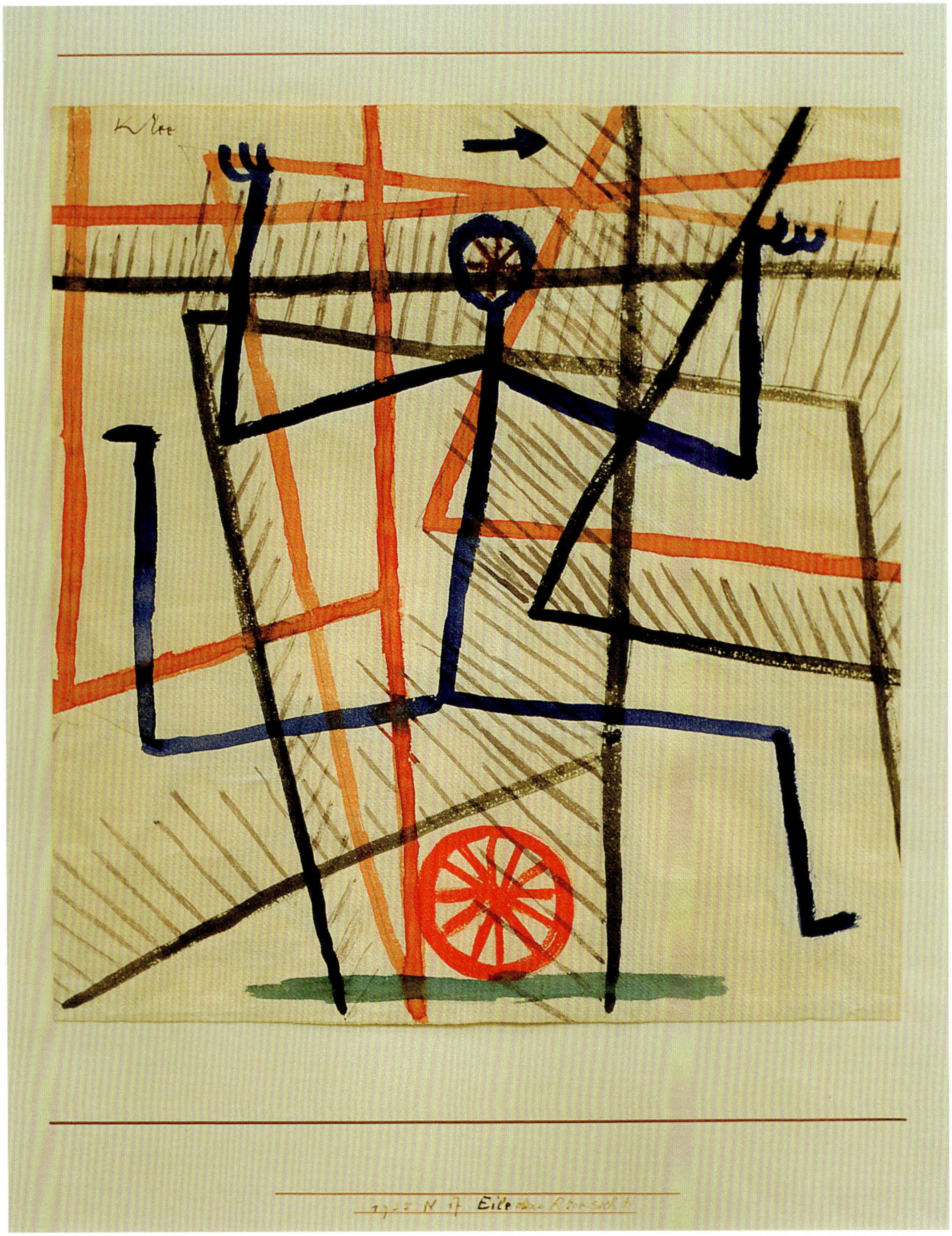

Paul Klee, *Hâte sans égard*, 1935, collection de la famille Klee.

Dans le *Dictionnaire alphabétique et analogique de la langue française*, « marathon » vient juste après « marasquin », qui est une liqueur de cerises conseillée pour se chauffer le cœur mais peu recommandée avant de courir. Grâce à un comité scientifique de premier ordre, l'article précise que le mot est masculin et que tout a commencé par une histoire de soldat. Toutefois, la distance indiquée – 42 kilomètres 750 – laisse songeur. Pour les 750 mètres, pas pour les 42 kilomètres. On y reviendra.

Le soldat, je l'ai rencontré une première fois en classe de sixième. C'était au cours des guerres médiques qui opposaient les Grecs et les Perses, au printemps 1960. Xerxès infligeait trois cents coups de fouet à la mer coupable d'avoir démonté les ponts de lin blanc et de papyrus qu'il avait fait construire pour que ses armées mettent le pied sur ce qui sera le continent européen. Malgré son attirail, un soldat grec pouvait bien courir jusqu'à Athènes annoncer la bonne nouvelle.

Trois mois plus tard, Abebe Bikila allait triompher, pieds nus, sous l'arc de Constantin lors du marathon olympique de Rome. Le samedi après-midi, nos professeurs de gym nous lâchaient dans le bois de Boulogne, pour des cavalcades où je mettais toute mon âme à bien figurer, des cross-country en général plus boueux que poussiéreux qui nous accoutumaient à une praxis plus britannique qu'athénienne sur des distances toutefois nettement plus raisonnables.

Le soldat, je l'ai rencontré une deuxième fois, l'été 1974, mais le village de Marathon, perdu dans la plaine attique, ne m'a pas inspiré. En revanche, j'ai vu deux ans plus tard *Marathon Man* et j'ai été fortement impressionné par Dustin Hoffman qui passe son temps à courir autour du

PRÉAMBULE

réservoir de Central Park et retrouve un criminel de guerre nazi. Le jogging devenait à la mode outre-Atlantique. C'était si vrai que le président lui-même, Jimmy Carter, s'y mettait, au moins sur dix kilomètres, à côté de sa résidence de Camp David, un short bleu, un bandana jaune en éponge, le dossard numéro 39, « voyez comme je suis en bonne forme », il courait au milieu des coureurs, quand soudain il fut pris d'un malaise, tituba, dut être soutenu par deux membres de sa garde puis évacué en ambulance. Dans la seconde moitié des années quatre-vingt, pour mon premier roman, j'ai d'abord pensé à une intrigue qui se déroulerait le temps d'un marathon, le genre *Ulysse*, de Joyce, mais en plus court, juste trois heures, ce qui était un peu prétentieux, et deux cents pages, ce qui était assez sage. Finalement j'ai pensé plus judicieux de choisir un sujet, ou un cadre, qui me parût moins biographique sous prétexte qu'en effet je passais pas mal de temps à courir même si c'était, en général, après un ballon. Alors j'ai pensé à la Révolution française et j'ai délibérément choisi comme « mobile » celui qui, dans cette histoire, ne risquait pas de courir puisqu'une paralysie des jambes l'avait déjà condamné à la chaise roulante, un fauteuil dont le siège de velours jaune citron traînait dans un coin du musée Carnavalet, le conventionnel Couthon.

À l'automne 1992, je me suis dit que ce serait une bonne idée de disputer un marathon. J'en ai couru un premier. J'ai adoré. J'en ai couru un deuxième. J'ai adoré. Pour une obscure logique de nombres qui ne regarde que moi, j'en ai couru un troisième. J'ai adoré. Cela dit, il n'y a pas de raison que je n'en coure pas, un jour, un quatrième. Tout est question de temps.

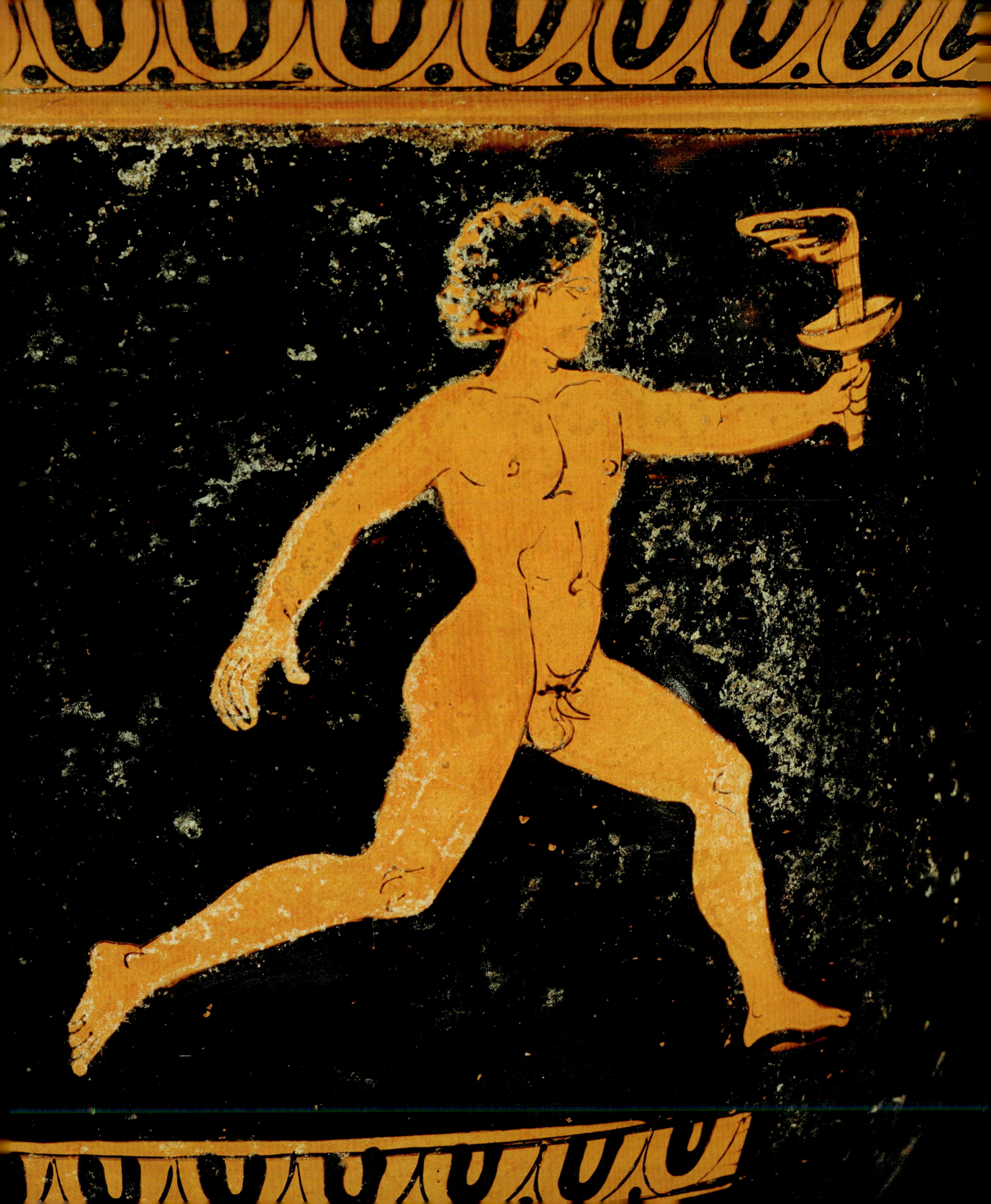

COURIR DANS L'ANTIQUITÉ

Vase grec à figures rouges, attique, environ 400 avant J.-C. Cratère en cloche.

Tapez « marathon » sur un moteur de recherche : vous obtenez 71 400 000 résultats, vous lisez bien, soixante et onze millions quatre cent mille, à savoir beaucoup plus que le nombre de lecteurs sérieusement envisageables, et tout ça en 0,27 seconde, donc au quart de tour, le temps de faire au mieux un mètre voire un mètre cinquante en courant.

Tapez « courir », il n'y a plus que quatre millions de résultats et le premier de la liste est celui d'un magasin de chaussures et baskets mode, lifestyle, hip-hop, toutes ces chaussures ne sont pas bonnes pour la course à pied même si aujourd'hui les commentaires sur le gel et le rebond injectés dans la semelle laissent entendre que les chaussures courent toutes seules. Cela dit, les auteurs grecs n'en seraient pas forcément très étonnés.

Plusieurs dieux couraient à pied. Le plus fameux est Hermès. Dès son premier jour, il fait preuve d'une belle énergie : après avoir transformé une tortue en cithare et joué quelques hymnes, excusez du peu, le voilà qui parvient « en courant » dans les montagnes où il dérobe des vaches immortelles. Il porte des sandales « rapides », c'est-à-dire légères ; il brouille les pistes, il entrelace des rameaux de tamaris et de myrte pour se faire des espèces de raquettes, il y passe presque toute la nuit, « le plus long de la course de la nuit », même s'il marche plutôt qu'il ne court, tout ça avant de faire du feu, « faire jaillir le feu et révéler les moyens d'en faire » (dit l'aède). Donc, si on résume, une première journée déjà bien remplie où il se révèle coureur hors pair puisque « ses pieds ne faisaient pas de bruit, comme il arrive d'ordinaire sur le sol ».

«En courant » : le participe présent dit bien une espèce de dilatation du temps qui s'opère pendant la course. Quant au verbe *theô*, il signifie une action ; c'est d'abord la course des individus et, par extension, la course d'êtres vivants ou d'objets, oiseaux, navires, disque lancé par le discobole, etc. On aurait tort de ne pas prêter attention à la proximité du verbe *theôreô*, qui a le sens d'observer, contempler, voire voyager comme on peut l'entendre aujourd'hui dans l'expression « courir le monde ». Et ce n'est sûrement pas un hasard si « assister aux Jeux olympiques » est le premier exemple donné par le vieux dictionnaire Bailly pour *theôreô*. Tout se passe comme si on pouvait établir un parallèle entre courir et contempler.

Une mention particulière doit être accordée à Artémis. Elle est surtout la déesse de la chasse. Elle passe pas mal de temps à courir à travers les montagnes et les bois ; un arc et un carquois à l'épaule, elle pratique allègrement le cross-country. Elle inspire et protège les nymphes ; ainsi Daphné court pour échapper au désir d'Apollon, elle précipite ses pas, elle est plus rapide qu'un souffle léger, elle va si vite que le vent dévoile son corps, mais ça ne suffit pas, au contraire, elle sent qu'Apollon la rattrape, et sur le point d'être rattrapée elle est transformée en laurier. C'est à Delphes que les vainqueurs des Jeux recevront une couronne de laurier.

Artémis est associée à la commémoration de la victoire. Xénophon en fait mention quand il évoque une grande fête à caractère religieux en son honneur, chaque année, avec le sacrifice de quantité de chèvres. Par ailleurs, Artémis apparaît comme Phôsphoros, porteuse de torches, une flamme qui est olympique et qui éclaire la nuit. Elle préside ainsi à quelques courses aux flambeaux. Au sanctuaire de Brauron qui lui est dédié, les jeunes filles nobles s'exerçaient, pour devenir adultes, à quelques disciplines dont la course à pied.

Atalante est une héroïne qui a pour patronne Artémis. On ne s'étonnera pas qu'elle soit réputée pour ses aptitudes physiques. Elle court beaucoup, je suppose par principe, mais aussi par nécessité, pour éviter d'être violée par des centaures. Elle va sûrement très vite, elle remporte la course et le prix lors des jeux funèbres célébrés en l'honneur du roi Pélias.

Œchonoé à figures noires,
attribué au peintre
de Taléidès, vers 520
avant J.-C., céramique,
Paris, musée du Louvre.

Elle refuse de se marier, mais elle annonce qu'elle épousera l'homme capable de la battre à la course. Elle pense ne courir aucun risque, mais il faut bien raconter des histoires et faire vivre les mythes. N'importe qui ne va pas la défier car elle prévient qu'elle mettra à mort le prétendant défait, mais beaucoup relèvent le défi parce qu'elle est très belle, surtout quand elle a enlevé ses habits, car on a l'habitude de courir à peu près nu. À vos marques, prêts, feu, elle leur laisse un peu d'avance, mais elle est très légère, elle les rattrape, elle les transperce avec une lance. Ovide compare sa course au vol d'une flèche ; il ajoute « c'est la course même qui la rend belle » ; il ne peut s'empêcher d'apporter des précisions, il décrit les rubans de ses sandales, ses cheveux, les bandelettes brodées qui flottent à ses genoux. Hippomène tente sa chance à son tour. Le stade est comble, les spectateurs ravis par le spectacle, Hippomène et Atalante alignés sur le « point de départ ». Les trompettes retentissent, ils s'élancent, ils bondissent, la piste est assez large, Hippomène s'encourage, il ne doit surtout pas ralentir. Il a pourtant « la bouche desséchée par la fatigue », il est essoufflé, haletant, on devine une course de fond ou de demi-fond puisque Aphrodite, qui la raconte par la voix d'Ovide, en résume la fin « pour que mon récit ne traîne pas plus en longueur que la course elle-même ». Sans subterfuge, Hippomène eût été condamné. Aphrodite la déesse de l'amour lui donne opportunément des pommes d'or, il les laisse rouler au sol juste avant d'être rejoint, Atalante les ramasse, il gagne la course. Franchement, elle y a mis beaucoup de bonne volonté, elle était sûrement tombée amoureuse.

« C'est la course même qui la rend belle »
OVIDE

Avec le glorieux Héraclès qui porte la gloire (*kleos*) dans son propre nom, on retrouve des traits analogues. Déjà, il propose à ses quatre jeunes frères une course à pied dont le vainqueur serait couronné d'un rameau

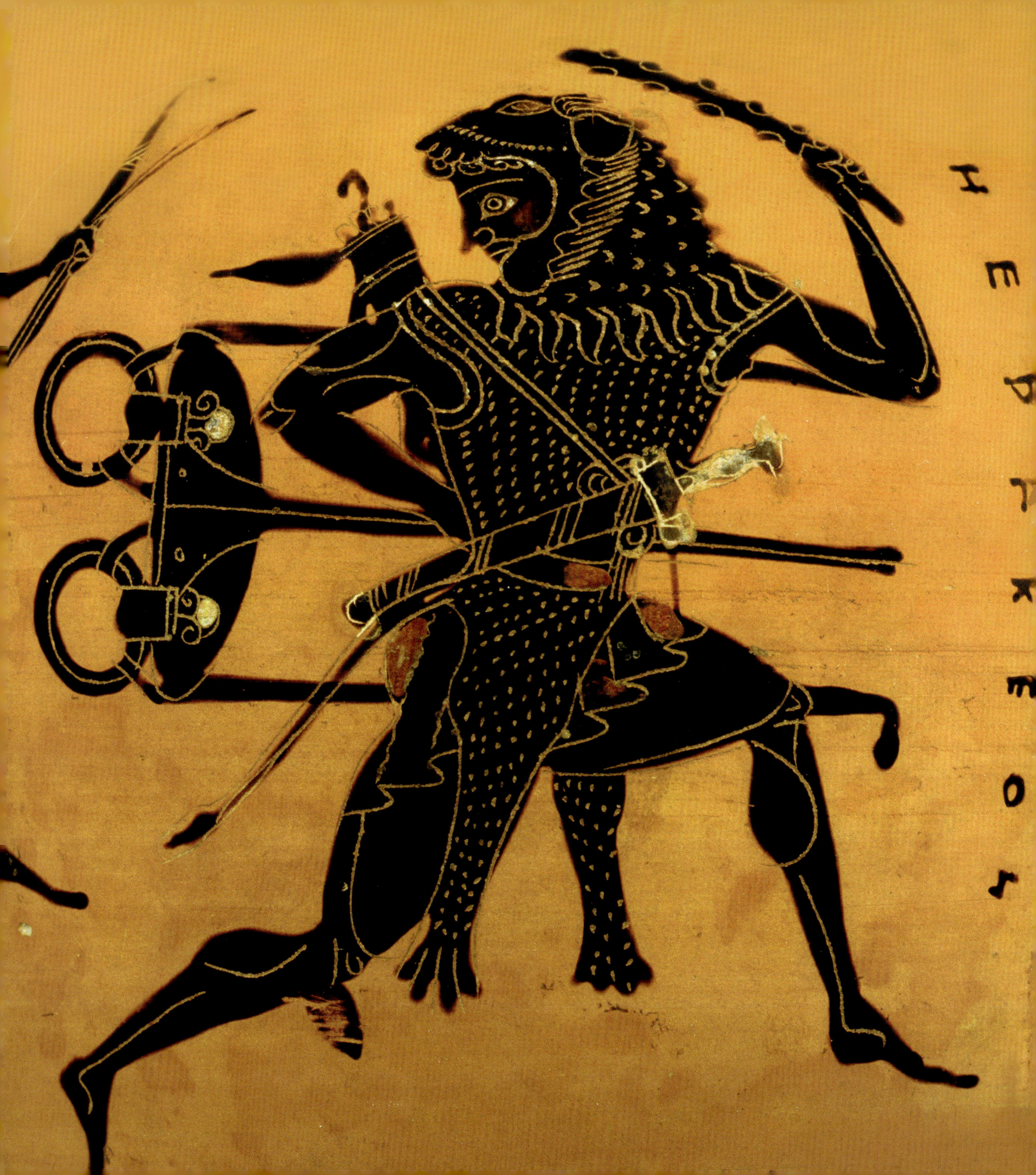

d'olivier sauvage. Puis ses prouesses s'ajoutent à ses exploits des douze travaux qui en font à l'époque le héros le plus populaire de la Grèce. Il est par excellence celui qui franchit les limites, celles du monde habité comme celles de la condition humaine. Sa force le définit. Aux bras est dévolue la force, comme aux jambes la rapidité, mais les bras d'Héraclès ont le pouvoir de jaillir « rapides ». Le quatrième des douze travaux n'est pas le plus connu, mais c'est l'épisode où le héros doit courir le plus longtemps et forcément le plus vite. Il doit capturer la biche de Cérynie qui ravage les récoltes ; or, la biche est liée à Artémis, et elle est très rapide bien qu'elle soit énorme. Héraclès la poursuit une année entière ; c'est elle qui à la fin se fatigue.

Héraclès fonde les Jeux olympiques après les douze travaux et après une ou plutôt deux expéditions militaires contre Augias qui ne l'avait pas payé comme prévu pour avoir nettoyé les écuries de ses chevaux et en prime l'avait banni de son royaume, l'Élide. Dans cette histoire, on ne peut négliger qu'Héraclès a été défait lors de la première expédition, obligé de s'enfuir en courant, ne devant la vie sauve qu'à cette course éperdue et ne reprenant son souffle qu'une fois assuré d'avoir semé ses poursuivants. C'est alors qu'il fonde les Jeux et là, à Olympie, qu'il consacre l'enceinte sacrée (l'Altis).

Après les dieux et les héros, à leur exemple, les rois et les bergers s'y sont mis. Avant d'être roi, Endymion était un simple berger, devenu célèbre pour avoir rendu Séléné (la Lune) amoureuse. Il eut cinquante filles avec la déesse et trois fils avec son épouse. Il décida d'organiser une course pour savoir lequel de ses trois fils lui succéderait ; elle se déroula à Olympie et le vainqueur en fut Épéios, pourtant moins connu que son homonyme qui se distingua, un peu, par ses éminentes qualités de boxeur et, beaucoup, en construisant le cheval de bois fatal à Troie.

Les choses encore plus sérieuses commencent avec Homère. Dans l'*Iliade*, on ne tarde pas à faire la connaissance d'Achille. C'est à la première ligne (au premier vers), il est en colère. Peu après, le voici tel qu'en lui-même, « aux pieds rapides ». Puis, très vite, il apparaît sous la variante mineure mais récurrente, « aux pieds infatigables ». À ce moment, pourtant, il se contente de parler à l'assemblée des Achéens.

Pieds rapides, pieds infatigables, c'est exactement cela, résumées à l'essentiel les vertus du coureur de fond. Et la seule faiblesse d'Achille, personne ne l'ignore, c'est le talon. Le droit ou le gauche ? Je ne crois pas

> *« On les croirait capables de raser les flots sans mouiller leurs pieds et de courir, sans les incliner, sur les épis de la moisson blanchissante »*
>
> OVIDE

que les livres l'aient précisé, la cheville droite si on en croit Rubens. Tout coureur un peu patenté redoute la menace qui plane sur ses tendons d'Achille comme il sait l'importance du talon dans la course à pied pour « attaquer » le sol afin de se propulser en avant en foulées plutôt courtes mais rapides, c'est-à-dire tout aussi agiles. Le coureur antique procède par bonds. Les foulées sont simplement les traces laissées par l'animal sur l'herbe ou les raquettes d'Hermès ; à force, les traces sont la piste où l'on peut discerner les empreintes de pas de la biche ou du lièvre. Enfin, qu'est-ce qui est infatigable (*akamatos*) ? les pieds, la lance, l'individu au combat, mais aussi, et chez Homère seulement, le feu.

Le chant XXII donne un sacré coup d'accélérateur à l'*Iliade*. Dès le début, Achille « galope » et Homère le compare non seulement à un cheval mais à un cheval vainqueur. Il court et il bondit, il brille comme une

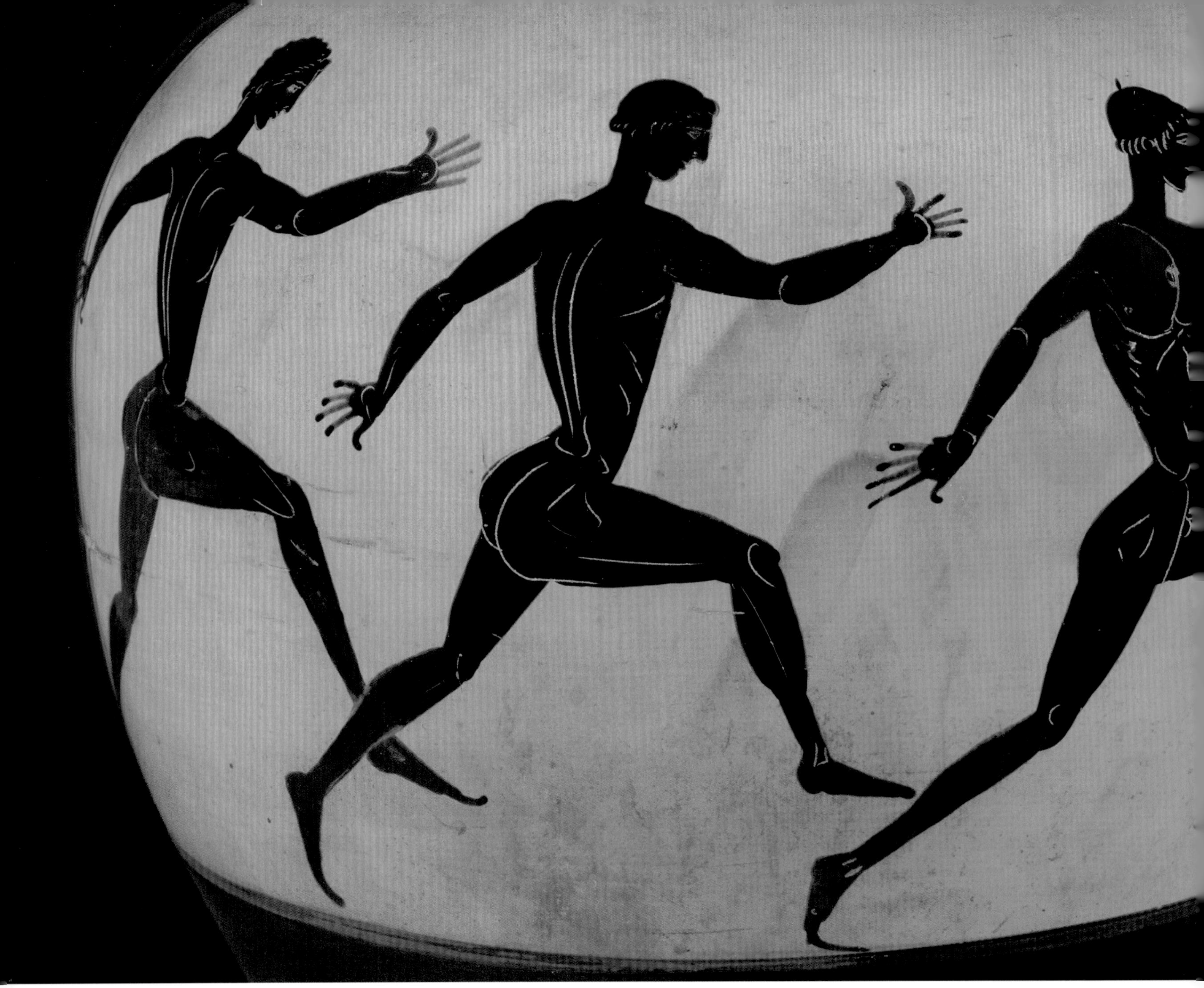

Céramique grecque
à figures noires,
VIe siècle avant J.-C.,
Compiègne,
musée Vivenel.

étoile avec son armure de bronze, c'est la nuit, il est là pour en découdre avec le dompteur de cavales qui a tué son ami Patrocle. Il s'agit moins d'une course que d'une chasse. Hector s'enfuit, Achille le poursuit, ils vont « à toutes jambes » ou encore « à toute allure ». L'enjeu est plus important encore que le prix d'un concours de vitesse puisque c'est la vie d'Hector. On admire que cette espèce de cavalcade soit, au passage, l'occasion d'une description de paysage, par l'aède, pour l'auditeur/lecteur, car ni Hector ni Achille n'ont le temps de regarder le figuier ni les fontaines. Ils font trois fois le tour de la ville de Troie, ils entament

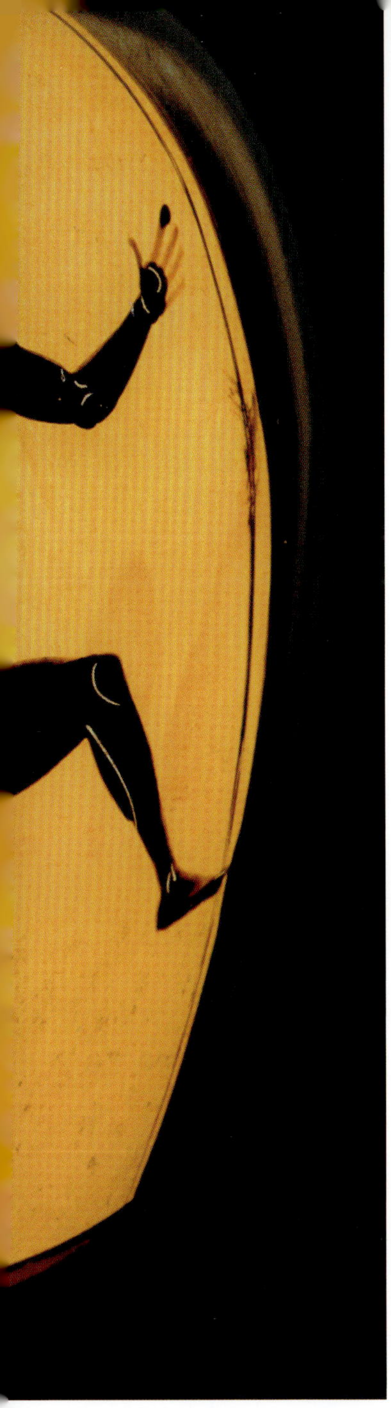

le quatrième tour, Hector n'échappe pas à l'œil d'Achille qui vole comme un oiseau de proie et se retrouve alors dans une troisième dimension qui rappelle le doublet *theô/theôreô* (courir/contempler). Ils se retrouvent même dans la dimension du rêve où l'un n'arrive pas à échapper ni l'autre à rattraper et il faut une intervention et une ruse divines pour mettre un terme à la course. Achille tue Hector d'un coup de lance. Ensuite il le traîne par les pieds autour des murailles, après lui avoir percé les tendons entre la cheville et le talon, glissé des courroies et ainsi attaché à son char.

« On dirait un cheval vainqueur, suivi de son char, qui court sans effort, en allongeant [la foulée] »

Iliade, CHANT XXII

Le chant XXIII raconte les funérailles de Patrocle. Achille organise des jeux funéraires en son honneur. Après avoir éteint le bûcher et recueilli ses ossements blanchis, puis dessiné le cercle d'un tombeau, on en vient aux jeux. Ils commencent par une course de chars où les chevaux sont des coursiers ou des cavales et ont les pieds rapides et les jarrets agiles comme les coureurs. Lors de la distribution des prix, une coupe à deux anses est attribuée à Nestor, assez vaillant à la guerre mais qui ne concourt à aucune épreuve car « la vieillesse fâcheuse désormais (le) presse » : mes membres n'ont plus la même assurance (dit-il) ni mes pieds la même rapidité. À la lutte, Ulysse et Ajax font match nul. À la course de vitesse, Ulysse et Ajax, à peine remis de leurs efforts, et Antiloque – déjà vainqueur, par ruse, de la course de chars – se disputent le premier prix qui est un cratère d'argent magnifi-

« Antiloque dit [d'Ulysse] : celui-là c'est de l'âge d'avant, de l'âge des ancêtres »

Iliade, CHANT XXIII

quement ciselé. Les trois hommes s'alignent alors sur la ligne de départ, ils s'élancent.

Ce passage présente une variante de traduction intéressante. Ajax est en tête. Ulysse est juste derrière lui, au point que les pieds d'Ulysse sont dans les traces d'Ajax « avant que la poussière ait pu les recouvrir » (traduction courante) ; une variante propose : « avant que la poussière ait pu se lever ». En tout cas, Ajax sent le souffle d'Ulysse sur sa nuque. Au dernier stade, c'est-à-dire ce que nous appellerions à l'entrée de la dernière ligne droite, Ulysse demande l'aide d'Athéna, il est entendu, elle lui « assouplit les membres », les jambes, puis les bras, preuve qu'Homère savait l'importance des bras dans la course, elle lui administre une espèce de massage, au moins mental, il gagne. Antiloque constate que le sort est favorable aux « vieux », au « vieillard encore vert ».

Ces jeux apaisent la colère d'Achille qui restitue à Priam le corps par miracle intact de son fils Hector, tel est le cœur du chant XXIV qui clôt l'*Iliade*.

Cela dit, de quels mots les Grecs font-ils usage pour relater la course ? Bien sûr, il faut tenir compte des traductions, de la difficulté de rendre des expressions antiques. Parmi les plus remarquables, j'ai repéré « jouer des jarrets » ; le jarret passe pour être le siège de la force et le pli du genou l'articulation fondamentale ; on aspire donc à « mouvoir ses genoux rapides ». Sur les vases peints, les genoux légèrement pliés sont le signe de la course. Le perdant a les jarrets coupés. Autrement, on met à genoux un adversaire. Quant à Priam, venu supplier Achille de lui rendre le corps d'Hector, ne serait-ce que pour prendre son fils dans ses bras afin d'« apaiser mon désir de sanglots », il lui embrasse les genoux. Enfin les Grecs déposaient des offrandes sur les genoux des statues quand ce n'était pas à leurs pieds.

Courir en grec se dit *dromaô*. L'adjectif *dromaios* désigne celui qui va en courant (vite), c'est bien notre sujet ; le mot indique aussi une qualité peut-être plus surprenante, l'agilité, une légèreté voire une souplesse qui permet de se déplacer vite, le plus vite possible, au point qu'en théologie chrétienne elle deviendra une des propriétés évidemment glorieuses des corps des élus qui leur permettra de se transporter d'un point à un autre instantanément. Tout à côté, *dromaios* c'est aussi l'épithète d'Apollon quand il préside aux courses. Quant à *dromos*, c'est l'action de courir, donc la course (en soi), la course (à qui arrivera le plus vite), et par extension le lieu où l'on court, donc le stade ou tout autre espace qui s'y prête, sans oublier le bien nommé dromadaire et le crabe qui sont par excellence des animaux réputés pour leur aptitude à la course.

> *« Ah ! rends-moi mon fils sans délai, qu'enfin je le voie de mes yeux »*
>
> ILIADE, CHANT XXIV

Sinon, il s'agit d'aller plus vite que les autres plutôt que le plus vite possible. En tout cas, il n'y a pas de point de comparaison d'une course à l'autre, d'une olympiade à l'autre, pas de chronomètre, pas de record à battre, pas de temps de passage. Ce dont on se souvient, c'est de celui qui a gagné. Les coureurs comme les poètes sont étrangers à l'idée de faire un temps ou de prendre son pouls, d'évaluer la vitesse de la circulation du sang dans les veines. Et je n'ai pas vu qu'en ce domaine ils fussent sensibles à la notion de rythme, davantage moderne qu'archaïque.

Essayer de comprendre ce que signifie « courir » pour les Grecs de l'Antiquité c'est déjà poser quelques questions simples.

Qui court ? Les animaux, les chasseurs, les soldats, les athlètes.

Hoplites, amphore
panathénaïque attique
à figures noires, 323-322
avant J.-C., céramique,
Paris, musée du Louvre.

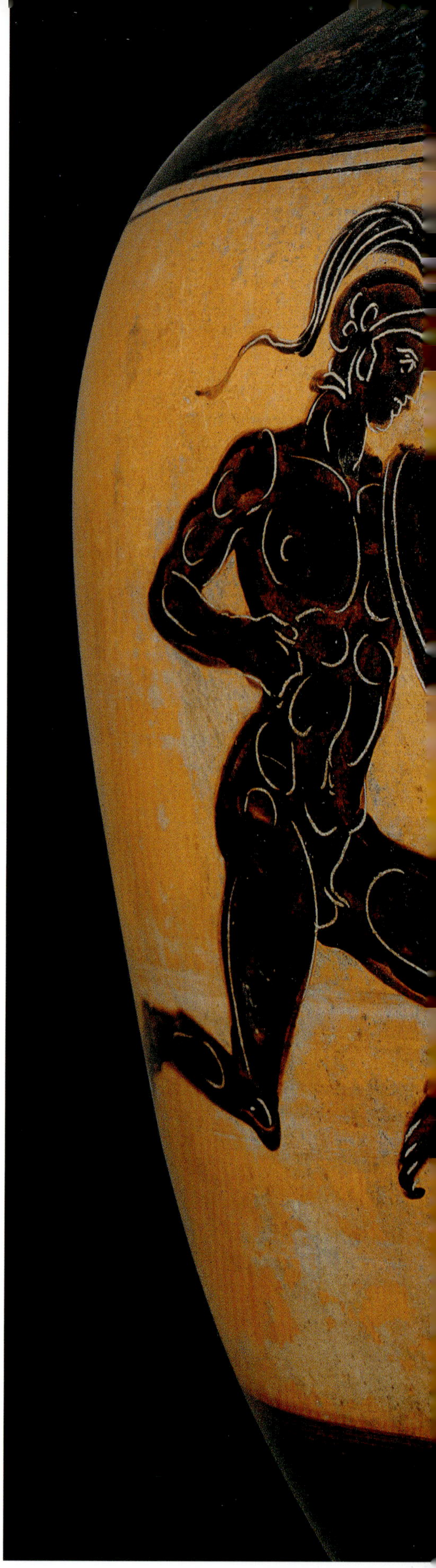

Après quoi court-on ? Pour les soldats et les athlètes, la gloire. Pour les chasseurs, la poursuite du gibier ; beaucoup de héros grecs sont des chasseurs et la chasse joue un rôle essentiel dans toutes les cités, autant comme rite d'initiation que comme entraînement à la guerre. Ainsi les jeunes gens doivent-ils passer par un certain nombre d'épreuves d'endurance exigeantes. Être éprouvé, avoir fait ses preuves, tel est leur lot. Devenu citoyen, il semble qu'on ait plutôt le droit de s'asseoir, à l'agora, à l'ecclésia, au tribunal, pour délibérer. Dans la vie courante, les Grecs courent moins ou en tout cas moins volontiers que dans les mythes.

Au-devant de quoi court-on ? Ce n'est pas tout à fait la même question ni tout à fait la même réponse. Les soldats courent au-devant de la mort, les athlètes au-devant de l'éternité.

Courir seul ? Pour les Grecs, il ne semble pas que cette pratique ait du sens, ce qui rend la course du coureur de Marathon d'autant plus exceptionnelle. On peut supposer pourtant que les athlètes s'entraînaient pour les jeux, c'est le b.a.-ba du coureur moderne. S'entraîner c'est s'aguerrir, s'endurcir, s'exercer, se fortifier, s'éprouver, s'éduquer, s'habituer, donc devenir citoyen.

Courir en grec se dit *dromaô*. L'adjectif *dromaios* désigne celui qui va en courant (vite), c'est bien notre sujet ; le mot indique aussi une qualité peut-être plus surprenante, l'agilité, une légèreté voire une souplesse qui permet de se déplacer vite, le plus vite possible, au point qu'en théologie chrétienne elle deviendra une des propriétés évidemment glorieuses des corps des élus qui leur permettra de se transporter d'un point à un autre instantanément. Tout à côté, *dromaios* c'est aussi l'épithète d'Apollon quand il préside aux courses. Quant à *dromos*, c'est l'action de courir, donc la course (en soi), la course (à qui arrivera le plus vite), et par extension le lieu où l'on court, donc le stade ou tout autre espace qui s'y prête, sans oublier le bien nommé dromadaire et le crabe qui sont par excellence des animaux réputés pour leur aptitude à la course.

> *« Ah ! rends-moi mon fils sans délai, qu'enfin je le voie de mes yeux »*
>
> ILIADE, CHANT XXIV

Sinon, il s'agit d'aller plus vite que les autres plutôt que le plus vite possible. En tout cas, il n'y a pas de point de comparaison d'une course à l'autre, d'une olympiade à l'autre, pas de chronomètre, pas de record à battre, pas de temps de passage. Ce dont on se souvient, c'est de celui qui a gagné. Les coureurs comme les poètes sont étrangers à l'idée de faire un temps ou de prendre son pouls, d'évaluer la vitesse de la circulation du sang dans les veines. Et je n'ai pas vu qu'en ce domaine ils fussent sensibles à la notion de rythme, davantage moderne qu'archaïque.

Essayer de comprendre ce que signifie « courir » pour les Grecs de l'Antiquité c'est déjà poser quelques questions simples.

Qui court ? Les animaux, les chasseurs, les soldats, les athlètes.

Hoplites, amphore panathénaïque attique à figures noires, 323-322 avant J.-C., céramique, Paris, musée du Louvre.

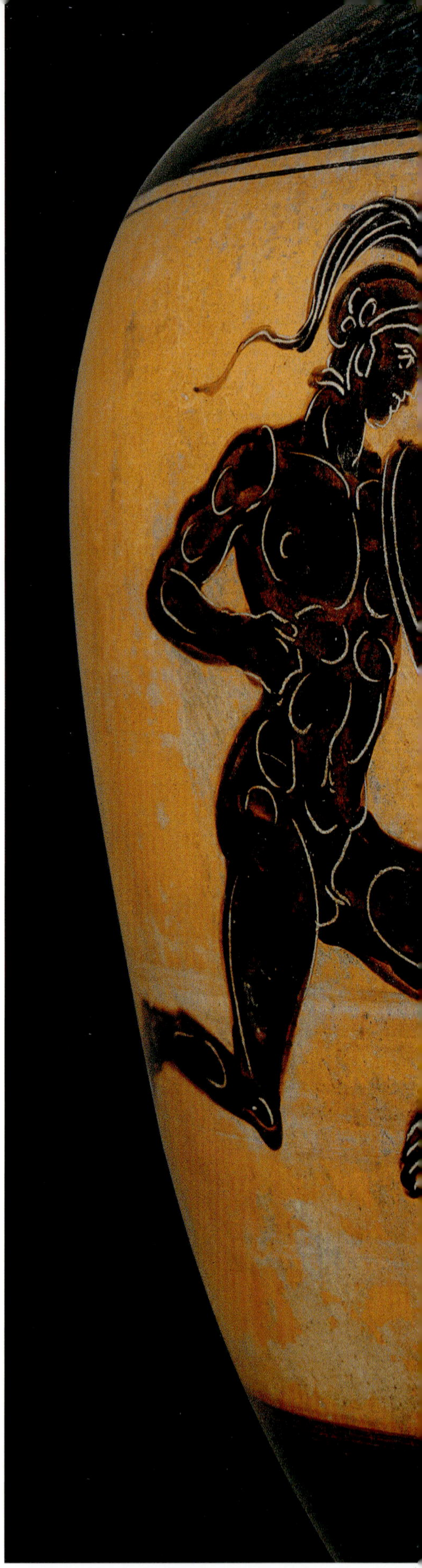

Après quoi court-on ? Pour les soldats et les athlètes, la gloire. Pour les chasseurs, la poursuite du gibier ; beaucoup de héros grecs sont des chasseurs et la chasse joue un rôle essentiel dans toutes les cités, autant comme rite d'initiation que comme entraînement à la guerre. Ainsi les jeunes gens doivent-ils passer par un certain nombre d'épreuves d'endurance exigeantes. Être éprouvé, avoir fait ses preuves, tel est leur lot. Devenu citoyen, il semble qu'on ait plutôt le droit de s'asseoir, à l'agora, à l'ecclésia, au tribunal, pour délibérer. Dans la vie courante, les Grecs courent moins ou en tout cas moins volontiers que dans les mythes.

Au-devant de quoi court-on ? Ce n'est pas tout à fait la même question ni tout à fait la même réponse. Les soldats courent au-devant de la mort, les athlètes au-devant de l'éternité.

Courir seul ? Pour les Grecs, il ne semble pas que cette pratique ait du sens, ce qui rend la course du coureur de Marathon d'autant plus exceptionnelle. On peut supposer pourtant que les athlètes s'entraînaient pour les jeux, c'est le b.a.-ba du coureur moderne. S'entraîner c'est s'aguerrir, s'endurcir, s'exercer, se fortifier, s'éprouver, s'éduquer, s'habituer, donc devenir citoyen.

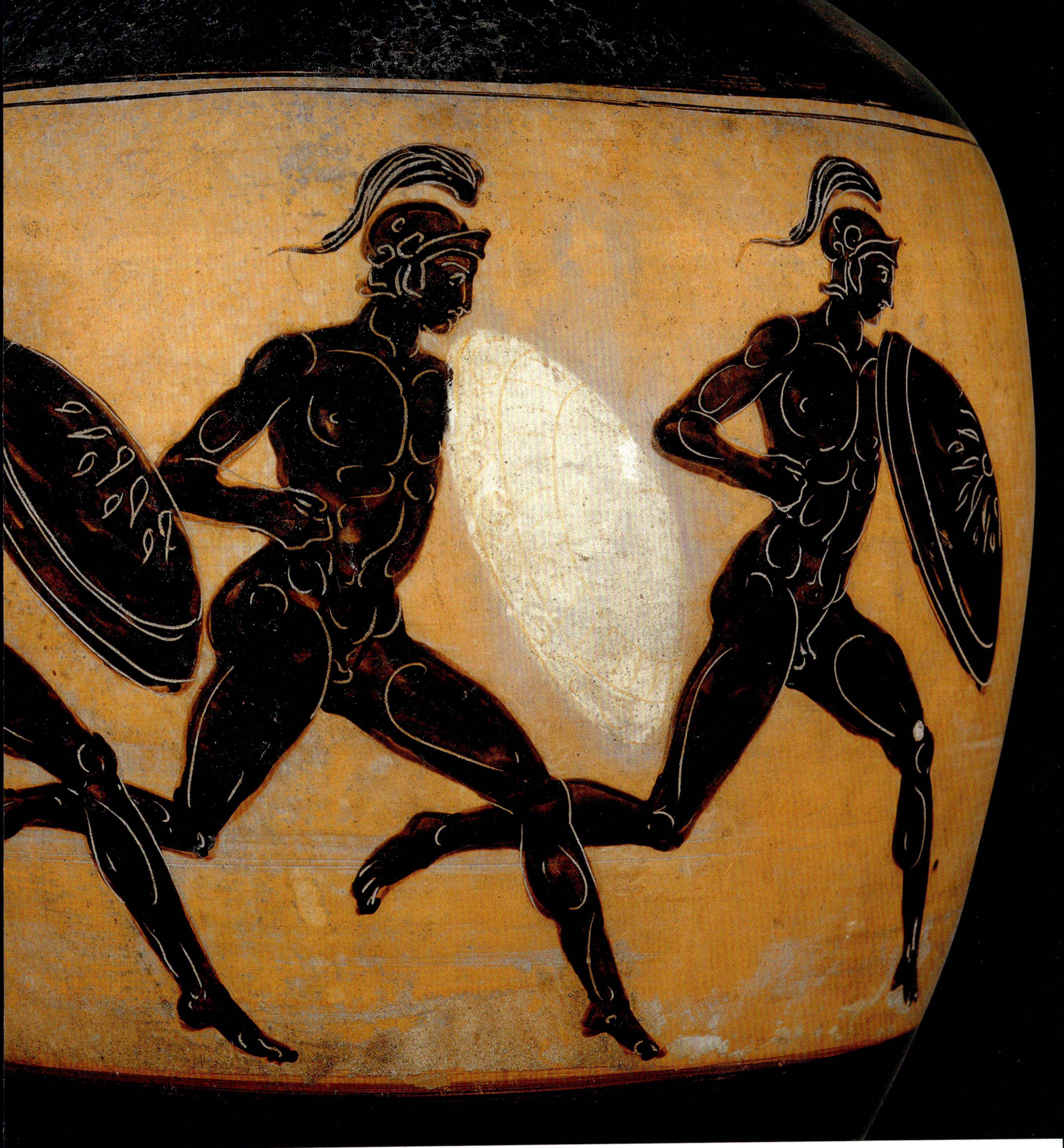

Courir longtemps ? Cette pratique ne semble pas avoir davantage de sens. Il faut qu'il y ait un but, visiblement on ne court pas pour le plaisir.

Courir, sur le plan symbolique, c'est ébranler la terre comme dans les mythes de fécondité. Au sens littéral, c'est se comporter en athlète. Ulysse est le premier athlète de la littérature, cette fois c'est dans l'*Odyssée*, non parce qu'il court les mers pendant dix ans, au contraire, c'est au chant VIII alors qu'il est invité à une fête à la cour du roi Alkinoos. Un hôte met en doute sa qualité d'athlète et sa connaissance des jeux, bien que le fils du roi fasse l'éloge de son corps : « Voyez comme il est fait ! ces cuisses, ces mollets », tout en déplorant qu'il soit « brisé » par les années en mer. Toutefois l'appréciation « il n'a rien perdu de sa jeunesse » est plus aimable que « le vieillard encore vert » de l'*Iliade*. En ce sens, tout semble se passer comme s'il n'y avait pas de place entre la jeunesse et la vieillesse. Il est vrai que le point de vue ne semble pas avoir beaucoup changé chez Montaigne. En attendant, la réponse d'Ulysse est admirable : il était « dans les premiers », il ne dit pas « le premier ». Puis il joint aussitôt le geste à la parole ; il prouve qui il était et qui il est en lançant le disque plus loin que tous les concurrents ; tant qu'à faire, il les défie à tous les jeux, à l'exception d'un seul, la course, parce qu'il a « les jambes rompues » par sa longue errance. Parmi ces jeux, on peut noter une épreuve de saut, et l'on ne s'étonne guère de voir affluer aussitôt des milliers de spectateurs. Enfin, le fils du roi reprend à son compte la litanie des aînés : il n'y a pas « en cette vie une gloire plus grande que de savoir jouer des jambes et des bras ».

Au-devant de quoi court-on ? Courir seul ? Courir longtemps ?

Athlios dit à la fois l'athlète qui lutte et le prix qu'il emporte, donc l'idée de compétition, assez exactement ce que les Anglais nomment *challenge*, la course et la coupe qui vient couronner le vainqueur. *Athlios* dit aussi un côté pénible, qu'on retrouve dans le mot et dans l'idée d'*agôn* quand on y entend l'agonie qui justement vient de là, une lutte essentielle souvent extrême. En même temps, *agôn* désigne surtout l'assemblée, celle où sont réunies les statues des dieux et celle où se disputent les jeux publics, l'emplacement et les jeux eux-mêmes, donc de nouveau la lutte, et par extension le moment critique, le moment (ou pas) du *kairos*, la bonne occasion, l'instant où placer une accélération pour gagner la course.

À leur façon, les hoplites sont également des athlètes. Les fantassins des cités grecques doivent batailler avec un attirail d'une bonne vingtaine de kilos, pas l'idéal pour courir, surtout sous un soleil de plomb. Ils portent notamment la cuirasse (*thorax*) et des cnémides qui sont des espèces de protège-tibias, mais en feuilles de bronze. Les hoplites sont des citoyens entraînés au combat, rangés en phalange, disposés pour les manœuvres et parfois des courses en armes, le bouclier au bout du bras comme on voit aujourd'hui les garçons de café disputer des marathons avec leur plateau. À la longue, mais bien avant l'apparition des cafés, les hoplites seront remplacés par des peltastes, dotés de chaussures légères et d'un équipement moins lourd, et moins coûteux, favorisant ainsi la participation des citoyens pauvres. Dans cette armée, on peut noter la fonction de corps spécialisés, javelotiers ou lanceurs de javelot, archers ou tireurs à l'arc, frondeurs, mais la fronde n'est pas devenue une discipline olympique dans les Jeux modernes. On doit noter aussi des éclaireurs, les prodromoi ; on reconnaît la racine *dromos*, ils émargent donc dans la catégorie des coureurs : ce sont d'abord les yeux de l'armée (on retrouve encore le doublet courir/observer), ils ont aussi la charge de reconnaître le terrain et de servir d'estafettes.

Nul doute que le marathon soit une course qui demande de l'endurance. Le mot « endurance » vient du latin et renvoie à la capacité d'endurcir son corps et son cœur. Quel mot grec en rendrait le sens contemporain ?

Athletis :
1) lutteur ;
2) ex. Démosthène : habitué à la pratique de belles actions.
DICTIONNAIRE GAFFIOT

aucun n'est satisfaisant ; *kartereô*, c'est plutôt être patient ou obstiné voire dur au mal, faire preuve d'une force d'âme qui vient redoubler la force physique, avoir un caractère bien trempé comme on le dit des armes et comme le corps d'Achille à part le talon ; quand Ulysse, au chant XXIII de l'*Iliade*, porte l'épithète de « héros d'endurance » dans la traduction de Paul Mazon, le mot grec envisage « celui qui a beaucoup supporté ou souffert ». Il va de soi que l'endurance est la base de la course de fond ; elle suggère une durée et, si l'on veut, la permanence dans l'être mais une permanence affirmée à travers un mouvement ; je ne sais pas si la tortue a vraiment battu Achille à la course mais, si oui, elle n'a pu le battre qu'en devenant la première à le devancer.

Homère est bien « le patron ». S'il a inventé ce qu'on appelle la littérature, c'est aussi qu'il nous montre, à l'aube de l'histoire, comment on court et pourquoi.

Le nom de Marathon est celui d'un village situé à une quarantaine de kilomètres d'Athènes. Toutefois, il est d'abord celui d'un individu qui donne son nom à la cité qu'il a fondée. Marathon est le fils d'Épopée, le hasard fait bien les choses puisque la fameuse bataille dite de Marathon sera épique. Pour les paysans, ce nom désigne plus prosaïquement celui d'un champ de fenouil.

Cette bataille est restée fameuse dans la mémoire grecque, puis dans la mémoire romaine puisqu'elle faisait partie des sujets de prédilection pour les rhéteurs désireux de rencontrer le succès.

Elle le fut un peu moins dans la mémoire occidentale avant que l'invention des Jeux olympiques modernes ne la remette au goût du jour. Ainsi l'*Encyclopédie* dite de Diderot signale-t-elle par la plume de son principal artisan, le chevalier de Jaucourt, que Marathon « n'est plus qu'un petit amas de quinze ou vingt métairies habitées par une centaine d'Albanais ».

La bataille a lieu la troisième année de la soixante-deuxième olympiade, autrement dit en – 490, entre la mi-août et la mi-septembre si l'on en croit les récits et des calculs assez compliqués où le soleil et la lune sont de la partie. Elle oppose les Grecs aux Perses ; les Grecs, ce sont Athènes et Platées, environ dix mille soldats athéniens et mille Platéens ; les Perses, alors à l'apogée de leur puissance, attaquent les cités grecques pour étendre leur empire. Ils viennent par la mer, ils débarquent sur la plage assez vaste pour déployer leur attaque. Les fantassins grecs prennent position pour empêcher les cavaliers perses d'opérer une percée décisive.

C'est alors que se situe l'épisode le plus célèbre. Le stratège Miltiade envoie un messager à Sparte pour demander de l'aide. L'heure est grave et Philippidès (ou Pheidippidès) doit se presser. Une remarque s'impose : il n'y avait donc pas de cavalier susceptible de joindre l'allié lacédémonien à bride abattue. En tout cas, Philippidès court ; la distance est d'environ deux cent cinquante kilomètres, heureusement il rencontre en chemin le dieu Pan qui lui indique des raccourcis, il s'en sort à deux cent vingt kilomètres, il met trente-six heures, ce qui représente à peine plus de six kilomètres à l'heure, mais il ne court que le jour car la nuit est dévolue aux animaux sauvages et aux bandits. À l'arrivée, on peut supposer qu'il se repose et boit beaucoup, de l'eau « agréable comme du miel », un peu de vin rosé peut-être. Mais la ville de Sparte célèbre des fêtes religieuses et ne peut envoyer des soldats avant la nouvelle lune. Lors de cette fête, on observe le rituel d'une course-poursuite où des types qui portent des grappes de raisin doivent rattraper un type qui porte des bandelettes.

Le nom de Marathon est celui d'un village situé à une quarantaine de kilomètres d'Athènes.

Sur la plage, les uns et les autres attendent plusieurs jours le bon moment pour déclencher la bataille. Comme les flancs de l'armée grecque

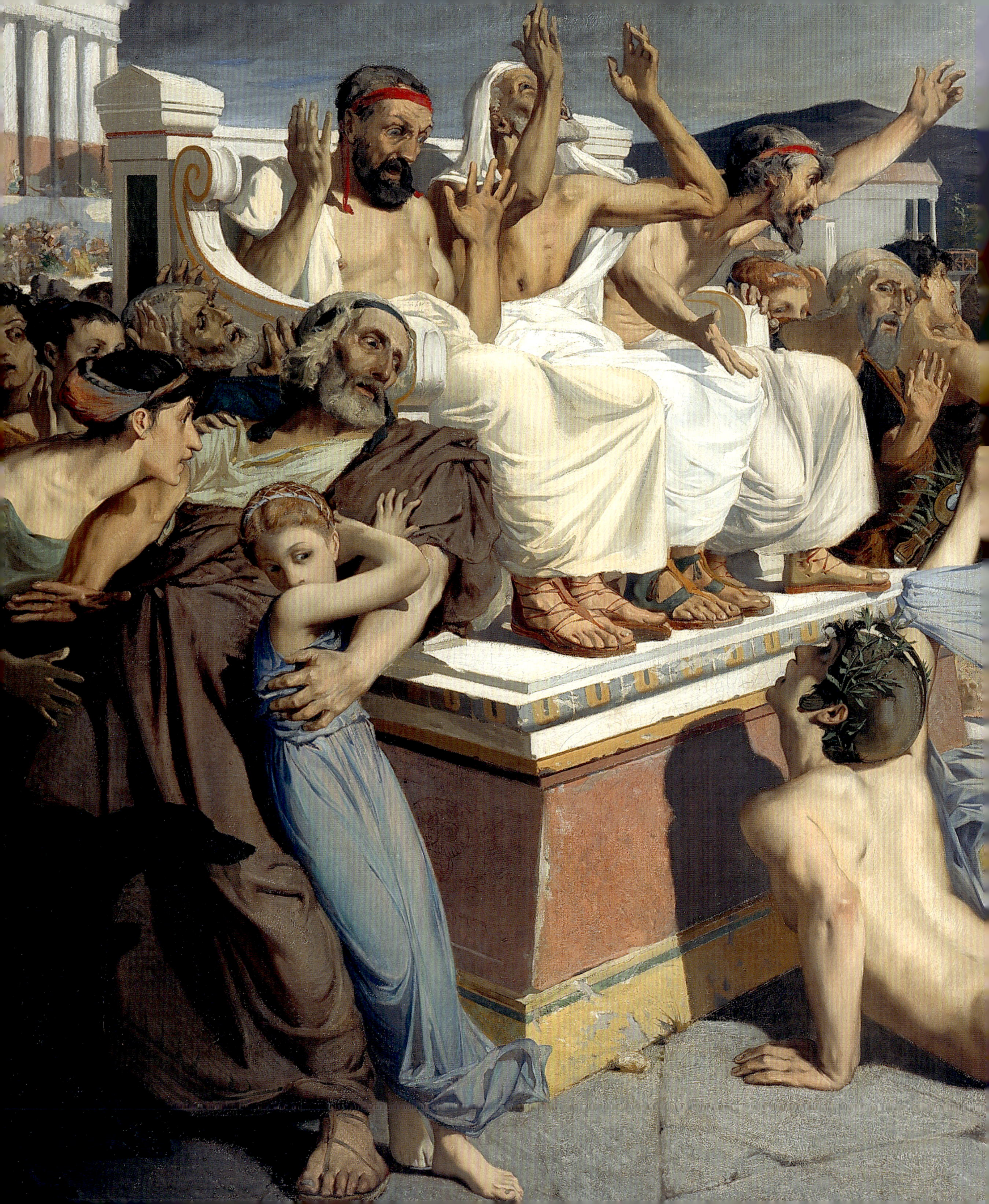

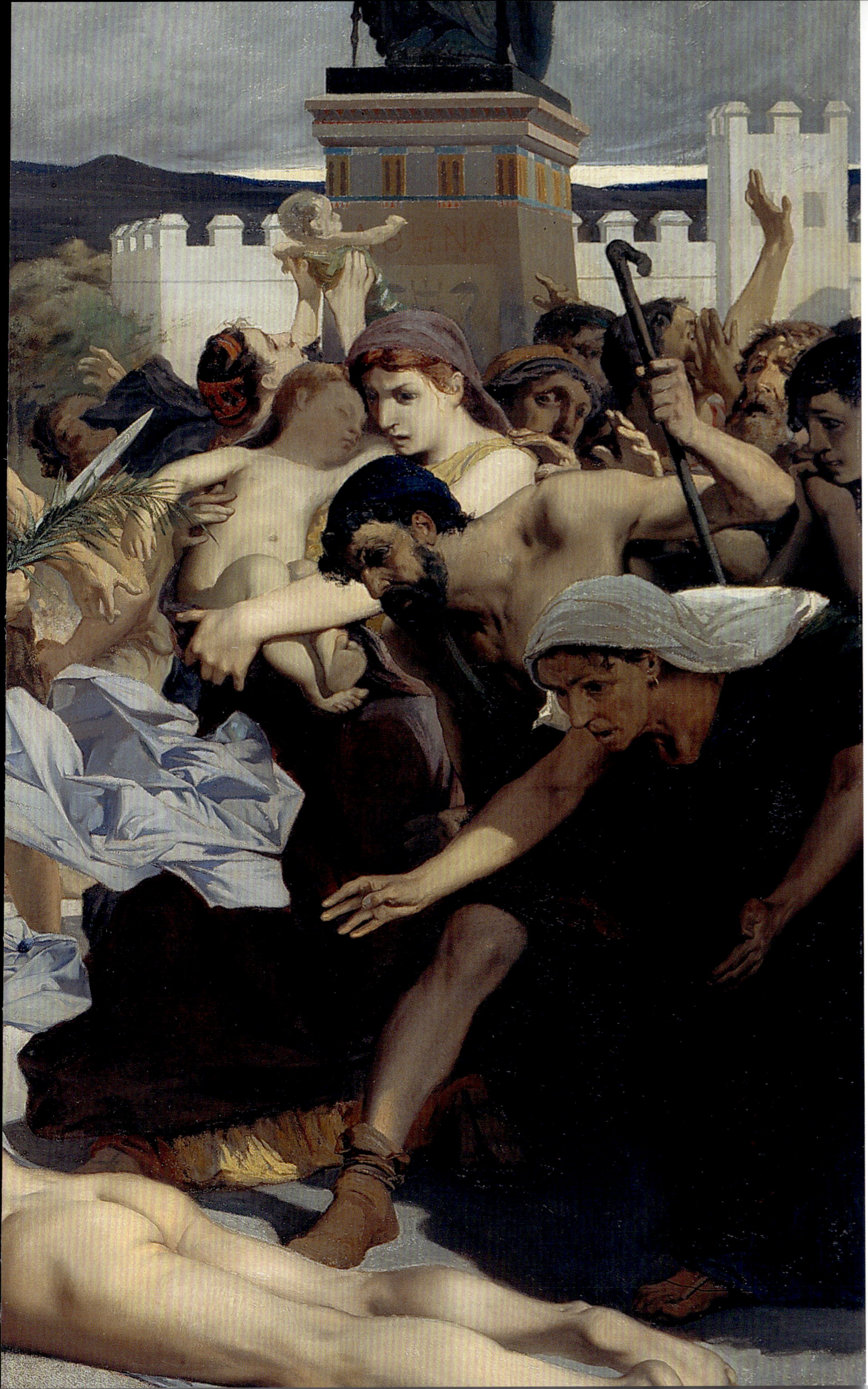

Luc-Olivier Merson,
Le Soldat de Marathon,
1869, Paris, École
nationale supérieure
des beaux-arts.

constituent son point faible, la solution consiste à étirer la ligne de front ; comme son point fort est la phalange et sa capacité à briller dans un choc frontal – d'autant que les soldats perses ne disposent que de boucliers en osier pour se défendre –, l'ordre d'attaquer arrive, donc on y va, au pas de charge puis au pas de course, on y va quand on a compris que les Perses font remonter leurs chevaux dans leurs navires afin de joindre Phalère et d'attaquer Athènes par le sud, on y va sans jamais ralentir malgré le poids de notre attirail en bronze et les Perses sont surpris par cette course inédite des hoplites, « courant dehors [...] et de fureur nous mangeant la lèvre » selon Aristophane dans *Les Guêpes*. Ainsi rejettent-ils les ennemis à la mer et gagnent-ils la bataille. Mais toute menace n'est pas écartée car la flotte perse va bientôt doubler la cap Sounion et attaquer Athènes ; il faut compter une dizaine d'heures de bateau, alors Miltiade envoie un autre coureur, Euclès, pour prévenir à la fois de la victoire et de la menace. Pour leur part, les soldats sont conviés à une marche forcée afin de devancer les Perses et les dissuader de débarquer, Hérodote écrit qu'ils « coururent à toutes jambes ». Il exagère forcément car on n'enchaîne pas comme ça une bataille puis une course, quand bien même on invente une espèce de biathlon. En tout cas, Marathon devient un symbole éclatant. Associée à la victoire de Salamine, dix ans plus tard, elle a pour prix la domination athénienne sur le monde grec et un tribut sonnant et trébuchant à payer pour les autres cités.

C'est au livre VI de *L'Enquête* qu'Hérodote raconte la bataille. Il évoque très vite Philippidès, « courrier de profession », dépêché à Sparte. Mais il ne s'attarde pas sur cette course, il la mentionne à peine, n'en retient que l'apparition du dieu Pan pour signaler qu'après la victoire il faudra édifier un sanctuaire en son honneur au pied de l'Acropole. En revanche, il met en valeur la course des hoplites : « Ils furent, à notre connaissance, les pre-

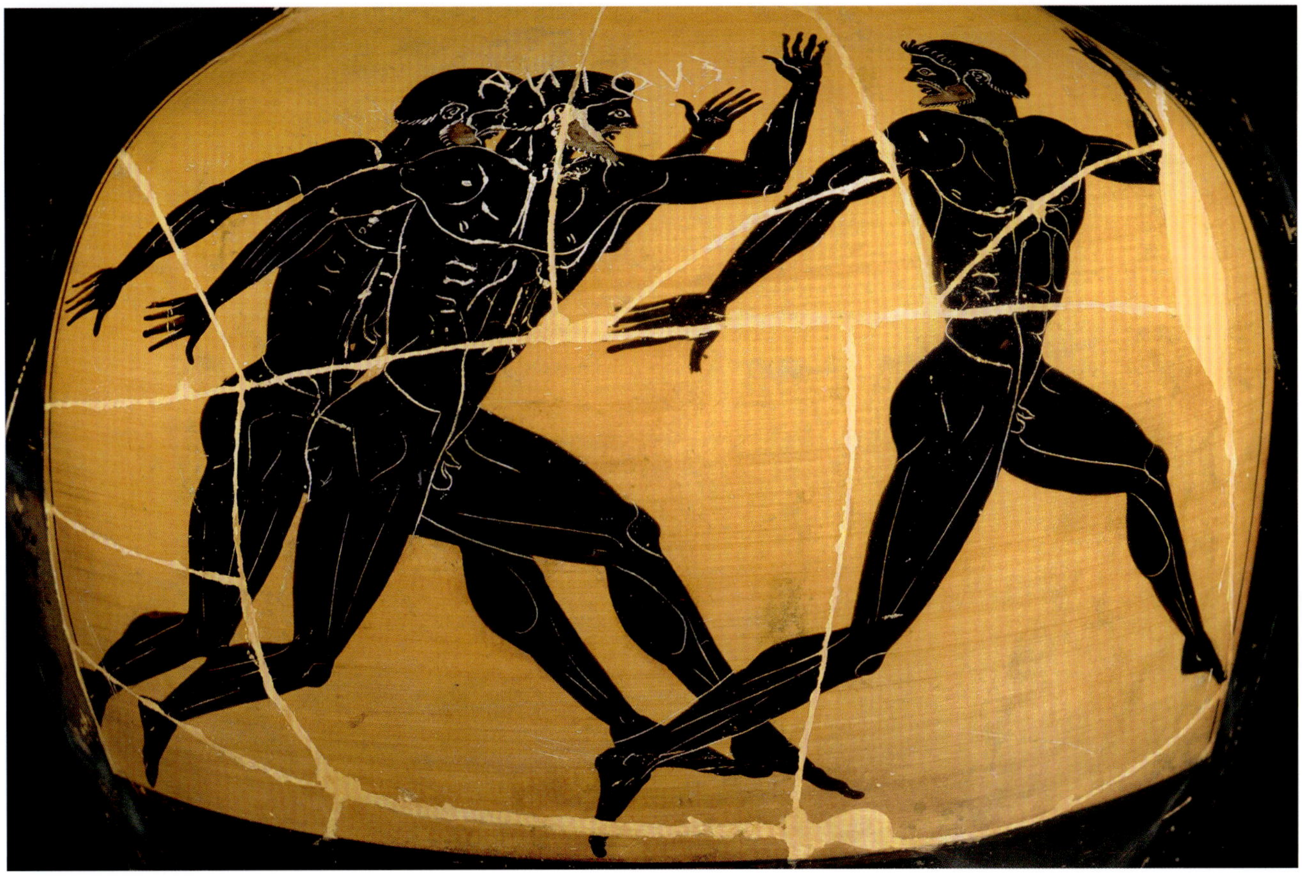

Amphore panathénaïque à figures noires, Ve siècle avant J.-C., céramique, Paris, musée du Louvre.

miers des Grecs à charger l'ennemi à la course. » Aussitôt, le récit révélant le raisonnement, il souligne que pour la première fois ils n'ont pas eu peur, de sorte que c'est bien la course qui apparaît comme le moyen de vaincre l'épouvante.

Pendant la bataille, les soldats athéniens voient un héros d'une taille prodigieuse combattre à leur tête. Il ne fait aucun doute pour eux qu'il s'agit de Thésée. Après la victoire, l'oracle leur ordonne de retrouver ses cendres et de leur donner une sépulture. Naturellement ils observent l'oracle et lui offrent un magnifique tombeau. Plus tard, ils bâtiront à proximité le gymnase de Ptolémée. On peut noter, quitte à sortir du sujet, que ce tombeau fut un lieu d'asile pour les esclaves fugitifs et les pauvres poursuivis par les riches.

Sept siècles plus tard, Pausanias visite et décrit la Grèce. Il s'attache à l'héroïsation collective des soldats morts, enterrés sur place, pour magnifier le lieu et leur sacrifice. Sur leur tombeau, les architectes ont élevé des colonnes où sont gravés les noms, les tribus et les exploits de ces illustres morts. Il ajoute deux remarques extrêmement intéressantes à propos du site. Après avoir rapporté qu'on entendait toutes les nuits des hennissements de chevaux et la rumeur des combattants, il indique que ceux qui sont venus par simple curiosité sont « maltraités » (mais il ne nous dit pas comment) au contraire de ceux qui passent simplement « sans offenser les âmes ». Par ailleurs, si les Athéniens se sont glorifiés d'avoir donné une sépulture à leurs adversaires perses tués au combat, il ne voit aucune éminence ni monument, ce qui semblerait plutôt indiquer qu'on a jeté les corps dans des fosses communes.

« Ils les prenaient pour des fous courant à leur perte, ces hommes si peu nombreux qui attaquaient en courant »

HÉRODOTE

On en oublierait presque le malheureux Euclès envoyé par Miltiade prévenir les citoyens athéniens de la victoire. C'est lui qui a fait les quarante-deux kilomètres en courant et qui est mort à l'arrivée, le temps de dire, dans un dernier souffle : *Nenikekamen*, « Nous avons gagné ». *Nikè* est la victoire, le joli temple d'Athéna Nikè attend son heure sur le flanc sud de l'Acropole. En général, la Victoire a des ailes, comme les sandales de son collègue Hermès. Elle en sera privée, les citoyens les lui enlevant pour être sûrs qu'elle ne s'envolera pas vers d'autres cieux. Quant au peintre Luc-Olivier Merson, il remporte en 1869 le grand prix de Rome pour sa toile *Le Soldat de Marathon*. Il ne l'a pas volé, le soldat, pas le peintre car on découvre le malheureux Euclès dans un décor livide, allongé comme un pompier qui ferait des pompes ou plutôt comme l'otarie du Jardin des Plantes qui cherche à sortir du bassin où les naturalistes l'ont condamnée à tourner.

Certes, les Jeux olympiques de l'Antiquité n'ont pas intégré la mémoire de cette course et ne cesseront de se dérouler sous le sceau de la paix. Il n'empêche que Plutarque présentera Cimon – vainqueur sur mer et sur terre à la bataille de l'Eurymédon qui mit fin aux guerres médiques en – 469 – «comme un excellent athlète, il avait gagné deux batailles en un jour» et qu'il citera Pindare, le poète des Olympiques, à l'appui de sa démonstration. De quoi considérer, que ça nous plaise ou non, la grandeur grecque comme une grandeur d'abord militaire.

Olympie est le site des premiers Jeux.

Les courses y ont la part belle : les courses de chevaux et les courses de chars ainsi que les courses au trot, qui constituent des prémices du biathlon, car le cavalier-coureur sautait à terre à une certaine distance de l'arrivée et finissait en courant tout en tenant le cheval par la bride. Naturellement les courses à pied y ont leur place.

Pindare, qui écrit les *Olympiques*, est une figure majeure de ces Jeux. Il donne lui-même sa date de naissance : la LXVe olympiade, car les Grecs ont pris comme point de départ de toute leur chronologie la fondation des Jeux olympiques (aujourd'hui nous disons – 776). C'est dire leur importance considérable.

On compte par olympiade, c'est-à-dire par cycle de quatre ans. À l'intérieur des cycles, on se fonde sur les autres Jeux panhelléniques. Pindare apporte ainsi une précision : il est né lors de la LXVe, « au moment des jeux à Delphes ». Ces Jeux avaient lieu la troisième année de l'olympiade. Un rapide calcul nous conduit à – 518-517. Le poète a donc vingt-sept ans à l'époque de la bataille de Marathon, il appartient à une riche famille de l'aristocratie thébaine, il a de nombreux clients, des commandes passées

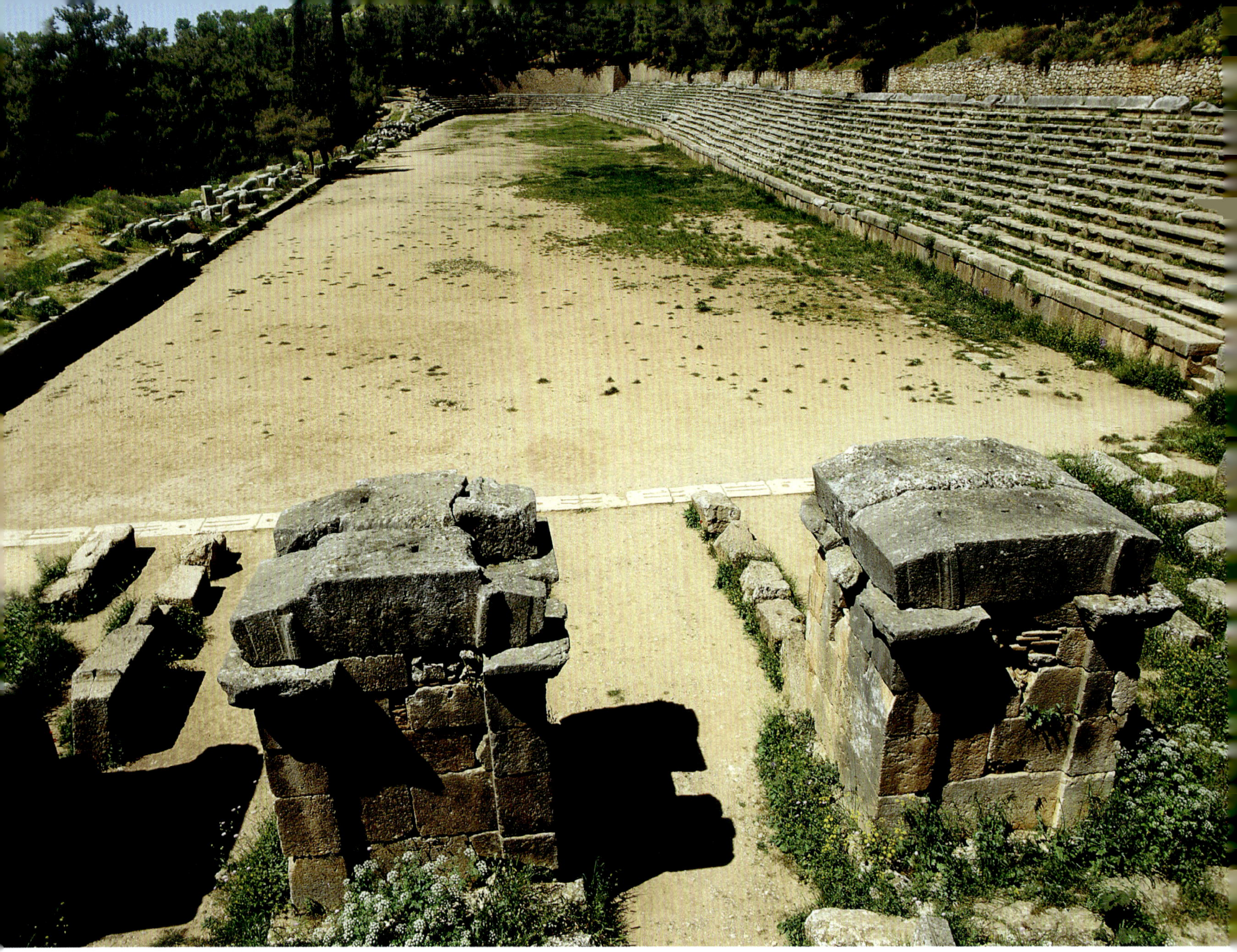

Stade de Delphes
vers 500-400 avant J.- C.

par des personnages éminents, il assiste aux épreuves, il compose des odes, en particulier des odes triomphales consacrées aux jeux, il est honoré et bien payé, par exemple dix mille drachmes pour un vainqueur à la course.

Seules trois des quatorze Olympiques sont consacrées à des champions de course à pied. Ce sont les trois dernières.

La douzième évoque le prix du dolique, soit la course de fond, c'est une ode très courte, vingt vers, on ne risque pas de s'attarder en chemin. Pindare chante le dénommé Ergotélès, de la cité d'Himère, car la cité est toujours étroitement associée à son champion ; elle est située dans le nord de la Sicile, célèbre par ses eaux chaudes, surgies grâce à des nymphes afin

« Là se jugent la vitesse des jambes et la hardiesse endurante de la force »

PINDARE

d'honorer Héraclès. On observe toujours le même réseau de références et toujours la même chanson, « la gloire méritée par tes pieds agiles ». Non seulement Homère a donné le ton, mais il a fixé quelques canons et ses héritiers se font un plaisir et un devoir de reprendre cette évidence des « pieds agiles ». On devine qu'Ergotélès fut crétois et l'on sait par Xénophon, tout à la fin du livre IV, que les Crétois étaient doués pour la course de fond ou en tout cas nombreux à s'y préparer. Il semble même que pour eux « être coureur » signifiait d'abord « être un homme libre ».

Hérodote, qui avait l'œil, n'en rapportait pas moins que les hommes les plus rapides à la course venaient des hauts plateaux situés en aval de la vallée du Nil.

Les treizième et quatorzième Olympiques honorent des vainqueurs de course de vitesse ; Pindare chante « l'éclair de ses jambes agiles » et les victoires de son père et de son grand-père innombrables au même titre – écrit-il – que les cailloux de la mer. Quant à la quatrième Olympique, elle rapporte les paroles d'un vainqueur à la course de chars qui n'en dit pas moins : « Voilà ce que valent mes jambes agiles. » On reste dans le même registre.

De l'avis général, le site d'Olympie a un caractère merveilleux. On ne se lasse pas d'admirer le bois sacré, les temples, le stade.

Olympie se situe dans une vallée dessinée par le fleuve Alphée. Tous les cours d'eau ne courent pas forcément, mais Alphée n'hésite pas à se métamorphoser en coureur à pied pour les besoins de la cause. L'histoire est simple et remet en scène Artémis. Dans la version la plus courante, Alphée désire la nymphe Aréthuse, réputée pour être très belle et parcourir les bois avec une ardeur sans égale. Un jour de grosse chaleur, elle se dévêt et se baigne, nue, à l'ombre des saules au blanc feuillage ; c'en est trop pour Alphée qui se manifeste. La nymphe prend peur, sort de l'eau, Alphée lui dit : « Où vas-tu si vite ? » Elle s'enfuit, il la poursuit, elle court, il court à peu près à la même vitesse, « mais, moi, moins résistante, j'étais incapable de soutenir longtemps cette course ». Ovide fait durer le suspense. La preuve qu'il s'agit bien d'une course de fond, c'est qu'ils traversent des montagnes couvertes de forêts et des lieux où nul chemin n'est tracé avant qu'Aréthuse ne sente le souffle d'Alphée sur sa nuque et qu'elle ne demande de l'aide à sa patronne. Artémis a recours au subterfuge habituel. Elle dissimule la nymphe dans un nuage, mais comme Alphée ne voit pas de trace de pas au-delà il reste dans les parages. Alors la déesse la métamorphose en fontaine et Alphée quitte la forme humaine qu'il avait prise et redevient fleuve pour mêler ses eaux à celles d'Aréthuse.

« Olympie est accessible par le train ou par la route, soit que l'on vienne d'Athènes en suivant à peu près la voie ferrée, soit que l'on traverse en biais le Péloponnèse d'une mer à l'autre »

PIERRE LÉVÊQUE

Les jeux revenaient donc tous les quatre ans, au bord de l'Alphée. Une ville de toile s'établissait alentour, avec les athlètes, leurs entraîneurs, des soigneurs, des serviteurs, des poètes, des spectateurs, des marchands, des parieurs, des trafiquants, venus de toutes les cités de Grèce. Les épreuves étaient réservées aux citoyens, donc à peine 10 % de la population. Elles étaient interdites aux métèques, aux esclaves, et aux femmes mariées ; une mère qui s'était déguisée pour assister à la victoire de son fils avait même été condamnée à mort avant d'être graciée parce qu'elle était de bonne famille. Au fil du temps, les règles s'assouplirent. Avec les Romains, la course à pied périclita. Les jeux du cirque et le christianisme finirent par condamner les Jeux olympiques. En 394, l'empereur Théodose décida de les abolir, décrétant qu'ils étaient impies.

Les historiens ont retenu que le premier vainqueur se nommait Koroïbos, un cafetier de la ville voisine, qui gagna la course du stade. Les poètes imaginent qu'il courut ces 192 mètres en moins de vingt-cinq secondes. Pour un marathon olympique, il faudra attendre vingt-huit siècles.

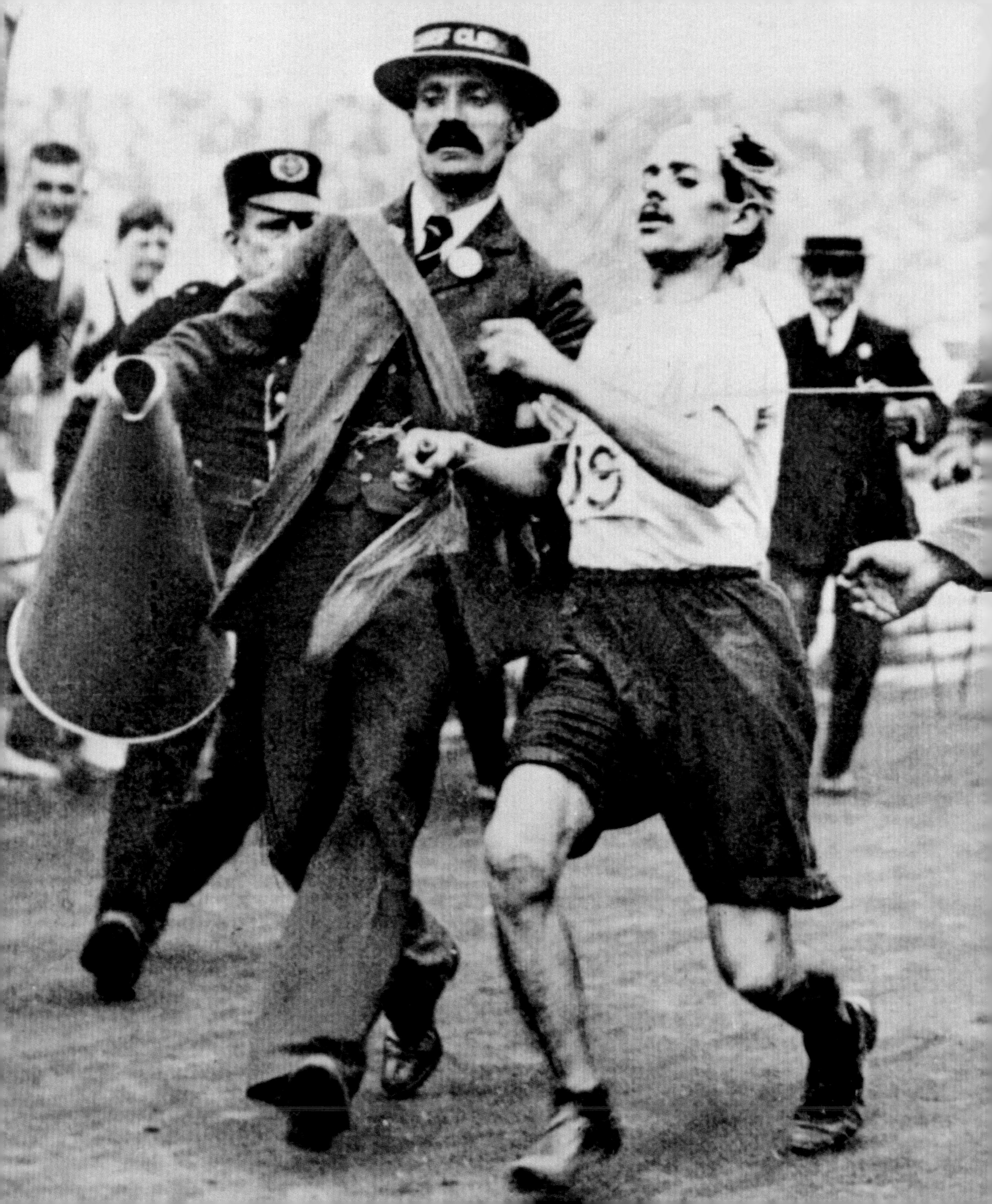
19

LES MARATHONS OLYMPIQUES

Cette année voit la défaite de l'armée italienne à Adoua face aux soldats abyssins, l'invention de la radioactivité par Becquerel, la mort de Verlaine en même temps que paraît son poème « Mort ! » dans *La Revue rouge*.

Jeux olympiques de Londres, 1908. Dorando Pietri, vainqueur du marathon, est finalement disqualifié pour avoir été aidé à se relever après deux chutes consécutives.

Ce sont aussi les premiers Jeux de l'ère moderne, ils ont lieu à Athènes, en avril. Au programme : des sauts, des lancers, des courses, quelques-unes sont assez originales. C'est le cas du 110 mètres haies, avec cinq participants en tout et pour tout, davantage de médaillés que de non-médaillés, le cinquième bon dernier car il saute les haies à pieds joints. C'est aussi le cas du premier marathon, dont l'idée revient à un philologue, lecteur assidu d'Hérodote et de l'*Iliade.* Michel Bréal écrit une lettre au baron de Coubertin pour lui proposer d'inscrire la course au programme des Jeux ; se prenant pour Achille, il offre une coupe en argent au vainqueur.

Le 9 avril, les coureurs passent à Marathon la nuit précédant le marathon. C'est peut-être une façon de s'accoutumer à l'épreuve, à l'inquiétude qui les saisit devant l'inconnu et devant la canicule annoncée. La plupart sont grecs ; un Américain, un Australien, un Hongrois, un Français ont relevé le défi, ce sont des coureurs de demi-fond, déjà médaillés. Le lendemain matin, ils ont le temps de voir la boule du soleil monter dans le ciel attique et surchauffer la vieille écorce terrestre. Le coup de pistolet du départ doit être donné à 14 heures et ils vont courir aux heures chaudes de l'après-midi.

Parmi les impétrants, un berger grec a passé la nuit du jeudi au vendredi à prier devant des icônes et des bougies plutôt qu'à rêver aux montagnes de drachmes, aux mille kilogrammes de chocolat et à tous les rasages *gratis* promis au vainqueur. Spiridon Louys se prépare à sa façon, il est calme, il sait qu'il est là par hasard, une étourderie de son colonel qui avait oublié ses lunettes chez lui et qui fut épaté par la vitesse à laquelle son estafette avait fait les vingt et un kilomètres aller-retour, en bottes et en uniforme, si bien que le colonel (qui s'appelait Papadiamantopoulos, un nom à placer dans la conversation quand on peut, si on peut), le colonel l'avait inscrit au marathon olympique, après tout ce n'était que deux fois plus long et Spiridon courrait en tenue légère. Ce qu'il fait, au milieu d'une affluence considérable, une nuée de suiveurs qui escortent le petit peloton en carriole, à bicyclette ou à cheval, par une chaleur qui provoque l'abandon du plus grand nombre, et Spiridon, sans s'essouffler, sans prendre les boissons qu'on lui tend, ni l'eau ni le vin, sans se précipiter, sans s'arrêter comme dans une longue longue phrase, remonte un à un ceux qui le précèdent, prend la tête de la course, entend à peine le coup de canon qui annonce son arrivée dans le stade en marbre blanc, perçoit pourtant l'ovation qui le salue, avant d'être porté en triomphe par les trois fils du roi. Après sa victoire, Spiridon Louys émet le vœu que son frère, en prison pour une bagarre au couteau, soit libéré. Il sollicite aussi un cheval et une charrette afin de transporter l'eau dont il fera commerce jusqu'à la fin de sa vie. Par ailleurs, il reçoit une myriade de cadeaux, parmi lesquels un billet de chemin de fer permanent sur les lignes grecques et une machine à coudre. On rapporte aussi, mais on brode beaucoup, qu'il refusa la main d'une jeune veuve très riche venue des Amériques pour épouser le vainqueur du marathon.

Le roi Georges s'inclina devant lui et agita longuement sa casquette nautique pour le féliciter. Un lâcher de colombes eut lieu en son honneur. Les fanfares et les feux d'artifice éclatèrent dans Athènes. Il était devenu un héros, donc un demi-dieu.

Accessoirement on peut noter qu'il a couru en moins de trois heures, 2 h 58' 50'', pour être précis, et qu'au bonheur légitime d'un fonds culturel retrouvé et affirmé à la face du monde se mêle l'ambiguïté retorse d'un déferlement de passion nationale.

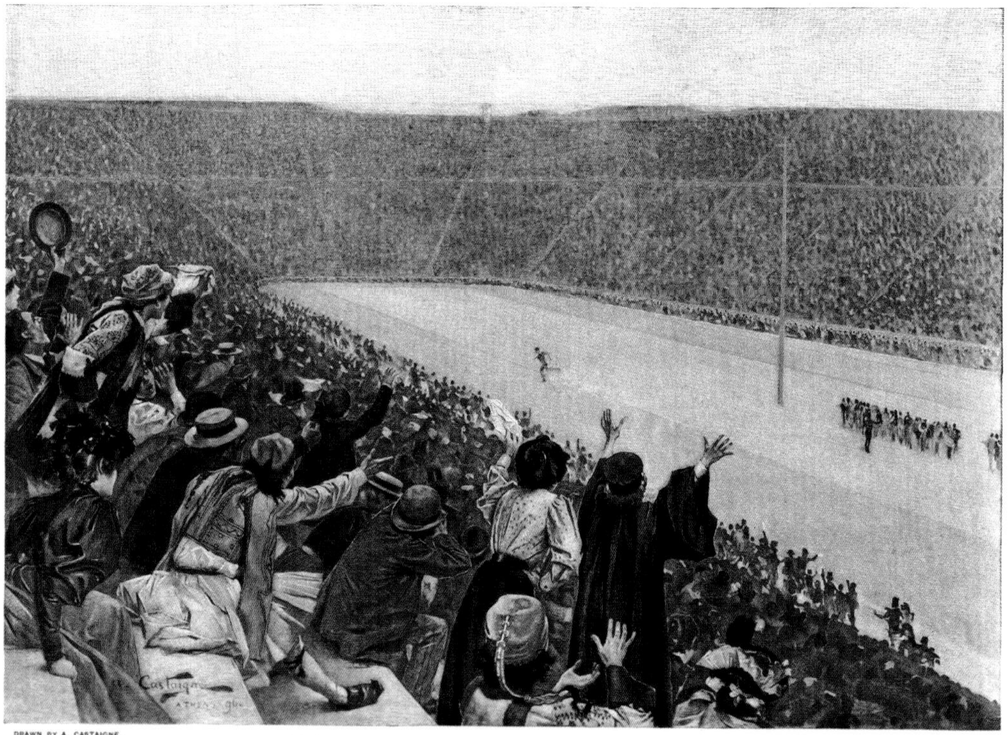

DRAWN BY A. CASTAIGNE.

ARRIVAL OF THE WINNER OF THE MARATHON RACE.

CI-DESSUS :
André Castaigne, *Marathon olympique, Athènes, 1896*.
Le gagnant du marathon entre dans le stade.

CI-CONTRE :
Premiers Jeux olympiques à Athènes, 1896, stade Panathinaikon.

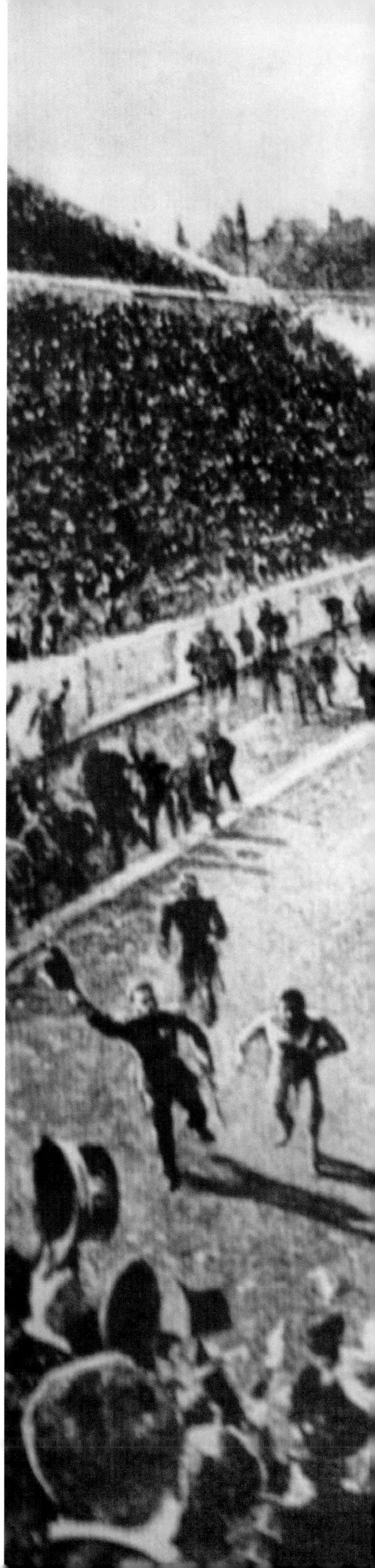

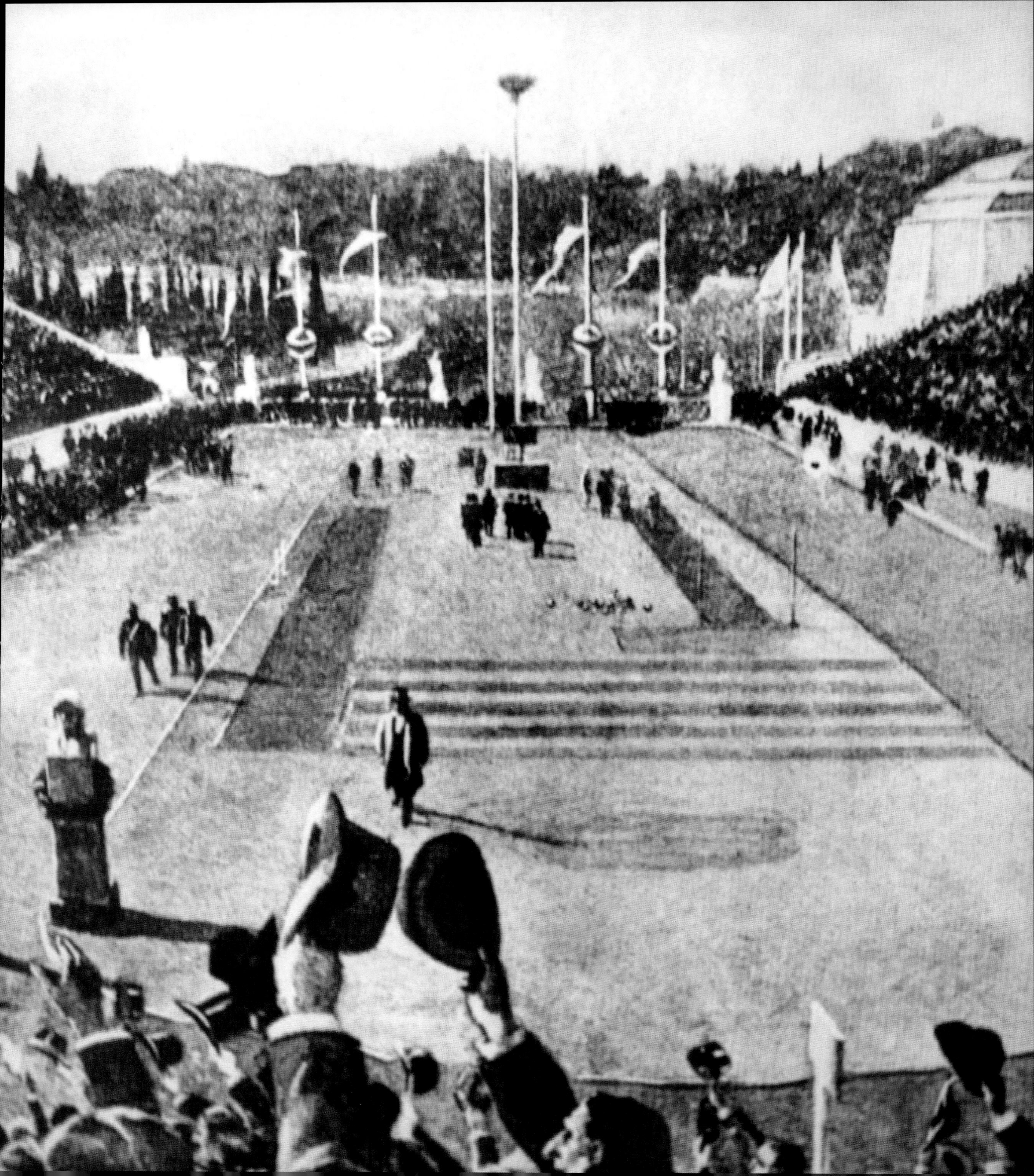

1900, Paris.

Si les Jeux sont sauvés de justesse par l'Exposition universelle qui leur fait une petite place, ils partagent la chronique avec les épreuves de pêche à la ligne et de courses à la grenouille. Le marathon n'est inscrit au programme qu'à la dernière seconde et il pâtit de la distinction entre amateurs et professionnels. Depuis quatre ans, les marathons bien dotés fleurissaient, de sorte qu'on n'observe qu'une maigre troupe comparée au peloton des engagés dans les courses à grand spectacle.

Jeux olympiques de Paris, 1900.

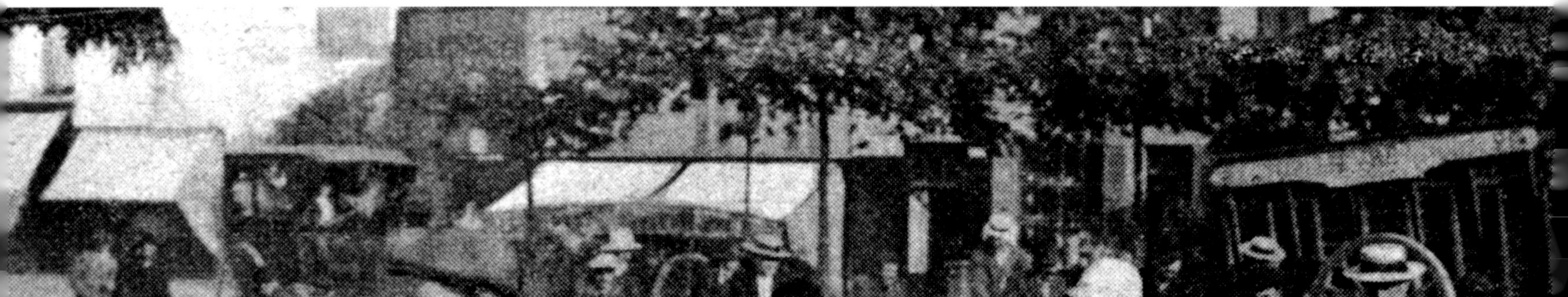

1900, Paris

On est en juillet, la canicule remet ça. Le tracé emprunte les boulevards des Maréchaux, on parlera donc du marathon des fortifs. Le départ est donné au Pré Catelan, dans le bois de Boulogne, mais c'est très vite un joli bordel, avec des policiers de service donnant des indications erronées, des chaussées éventrées, des zones de travaux, l'itinéraire à tracer entre des tramways, des fiacres et même des troupeaux de moutons du côté de la Villette, une indifférence assez générale à l'encontre des « saltimbanques ». Dans la brève côte entre la porte de Vanves et la porte Brancion, un échalas se dégage. Théato reste en tête jusqu'à l'arrivée sur le Pré et donne au 124e régiment d'infanterie l'occasion de jouer la seule *Marseillaise* de ces drôles de Jeux, sans se soucier qu'il fût alors luxembourgeois.

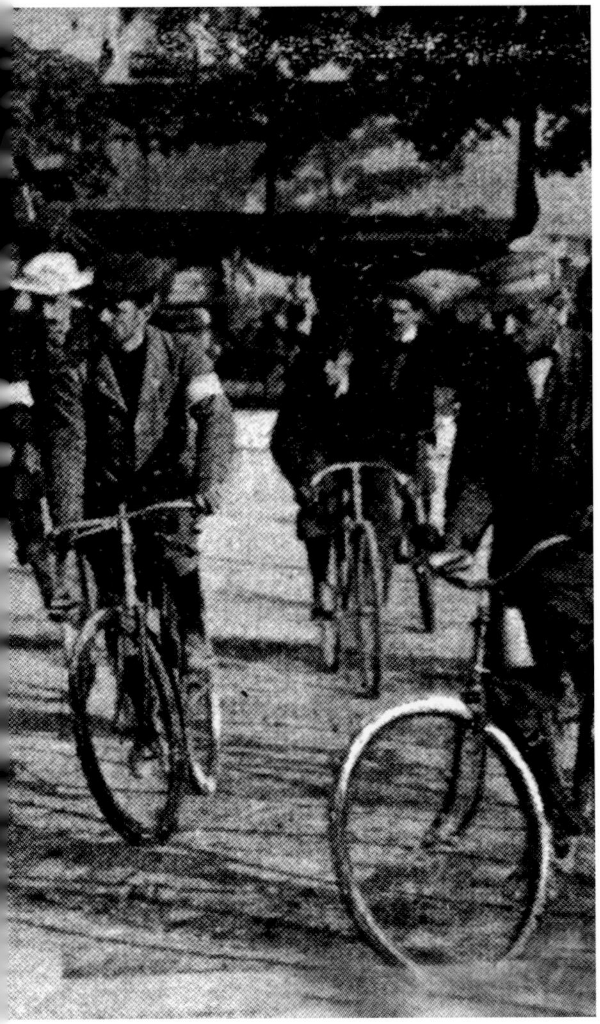

On dit de Théato qu'il était jardinier ou boulanger, en tout cas un type résistant à la chaleur. Lui s'est présenté comme ouvrier ébéniste. Sa victoire fut contestée par la plupart de ses rivaux sous les prétextes les plus futiles. On ne sait pas s'il reçut comme prix un baromètre ou une épingle à cravate. En tout cas, il ne recevra sa médaille qu'en 1912, quand Dorando Pietri aura redoré le blason d'une épreuve décriée. Mais nous n'en sommes pas encore là.

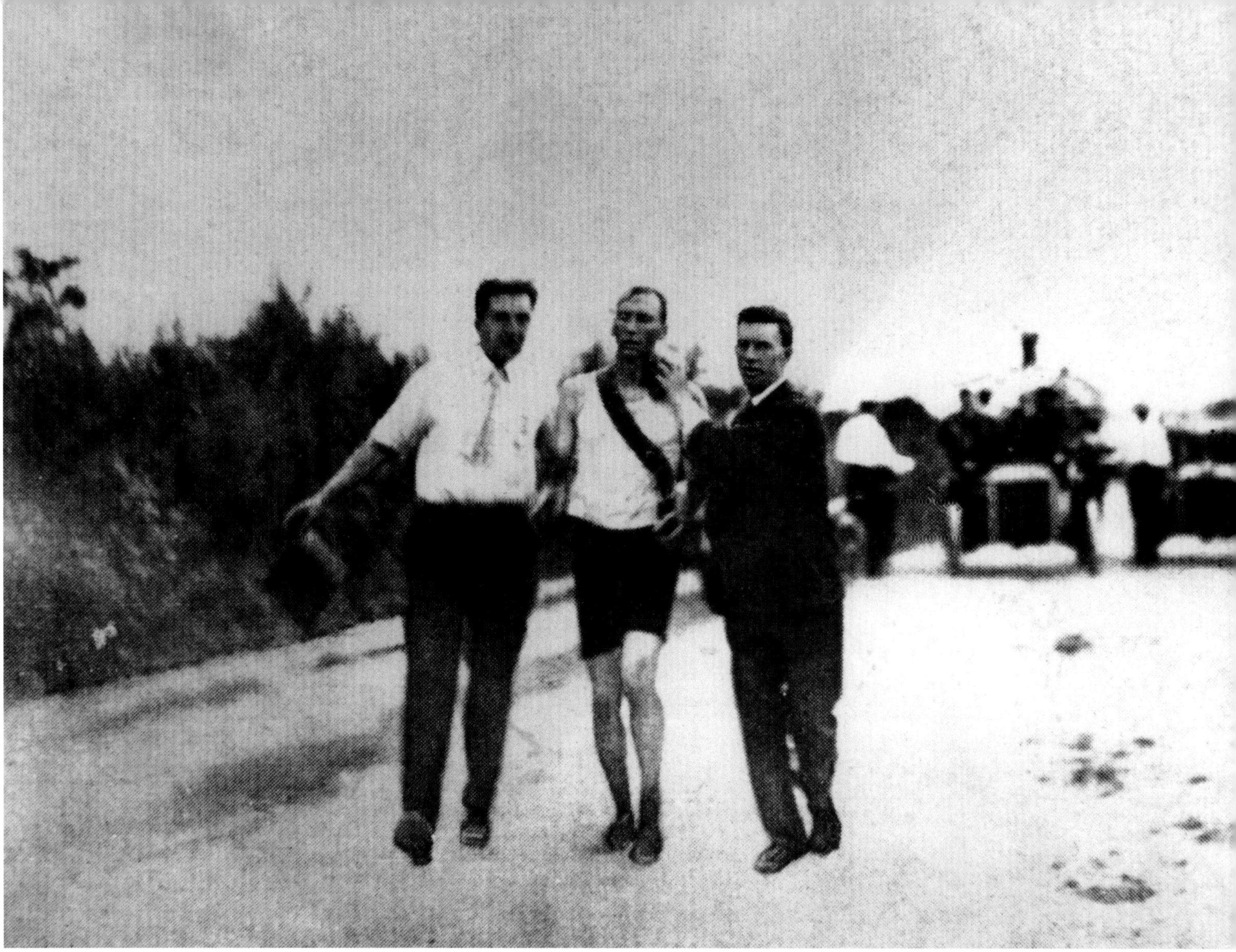

Jeux olympiques de Saint Louis, 1904. Thomas Hicks est vainqueur du marathon.

1904, Saint Louis.

La fête se déplace au bord du Mississippi et a tout d'un barnum voire d'un « zoo humain » où les *businessmen* du spectacle, qui ont déjà ridiculisé Geronimo et Buffalo Bill, organisent des démonstrations réservées à des Pygmées, des Sioux, des Patagons. Le public se moque d'eux et leur lance des quolibets parce que les hommes de couleur ne voient pas pourquoi ils sauteraient des haies alors qu'il est si simple de les contourner.

Le marathon est une autre sorte de barnum, couru dans une chaleur humide et la poussière, et il propose un drôle de podium.

Il y a tout d'abord celui qui est descendu de la plus haute marche avant d'avoir pu y monter, un plaisantin, Lorz, qui arrive frais comme une rose, il faut dire qu'il s'est retapé en voiture pendant une douzaine de kilomètres tout en encourageant par la vitre les coureurs, qu'il s'est remis à courir

1904, Saint Louis

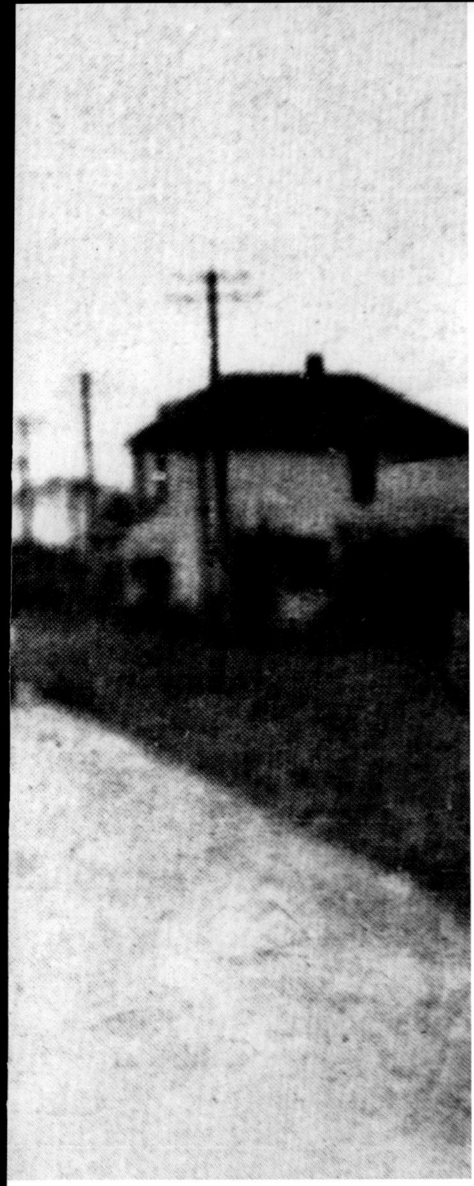

quand la voiture s'est arrêtée à huit kilomètres du but, que l'ovation à son arrivée dans le stade l'a amusé et qu'il a fait durer la bonne plaisanterie.

La médaille d'or revient ainsi à Hicks, qui arrive épuisé, titubant, donné pour mort donc digne du prétendu Philippidès et des rumeurs sur la course-qui-tue, ranimé au vestiaire par les médecins, confirmé dans sa victoire bien qu'il ait surmonté plusieurs défaillances grâce à une rasade de cognac et deux injections de strychnine.

La médaille d'argent revient à Corey, un Parisien qui avait émigré dans la ville ouvrière de Chicago où, à ses heures perdues, il gagnait sa vie comme briseur de grève. La médaille de bronze échoit à Newton.

On aurait garde d'oublier le petit bonhomme resté au pied du podium, médaille de chocolat, un Cubain, habitué à courir, dit-on, par son métier de facteur – comme si tous les facteurs couraient pour distribuer le courrier –, fantaisiste, traversant le golfe et remontant le fleuve au prix d'une opiniâtreté hors du commun, venu sur la ligne de départ en grolles et pantalon long qu'un officiel découpa au niveau des genoux de sorte qu'il partit trois bonnes minutes après tout le monde, plaisantant avec les spectateurs, grimpant sur un pommier pour cueillir des pommes trop vertes, pris de coliques, s'arrêtant sur le bas-côté, repartant car tant qu'on le peut on repart, finissant à la quatrième place, gloire à Félix Carvajal.

« La route était tellement encombrée que les coureurs ne pouvaient relâcher leur attention s'ils voulaient éviter les chevaux et les chariots »

RAYMOND POINTU

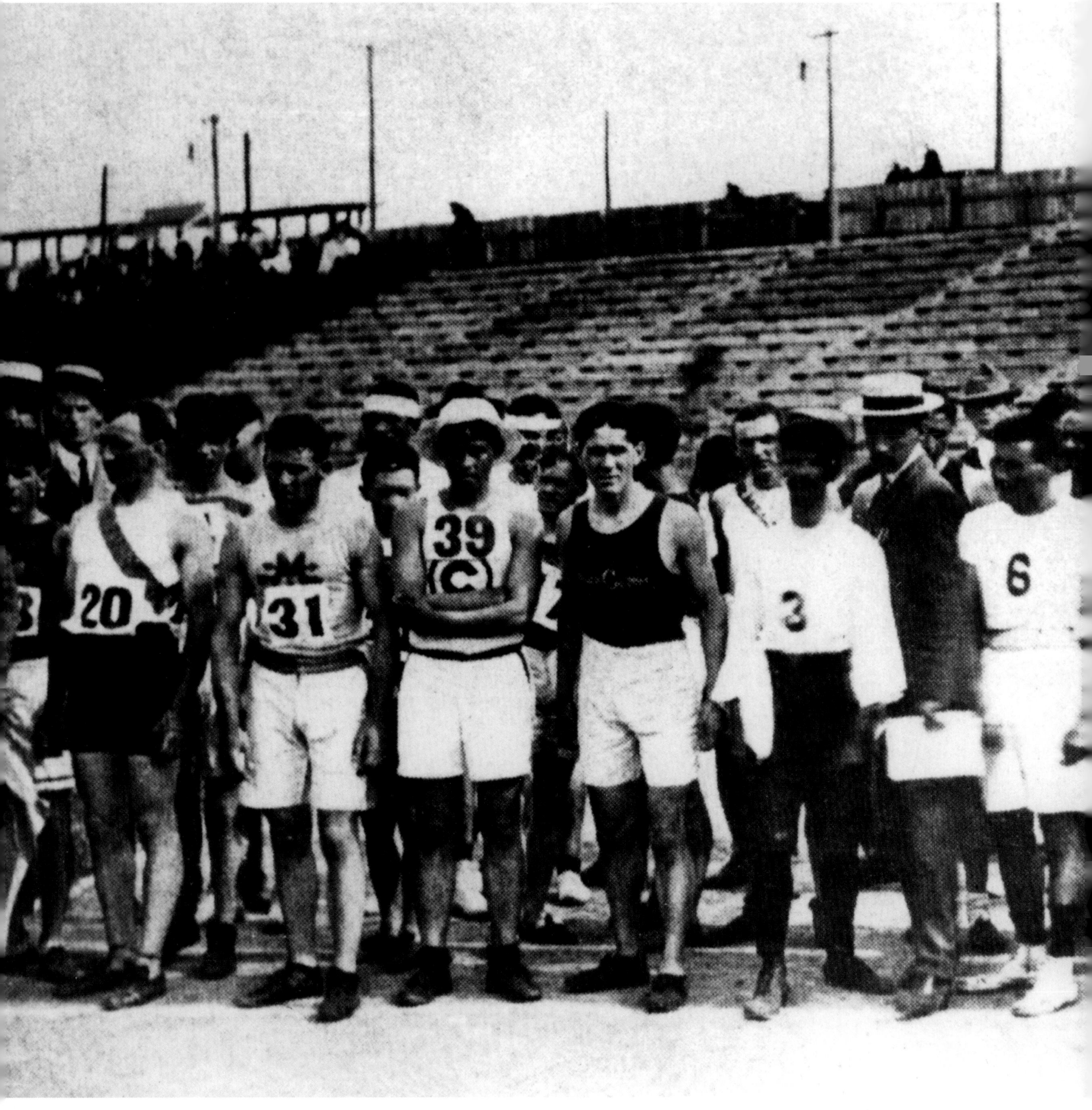

Jeux olympiques de Saint Louis, départ du marathon, 1904.

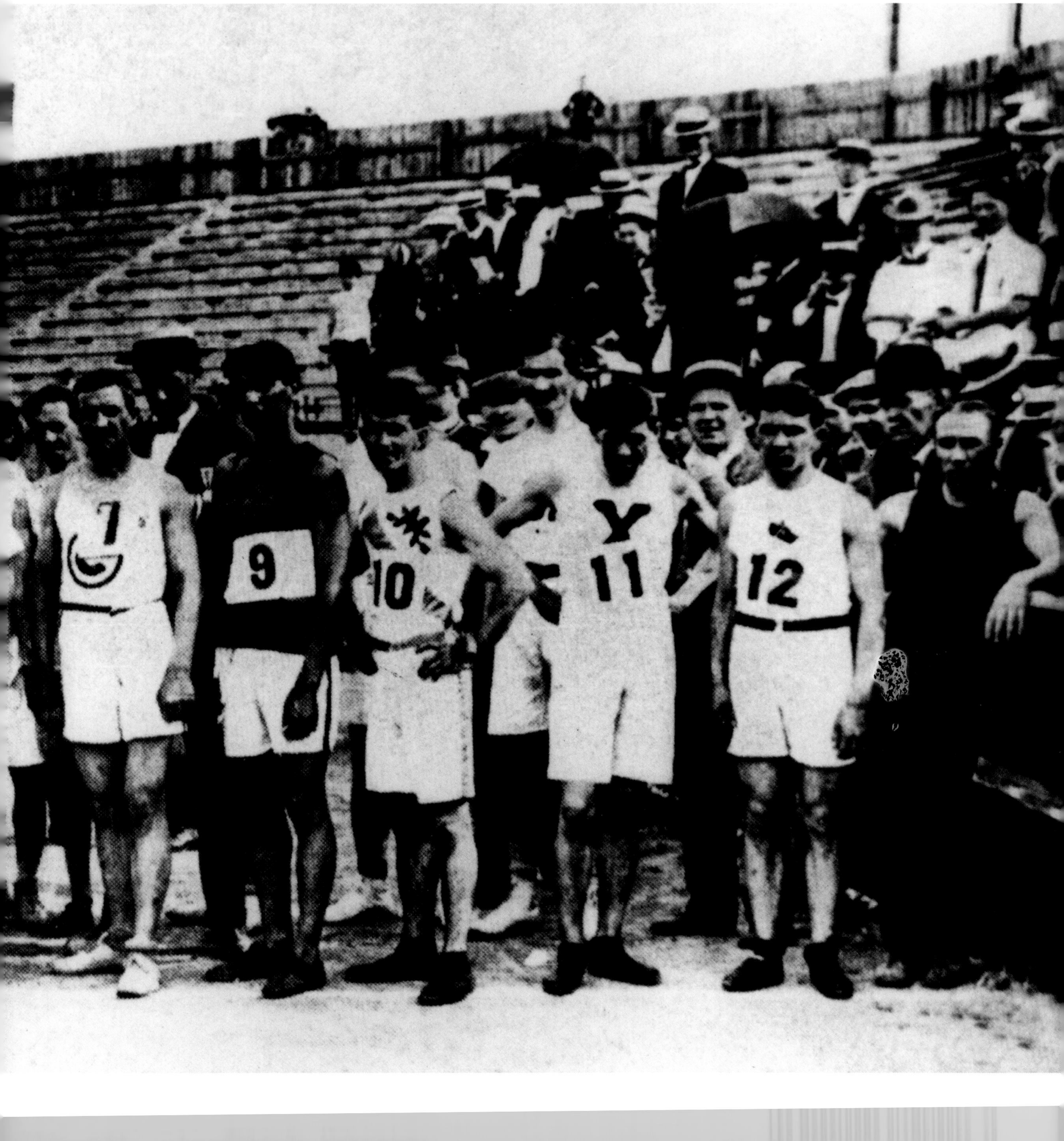
7
9
10
Y
11
12

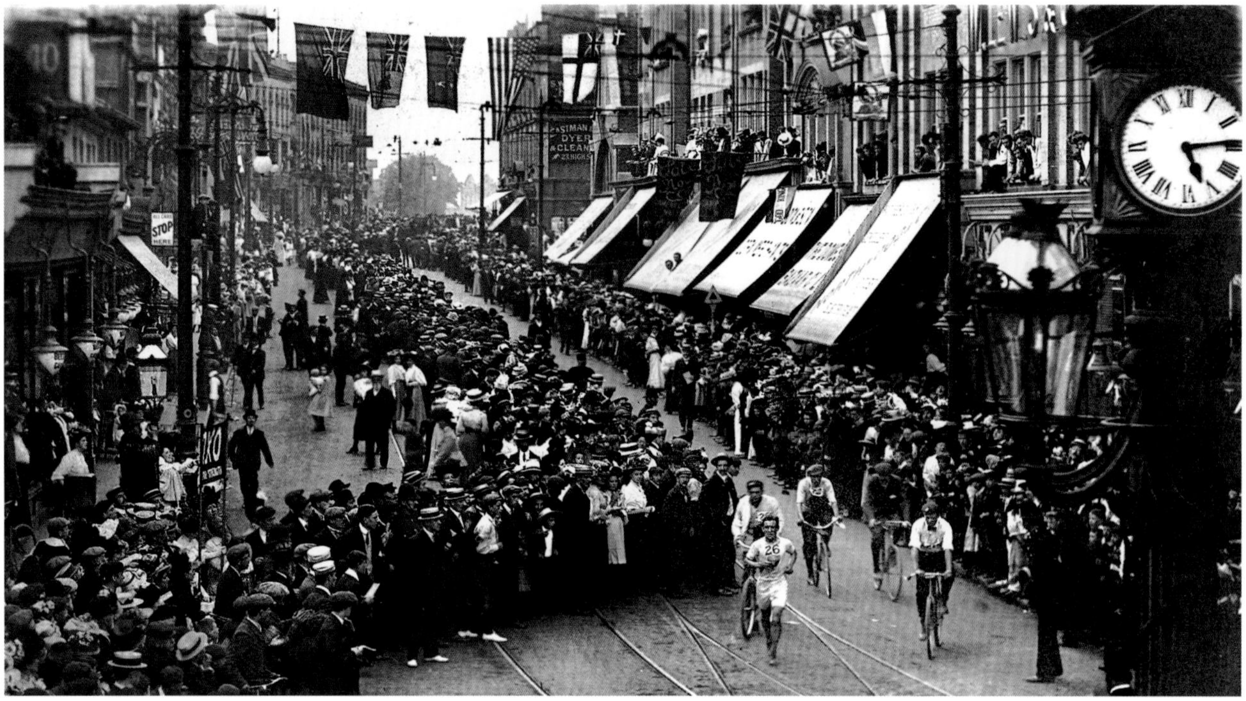

Jeux olympiques de Londres, 1908. Le coureur américain John Hayes est sacré vainqueur du marathon après la disqualification de l'Italien Dorando Pietri.

1908, Londres.

Cette année-là, les Anglais innovent : le Parlement vote des lois sociales avancées, les footballeurs professionnels fondent le premier syndicat, deux cent cinquante mille suffragettes manifestent dans les rues de la capitale.

Après les deux précédents, plutôt ratés, ces Jeux donnent ses lettres de noblesse définitives au marathon. Il y a d'abord la distance qui deviendra la distance officielle, 42 kilomètres 195, par équivalence de yards dans le système décimal, de la terrasse du château de Windsor à la loge royale dans le stade de White City. Il y a ensuite le même nombre de coureurs qui abandonnent en route que de coureurs qui vont au bout de la route, vingt-sept. Il y a enfin l'affaire Dorando Pietri.

Le départ est donné par lord Desborough, qui avait traversé les rapides du Niagara à la nage, un bon présage. On compte une cinquantaine de participants originaires d'une quinzaine de pays. On peut ignorer les aléas de la course, tout se joue dans les trois cents derniers mètres.

Dorando Pietri entre dans le stade, il est confiseur, il est confit, il a vingt-trois ans et il en paraît le double. Il n'a plus de jambes et il n'a pas toute sa tête, il prend la piste à contresens, il faut le remettre dans la bonne direction, il titube, il s'effondre sur la cendrée, il s'évanouit, on est à soixante-dix mètres de la ligne d'arrivée, la famille royale s'émeut, deux médecins se précipitent et commencent un massage cardiaque, il se relève, ses genoux tremblent, il est tenu par les médecins un peu comme les anges soutiennent le Christ dans le jardin des Oliviers, il retombe, on le relève, il retombe, il reste quinze mètres, alors John Hayes entre dans le stade, Dorando Pietri est encore à terre, un journaliste du *Daily Mail* accourt, c'est Conan Doyle, un juge et un médecin le soulèvent, le remettent en piste, le soutiennent jusqu'au fil.

On le transporte sur une civière à l'hôpital, on le disqualifie parce qu'il a profité d'une aide étrangère même s'il ne l'a pas sollicitée et si Sherlock Holmes menait une enquête il apprendrait vite que Pietri a avalé des pastilles d'atropine et de strychnine. Hayes fait un tour d'honneur, assis sur une table de cuisine portée par des coéquipiers, une statuette du soldat de Marathon agonisant devant lui, mais pour le public le vrai vainqueur reste Pietri. Le lendemain, la foule lui fait un triomphe et la reine lui offre une coupe en or.

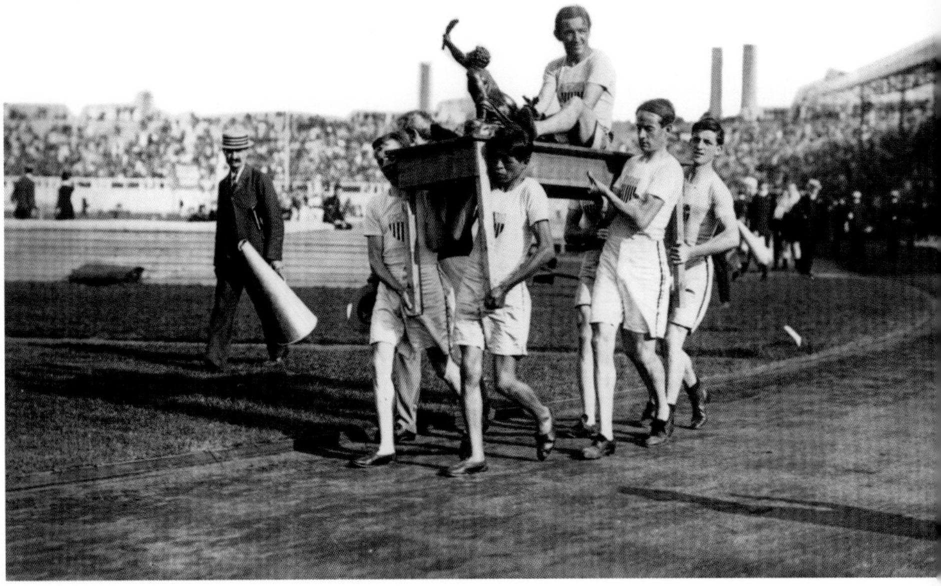

Jeux olympiques de Londres, 1908. John Hayes est porté sur une table par son équipe pour un tour d'honneur dans le White City Stadium.

Ensuite la logique de la marchandisation prend le dessus. Pietri « passe » professionnel, il dispute une revanche contre Hayes au Madison Square Garden, il enchaîne vingt-deux épreuves en moins de six mois, il court contre un cheval monté dans la pampa argentine. Sa gloire était si éclatante qu'un admirateur, usurpant son identité, s'était offert des obsèques grandioses à l'époque de la guerre d'Abyssinie.

Dorando Pietri

Né à côté de Correggio, en Émilie, pays du vin pétillant *lambrusco*, Dorando Pietri a grandi à Carpi, à douze kilomètres de là, une ville devenue le point d'arrivée du marathon qui part de Maranello en hommage au *commandatore* Enzo Ferrari. Au mieux, il a mesuré 1,59 mètre, ce qui le place entre Gagarine et Gandhi. C'est un vrai petit lapin, il court et gagne des épreuves depuis le 1 000 mètres jusqu'au grand fond. Il est confiseur ou parfois pâtissier, et pourtant il n'est pas épais. Après le fameux marathon de Londres, il court en Amérique, puis il se marie à San Remo. Le temps de voir Luigi Ganna gagner la course cycliste Milan–San Remo en 9 h 32' puis de triompher dans le premier Giro, il repart en Amérique où il partage la vedette avec Giacomo Puccini. D'ailleurs, il connaît la musique, il met un point final à sa carrière deux ans avant la Première Guerre. Il a vingt-six ans. Avec ses gains, il ouvre un hôtel. Mais il gère moins bien l'argent que l'effort. Avec ses dernières lires, il ouvre un garage. Il vieillit doucement au milieu des fleurs. À sa mort, l'Italie en guerre l'a oublié.

Jeux olympiques de Londres 1908. Dorando Pietri entre dans le stade pour la fin de la course, entouré de fonctionnaires britanniques.

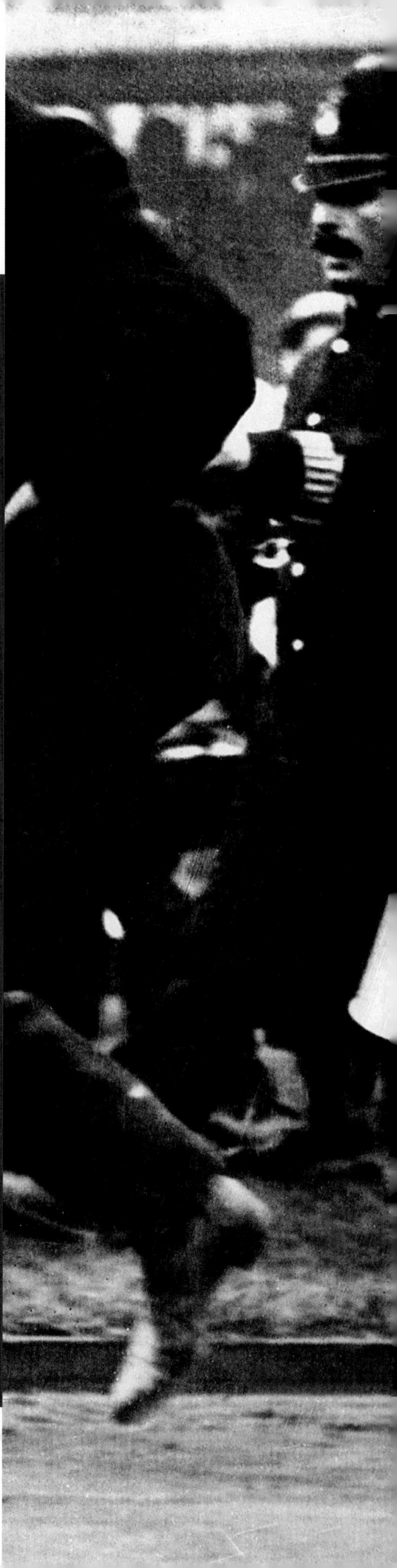

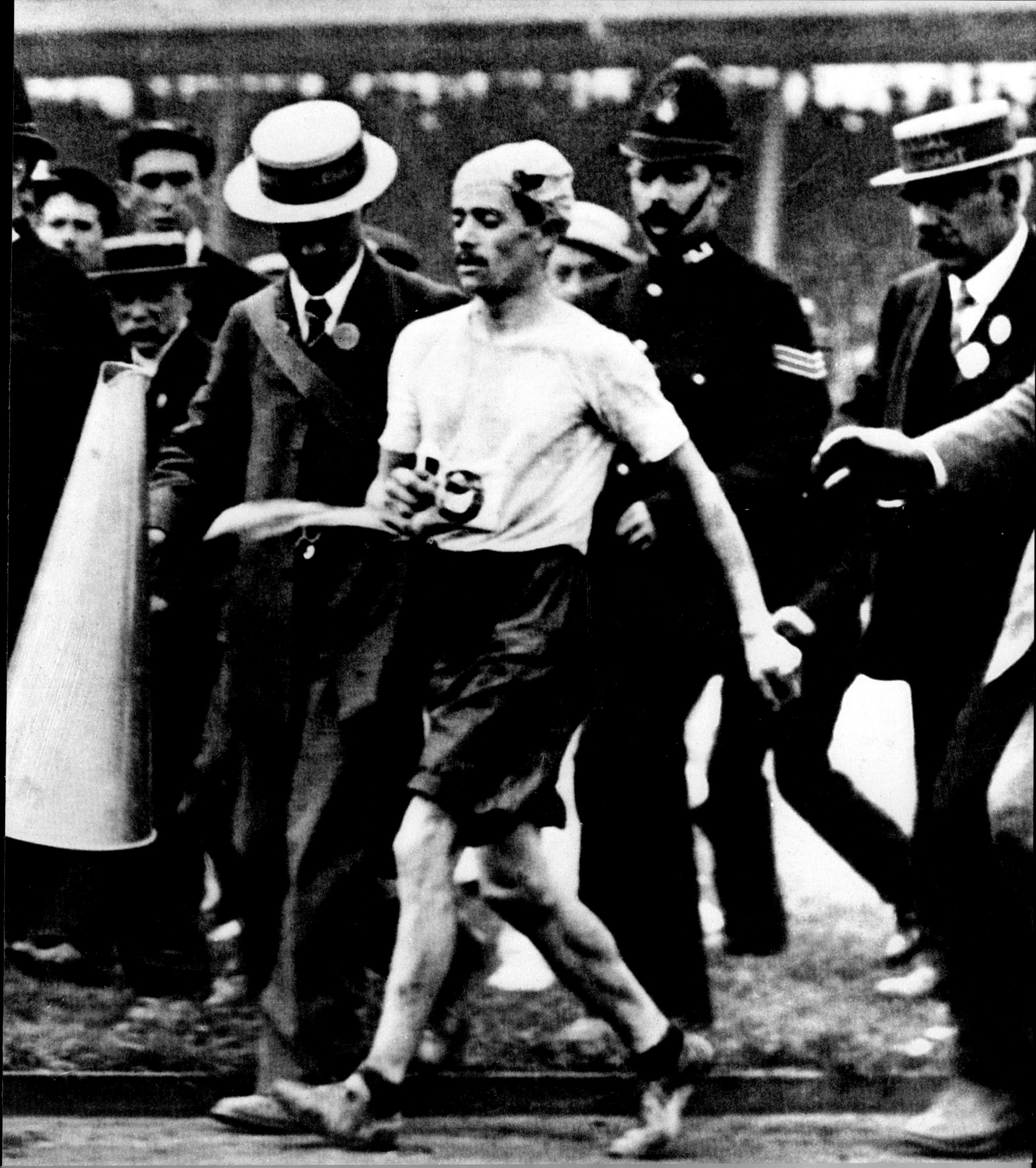

1912, Stockholm

Stockholm

Les prémices de la Première Guerre mondiale font écho à la recrudescence de propos racistes en tout genre. Mais les femmes font leur apparition discrète et Achille revient dans l'actualité quand le sprinter noir Howard Drew se rompt le tendon en demi-finale.

Décidément tout se passe comme si les marathons olympiques étaient abonnés à la canicule. Et tout bon géographe sait que le soleil peut cogner aux latitudes septentrionales. La moitié des participants abandonnent, quelques-uns sont conduits en ambulance à l'hôpital, Francisco Lazaro

« [...] Maintenant j'ai fait courir tous les trains
tout le long de ma vie
Madrid Stockholm
Et j'ai perdu tous mes paris
Il n'y a plus que la Patagonie [...] »

CENDRARS

n'en ressort pas. Après une nuit d'agonie, le jeune Portugais meurt, l'organisme sans doute épuisé par la crème grasse qu'il avait étalée sur sa peau pour se protéger du soleil. L'épreuve tenait son martyr et renouait avec la tragédie.

Raymond Pointu rapporte en contrepoint l'aimable aventure de Shizo Kanaguri, venu par le transsibérien où il a peut-être croisé Cendrars, allant à son allure jusqu'au trentième kilomètre, demandant alors à boire à un homme sur le pas de sa porte, acceptant l'invitation à entrer, s'endormant sur le sofa jusqu'au lendemain, rentrant au Japon, revenant cinquante ans plus tard et bouclant les douze derniers kilomètres en un temps record.

Pour le reste, le vainqueur est le Sud-Africain McArthur, en 2 h 36′ 54″ et 8/10 de seconde car on inaugure le chronométrage semi-électrique et la photo-finish certes improbable au marathon. Mais la victoire est de nouveau sujette à caution car le second, un autre Sud-Africain, Gitsham, accuse aussitôt le premier d'avoir manqué à sa parole, de ne pas l'avoir attendu quand il s'était arrêté boire un verre d'eau à trois kilomètres de l'arrivée, ce que McArthur ne dément pas. *Sic transit gloria !*

Anvers

Le monde a retrouvé la paix, mais les Allemands et les Russes sont mis au ban des nations et des Jeux. On peut noter les neuf médailles finlandaises en athlétisme et le prix élevé des places qui écarte du stade le public populaire touché par l'inflation. L'avantage du marathon, c'est qu'on ne paie pas pour regarder les coureurs sur le bord de la route. Certes les marathoniens sont moins nombreux que les cyclistes, mais on a le temps de les voir passer.

Hobbema : nommé juré jaugeur de vins et d'huiles d'Amsterdam, ce qui fit diminuer son activité picturale.

DICTIONNAIRE LAROUSSE

Le ciel est bas et gris, l'air froid, le vent persistant, le crachin flamand, on est pourtant au mois d'août, la route ressemble à *L'Automne* d'Hobbema. La course se résume vite à un duel entre le Sud-Africain Gitsham et le Finlandais Kolehmainen. L'un et l'autre attendent ce jour-là depuis huit ans. Ils sont coude à coude, et puis Gitsham est insensiblement décroché, gêné par une chaussure déchirée, bientôt le pied en sang, affligé, sentant l'Estonien Lossman sur ses talons qui revient comme une bombe, abandonnant la mort dans l'âme au trente-cinquième kilomètre, apprenant beaucoup plus tard que Kolehmainen n'a préservé sa médaille d'or que de quatre-vingts mètres.

CI-CONTRE :
Jeux olympiques de Stockholm, 1912. Le Sud-Africain Kenneth McArthur, vainqueur du marathon, pénètre dans le stade.

EN BAS À GAUCHE :
Jeux olympiques d'Anvers, 1920. Le Finlandais Hannes Kolehmainen, pendant le marathon, à l'issue duquel il gagnera la médaille d'or.

EN BAS À DROITE :
Jeux olympiques de Paris, 1924. Les journalistes radio suivent l'évolution du marathon et des Jeux.

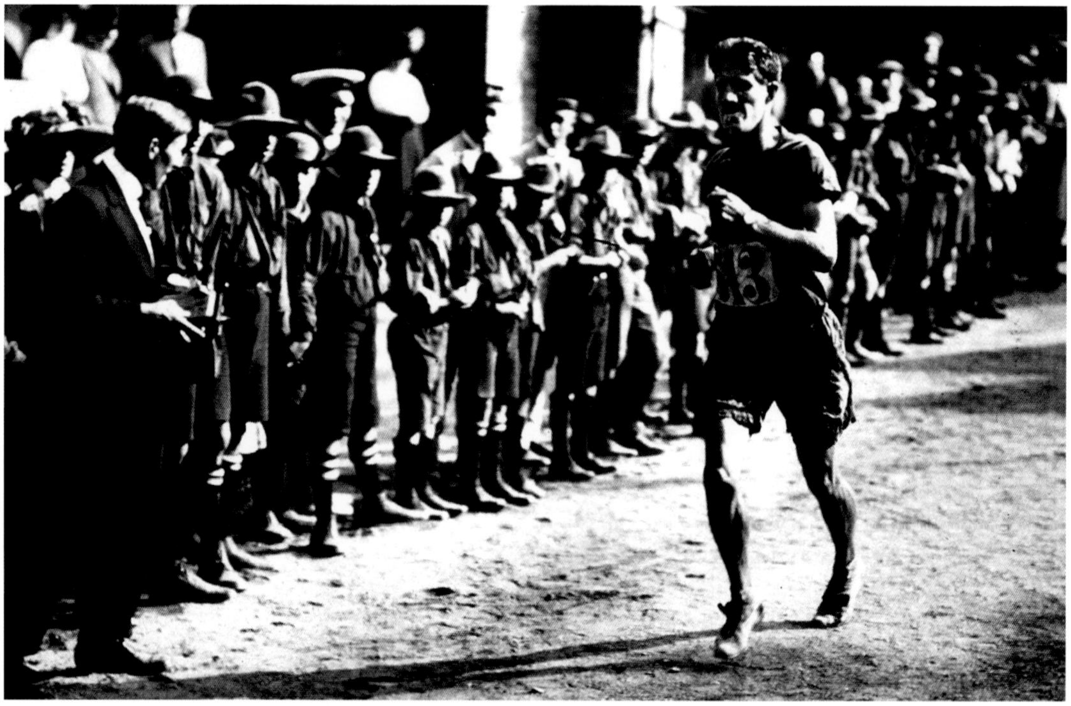

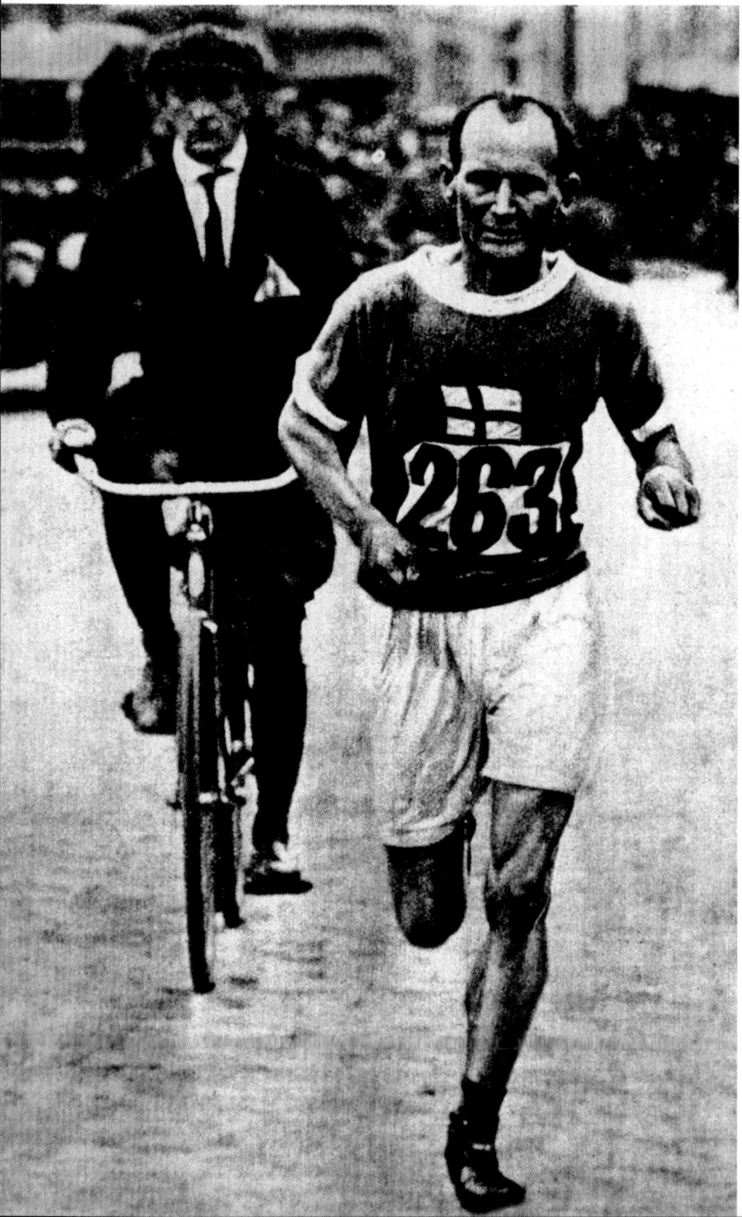

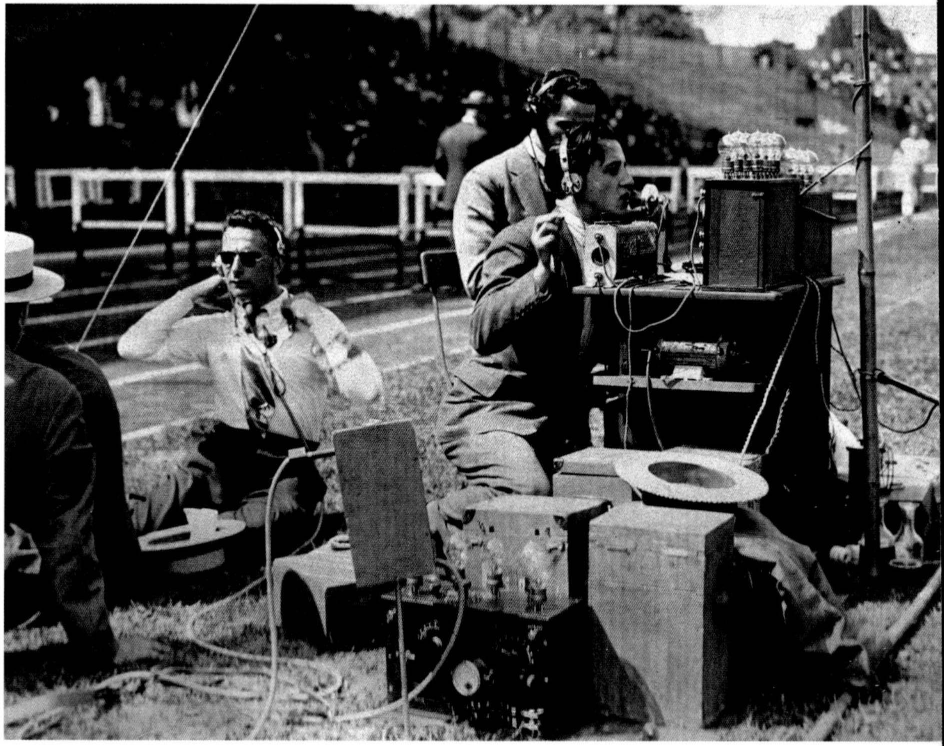

1924, Paris
1928, Amsterdam…

Paris

Lénine est mort, ma mère est née la semaine suivante. Géo André prête le serment olympique. Le public n'est pas à la hauteur et sombre dans le chauvinisme à la première occasion. En revanche, le baron de Coubertin obtient enfin l'organisation de ce « pentathlon des muses » destiné à associer les sports de plein air et les arts. Pindare est de retour ; il a nom Giraudoux, Valéry, Claudel, Honegger, Ravel, Léger.

L'heure de départ fut d'abord différée de 15 heures à 17 heures puis les officiels attendirent encore que la chaleur diminuât. Les gardes républicains à cheval et les fonctionnaires de police à pied veillèrent au bon déroulement de la course qui, pour la première fois, était retransmise par TSF au public du stade de Colombes invité à en suivre les péripéties. Cependant, les muses vinrent couronner le vainqueur le moins mémorable : Albin Stenroos, dossard 334, charpentier finlandais.

Le journaliste Edmond Dehorter, « le parleur inconnu », est cette voix de la Téléphonie Sans Fil.

Amsterdam

Si la signature du pacte Briand-Kellogg entretient les illusions en déclarant la guerre illégale, elle n'empêche pas les mesquineries et susceptibilités en tout genre au sein du monde olympique. On ferait mieux de lire les lettres où Spinoza évoque les concepts, les lentilles optiques et la confiture de roses rouges qui constitue un bon remède contre les fièvres. Mais surtout la flamme fait son apparition ; allumée à Olympie, des relayeurs la portent à travers le continent européen jusqu'au stade olympique où elle brûle dans une immense vasque tout en haut de la tribune marathon.

Le climat est assez comparable à celui d'Anvers, le tracé encore plus plat, le vent contraire dans la deuxième moitié du parcours. Mais ce mara-

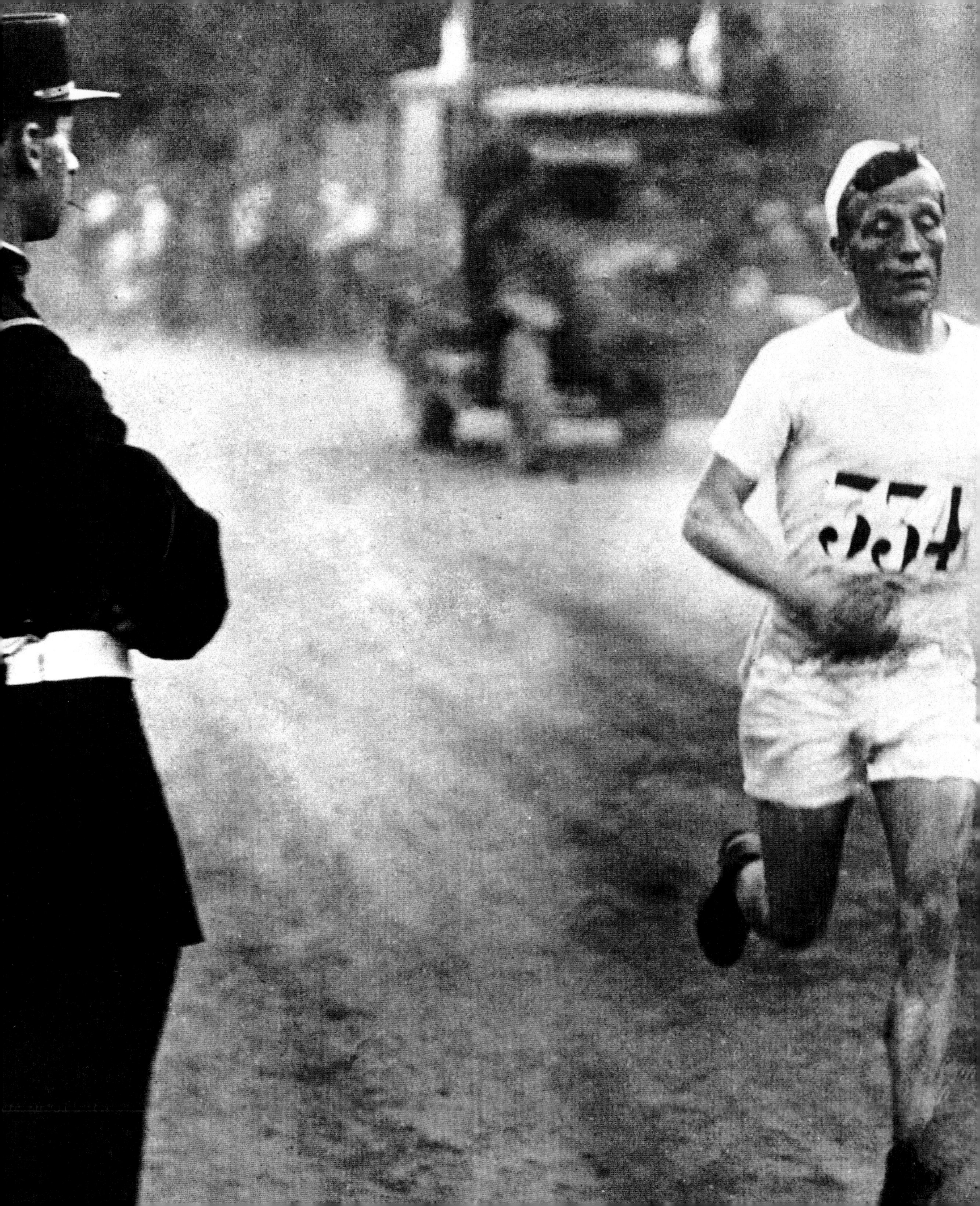
354

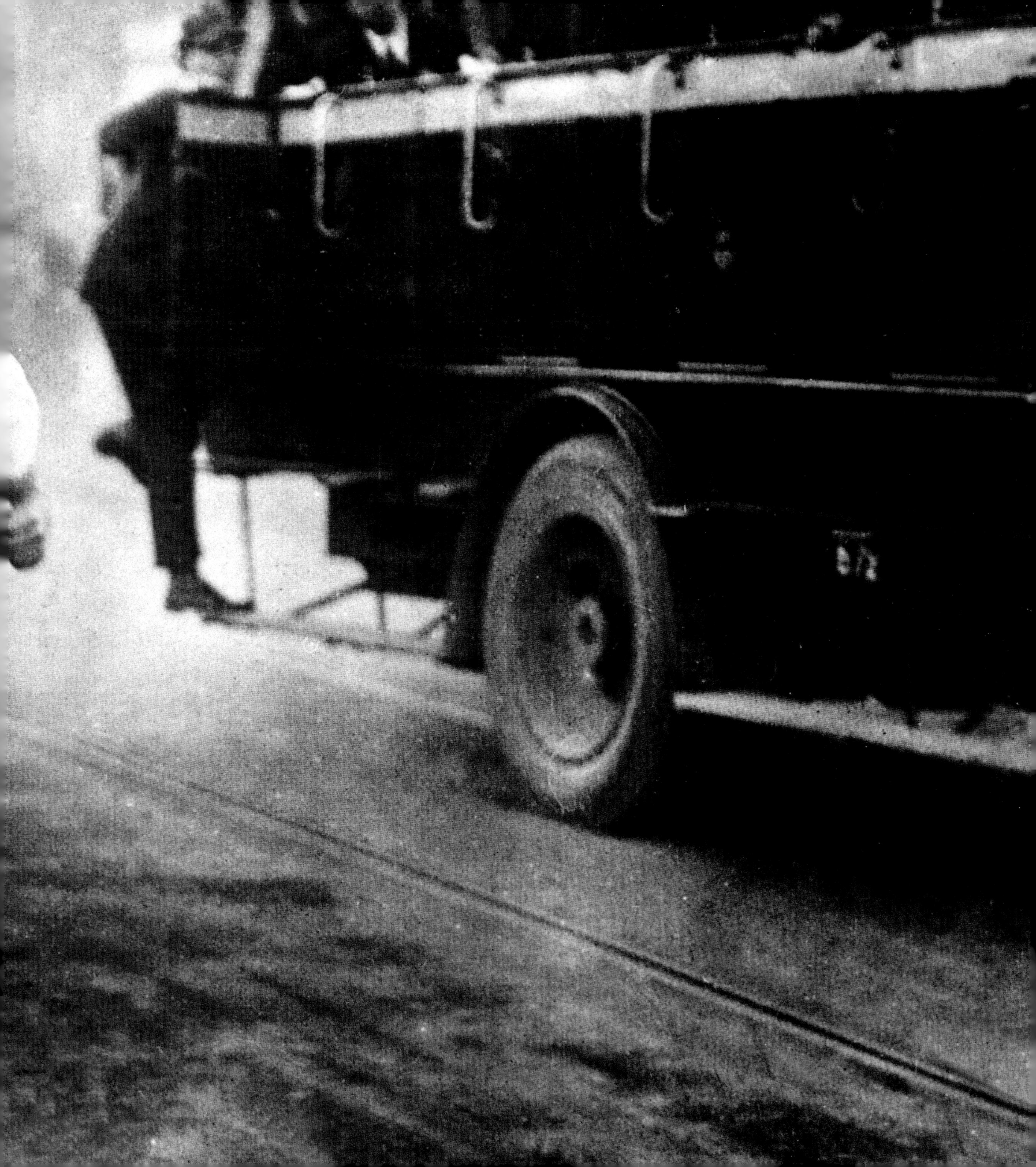

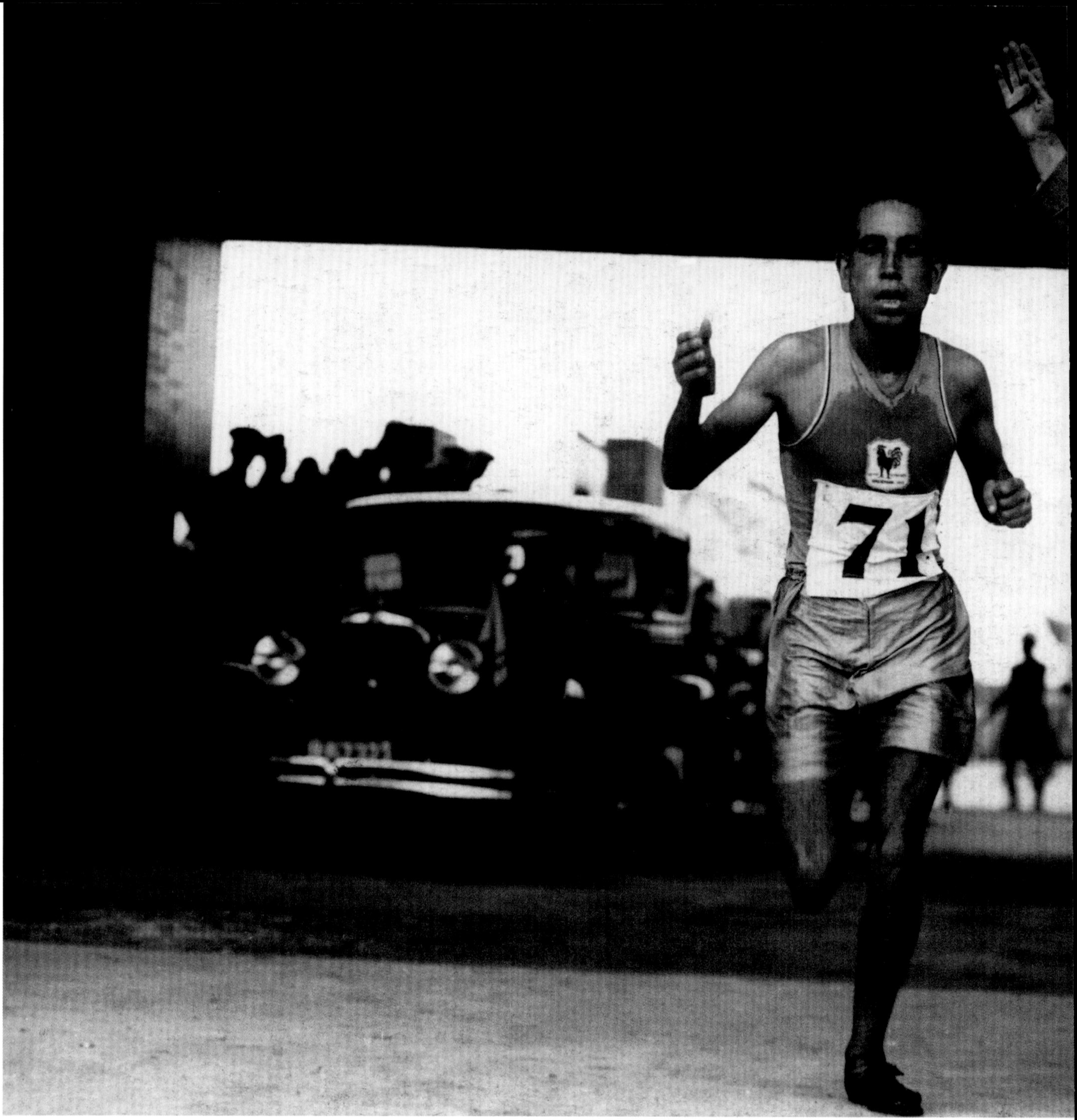

DOUBLE PAGE PRÉCÉDENTE : Jeux olympiques de Paris, 1924. Albin Oskar Stenroos, vainqueur finlandais du marathon.

thon c'est surtout l'histoire d'un homme : Abdel El Ouafi, ouvrier aux usines Renault, les cheveux frisés, un garçon adorable venu d'un département français, chef-lieu Constantine. À mi-parcours, il est au vingtième rang, à plus de deux minutes des premiers dont il n'a pas pu suivre l'allure. Sans le savoir, il profite des coups de boutoir qui disloquent le groupe de tête et il revient sur des hommes émoussés. Son endurance fait le reste. Au vestiaire, il grille une cigarette, puis il essuie ses larmes devant le drapeau bleu-blanc-rouge hissé en haut du mât.

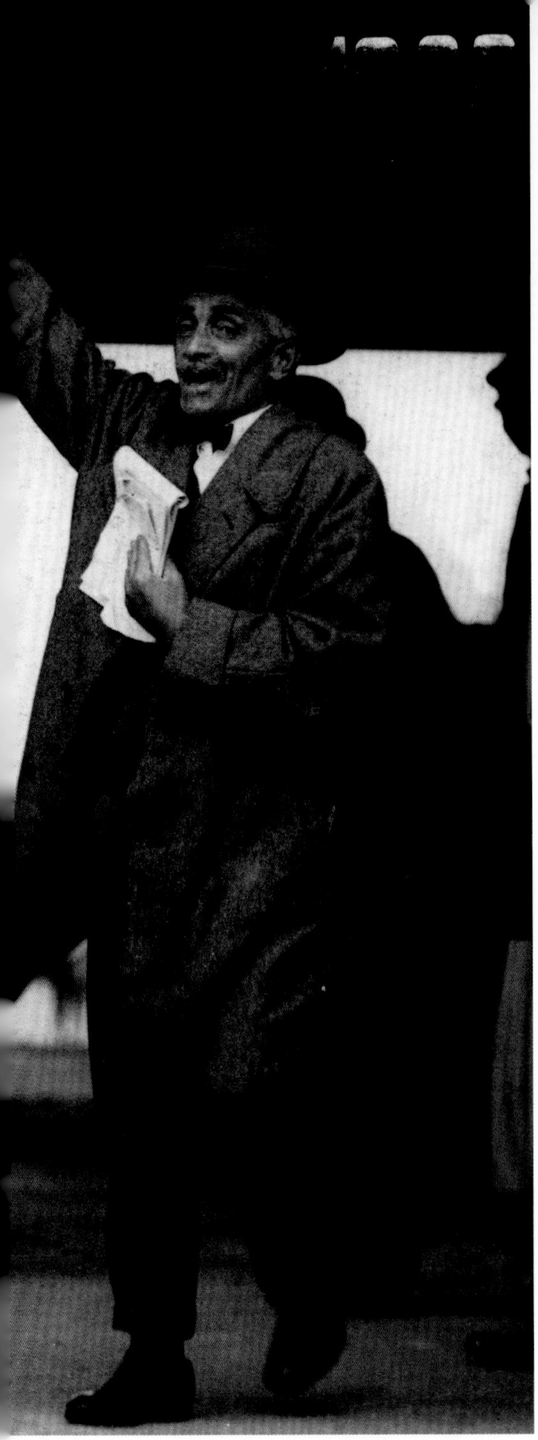

CI-DESSUS :
Jeux olympiques d'Amsterdam, 1928. Le Français Ahmed Boughéra El Ouafi remporte le marathon.

...1928, Amsterdam

Le plus beau, ou plutôt le plus triste, c'est la suite. Le comité international olympique le disqualifie, sous le prétexte de professionnalisme, lui qui avait déjà passé dix ans de sa vie à visser des boulons et des rivets, un peu comme Charlot dans *Les Temps modernes*. Mais il est parti de l'autre côté de l'océan : « C'est beau vous savez l'Amérique ! Les gens étaient très gentils avec moi, je battais leurs champions, ils me demandaient des autographes. » Le miroir aux alouettes a pour nom le Pyle Circus. El Ouafi enrichit Mr Pyle et ses acolytes, revient avec une liasse de dollars qu'il troque contre un petit café gare d'Austerlitz dont son associé le dépouille. Il retourne à l'usine, ouvrier qualifié puis manœuvre puis chômeur puis clochard. Il disparaît de la surface de la terre. Vingt-huit ans plus tard, la victoire de Mimoun lui permet de reparaître, mais c'est un vieux monsieur chauve, abîmé par la vie, bientôt truffé de plomb lors d'un règlement de comptes obscur avec le FLN algérien, son corbillard suivi par une poignée de connaissances au cimetière franco-musulman de Bobigny.

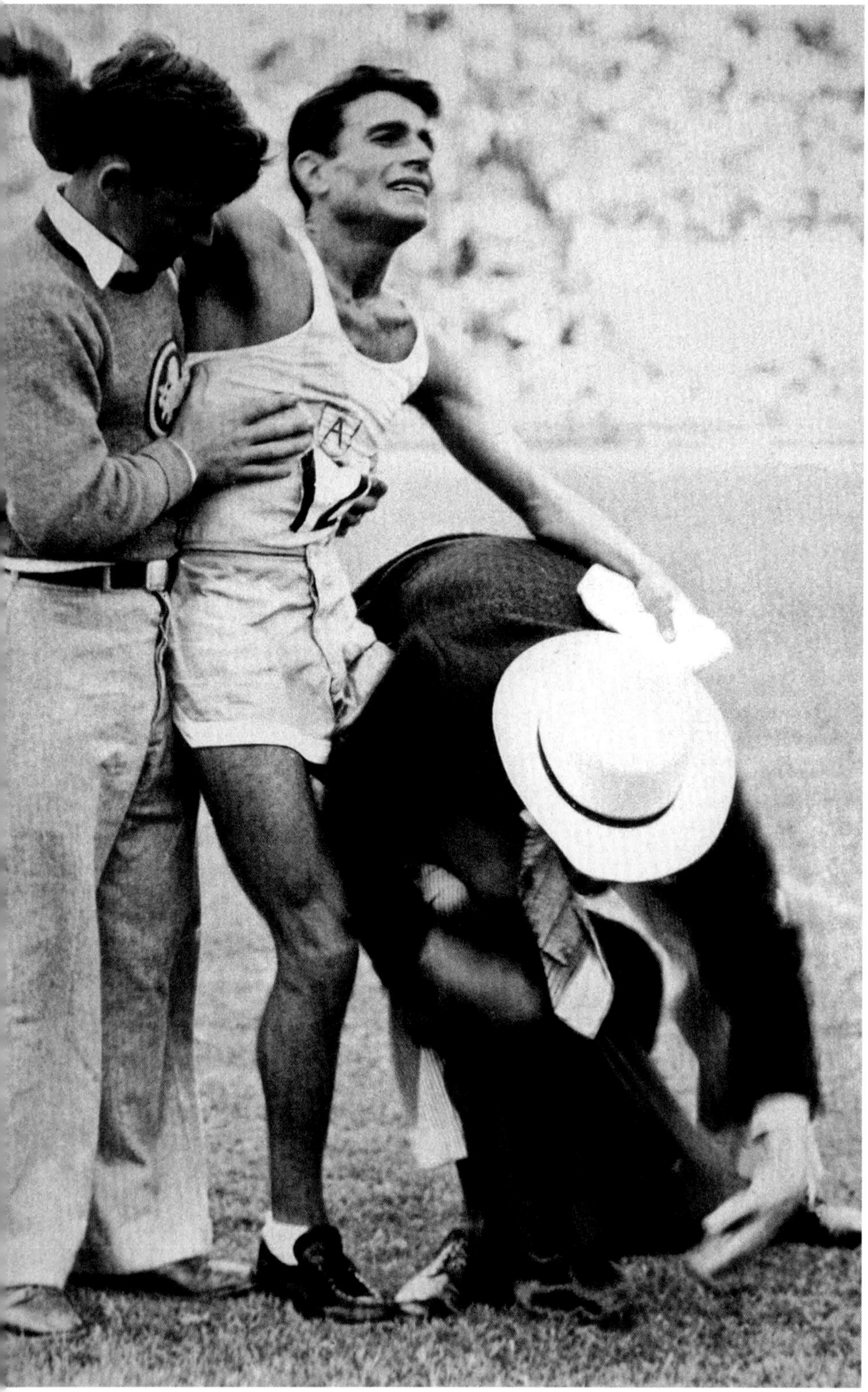

1932, Los Angeles.

Pour les Européens, la ville des anges est au bout du monde, là où l'on dispute des marathons de danse et où le cinéma devient parlant. Begeot est l'unique marathonien français ; une bonne semaine à bord du *La Fayette* pour traverser l'océan, une visite à l'Empire State Building, une rencontre avec l'ambassadeur Claudel, une petite semaine à bord du « Pacific Express » pour traverser le continent, il a le temps de penser à la course, le voyage dure seize jours, il finira à la seizième place.

Désormais le marathon clôt la semaine d'athlétisme. Il est annoncé à grand renfort de trompettes et arrive dans le Memorial Coliseum. La course est serrée, le vainqueur l'emporte en 2 h 31' 36''. Zabala est argentin, il ressemble davantage à Antiloque qu'à Ulysse, ses vingt ans laissent augurer d'un doublé.

Jeux olympiques
de Los Angeles, 1932.
L'Argentin Juan Carlos
Zabala, assisté, après avoir
gagné la médaille d'or
du marathon.

1932, Los Angeles

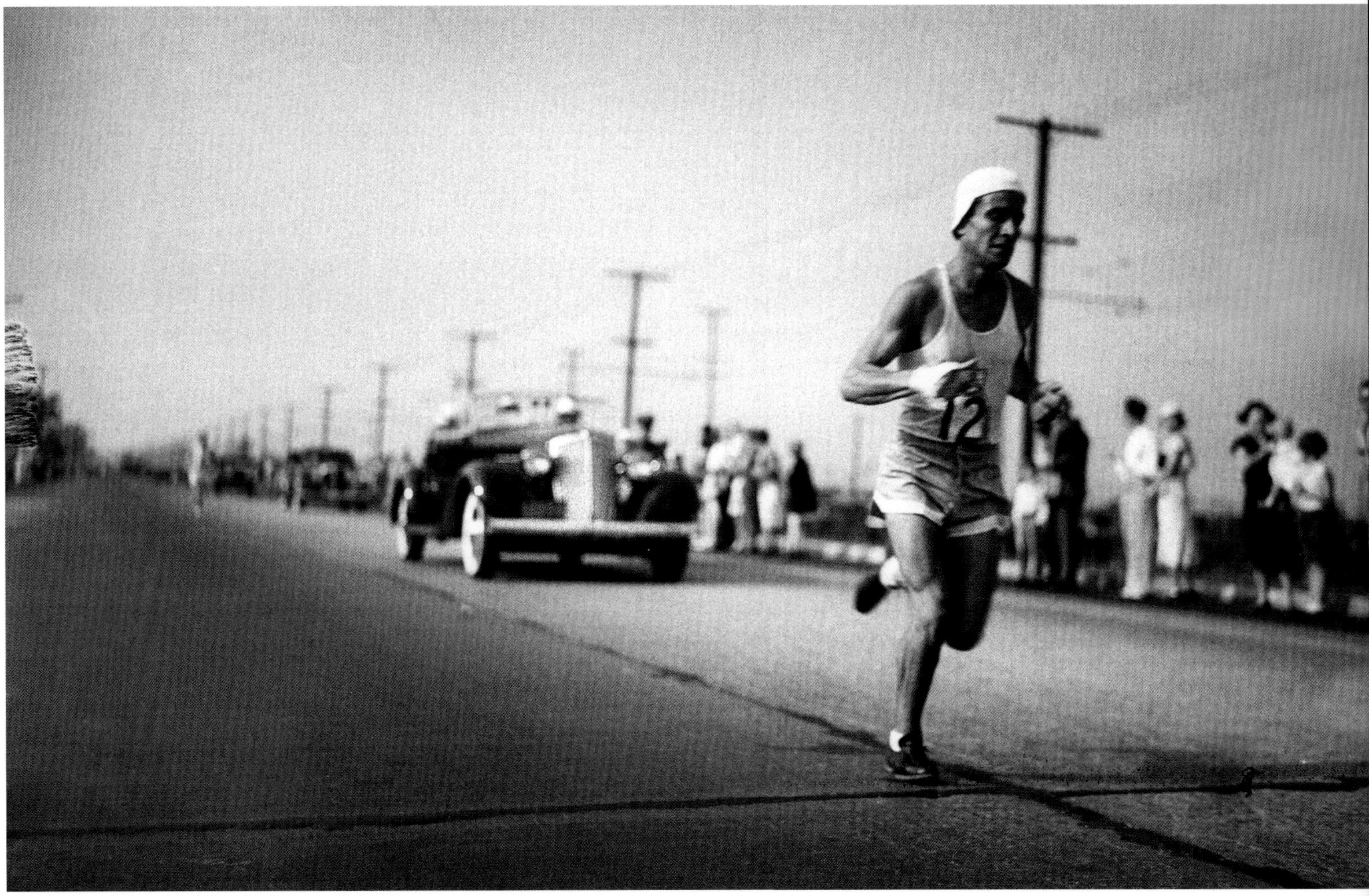

Juan Carlos Zabala, Jeux olympiques de Los Angeles, 1932.

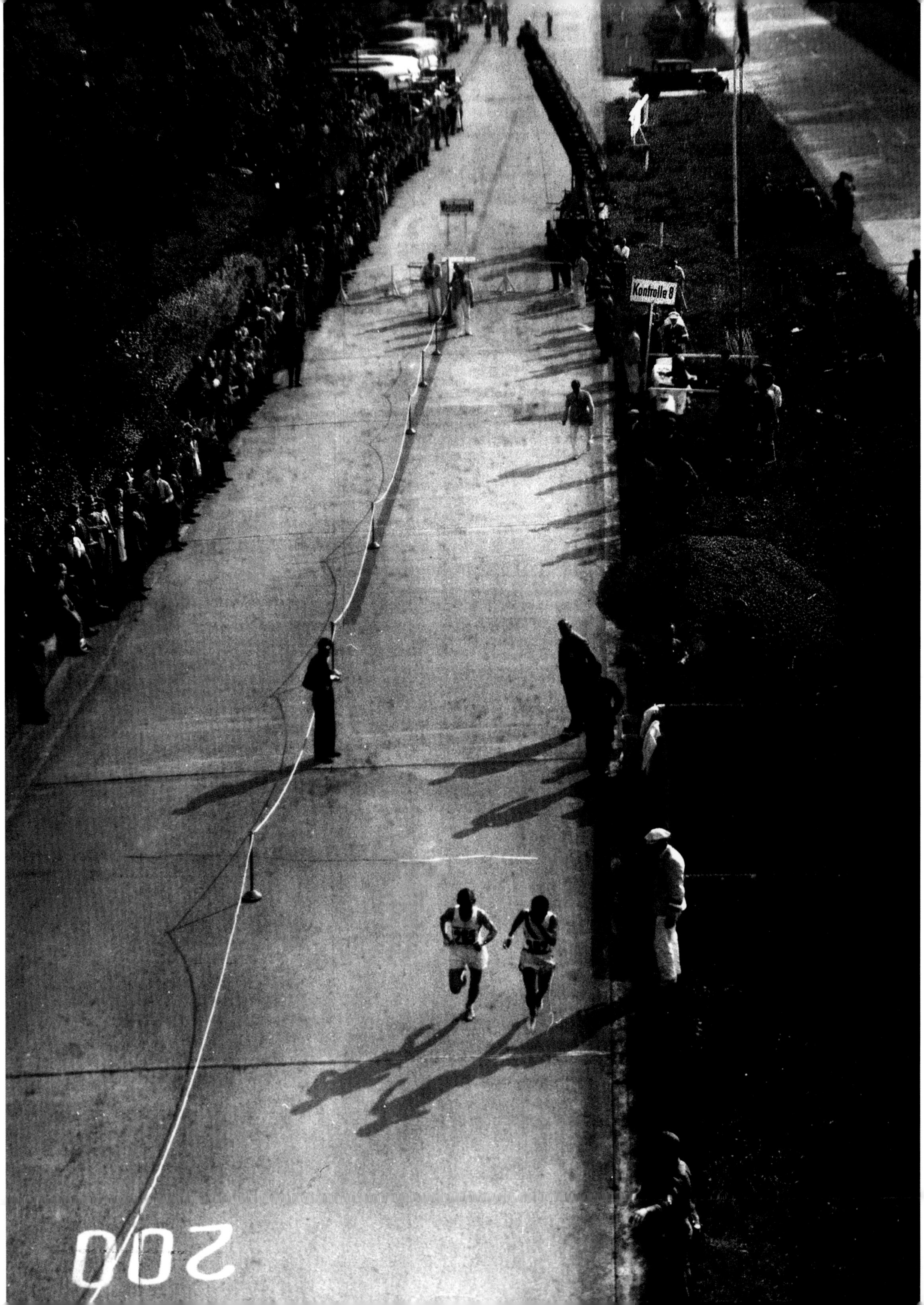
Kontrolle 8

Jeux olympiques
de Berlin, 1936.

1936, Berlin

Berlin

Barcelone a été privée de Jeux olympiques pour punir les « moricauds » espagnols d'avoir renversé la monarchie et adopté la République. Alors les républicains organisent des olympiades et demandent à Pablo Casals de diriger l'*Hymne à la joie*, mais la sédition du général Franco plonge le pays dans la guerre civile. Quinze jours plus tard, à Berlin, la cérémonie d'ouverture donne le *Deutschland über alles* et le *Horst Wessel Lied*, qui est l'hymne nazi. Et la flamme brûle au pays des autodafés où l'on jette les livres au bûcher.

« Heureux
tels des soleils qui volent
dans le plus resplendissant
des cieux.
Parcourez, frères, votre course
Joyeux comme un héros volant
à la victoire »

HYMNE À LA JOIE (FRIEDRICH SCHILLER)

Les conditions de course n'obéissent guère à la tradition olympique avec une température idéale pour un mois d'août et un départ entre deux rangées de jeunes garçons et de jeunes filles en tenue de sport, sous des bannières nazies. En revanche, une foule considérable se presse dans le stade et sur le parcours. Zabala connaît bien le parcours car il le reconnaît depuis six mois, s'y entraîne, doté d'une étrange mission de délégué du ministère de l'Agriculture argentin sans doute intéressé par l'écorce des arbres de la forêt de Grünewald. Zabala part donc comme une flèche, avec l'ambition de descendre sous la barre des 2 h 30'. Il se donne une avance confortable, il passe à la mi-course en 1 h 11' 29'', l'affaire semble bien partie, il fait sa course, son mouchoir blanc fétiche sur le crâne, il apprend que les poursuivants comblent peu à peu leur retard, mais il ne sait pas encore qu'il va abandonner, qu'il est en train de courir son dernier marathon, à vingt-quatre ans. Il les sent revenir sur lui, il voit Ernie Harper et Kitei Son revenir à sa hauteur, cette fois-ci il sait que c'est fini. Son a belle allure et l'air frais. L'année précédente, à Tokyo, il a couru en moins de 2 h 30'. Il porte des chaussures blanches, un maillot blanc frappé du soleil rouge. Contrairement aux apparences, il n'est pas japonais mais coréen, il s'appelle Kee-Chung Sohn mais la Corée avait été annexée par le Japon. Il est encore assez frais pour faire les cent derniers mètres en 13'' 3/10 et boucler le marathon en moins de deux heures et demie. Sur le podium, il garde la tête baissée pendant l'hymne japonais. Et, comme Zabala, il ne courra plus de marathon, refusant de porter le maillot blanc frappé du soleil rouge de l'occupant.

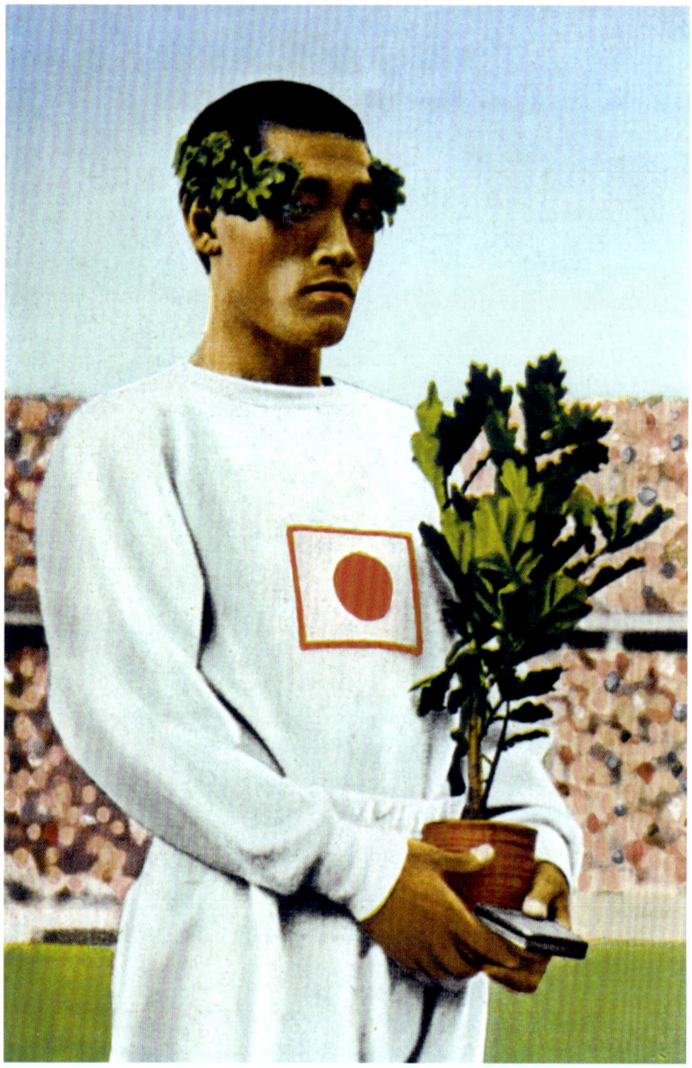

De la magie du noir et blanc à la magie de la photographie colorisée.

Berlin, 1936. Le vainqueur du marathon, Kitei Son pour le Japon, originellement Kee-Chung Sohn pour la Corée.

1948, Londres
1952, Helsinki

Londres

Douze années ont passé depuis les derniers Jeux. La désignation de Londres s'impose car elle récompense le seul État à ne pas s'être abaissé devant l'Allemagne nazie. Cependant le coût des Jeux inquiète à juste titre un pays en pleine reconstruction. L'austérité sera donc de rigueur et, pour autant, les exploits ne manqueront pas.

Le marathon vaut surtout pour son arrivée qui nous reporte quarante ans en arrière. Malgré l'adage, l'histoire et la tragédie se répètent. Le public londonien revit la légende de Dorando Pietri. Cette fois-ci, c'est le Belge Gailly qui pénètre le premier sur la cendrée, mais il est soudain perclus de crampes, incapable d'avancer, rattrapé par l'Argentin Cabrera qui courait son premier marathon. À chaque vainqueur, sa méthode d'entraînement : Kee-Chung Sohn se lestait d'un sac à dos rempli de cailloux, Cabrera se contentait de trois fois vingt kilomètres par semaine. « La seule chose importante – disait-il – est de courir plus vite que les autres. » Il n'avait pas tout à fait tort.

Helsinki

La guerre froide bat son plein, les puissances américaine et soviétique jouent au chat et à la souris, la Corée de Kee-Chung Sohn est dévastée. Près du 37e parallèle, le lieutenant Gailly saute sur une mine et devra se résigner à courir avec des béquilles. Dans un registre moins sombre, Camus rédige *L'Été* et Coppi gagne son deuxième tour de France à vélo.

Beaucoup l'espèrent, le marathon s'apprête enfin à renouer avec la légende. Les Finlandais donnent le *la*. Dans le plus grand secret, ils ont confié à Paavo Nurmi le dernier relais de la flamme. C'est lui qui entre dans le stade, il a cinquante-cinq ans, le buste épaissi, les jambes grêles, la foulée moins aérienne, il est chauve, mais il reste le mythe Nurmi, celui qui a survolé le demi-fond et le fond des années vingt, qui avalait déjà

Jeux olympiques
de Londres, 1948.
Le Belge Étienne Gailly
mène la course, avant
de s'effondrer pour
finalement se reprendre
et finir troisième.

« Quand le style comptera en course à pied, comme au patinage artistique, je m'appliquerai »

EMIL ZATOPEK

quinze kilomètres en moins d'une heure avec tout son barda de soldat, bottes et cartouchières comprises, qui courait un chronomètre à la main, qu'on comparait à un archange, qui emporta sans coup férir neuf médailles d'or mais fut empêché par les instances internationales d'aller chercher la dixième au marathon de Los Angeles qui eût couronné sa carrière.

Les espoirs de légende ne seront pas déçus. Zatopek arrive. Lisez *Courir* d'Echenoz, rien de mieux pour faire plus ample connaissance avec Emil. Ici le Tchécoslovaque gagne d'abord le 10 000 mètres, record olympique en prime, le dimanche ; il gagne ensuite le 5 000 mètres, record olympique en prime, le jeudi ; il gagne enfin le marathon, record olympique en prime, le huitième jour d'une semaine exceptionnelle. Cet après-midi-là, il se balade entre les bouleaux, il surmonte sans angoisse les petits coups de chaleur, il sourit à sa femme quand il la repère dans les tribunes. Le paradoxe veut qu'en entrant dans la légende Zatopek ait détruit le mythe. Avec lui, le marathon deviendrait presque facile même si sa facilité était à l'évidence le fruit de ses qualités naturelles, de ses qualités mentales et de ses doses d'entraînement. De plus, Zatopek ne manquait pas d'humour. À ceux qui critiquaient son allure contorsionnée, il répondit : « Quand le style comptera en course à pied, comme en patinage artistique, je m'appliquerai. »

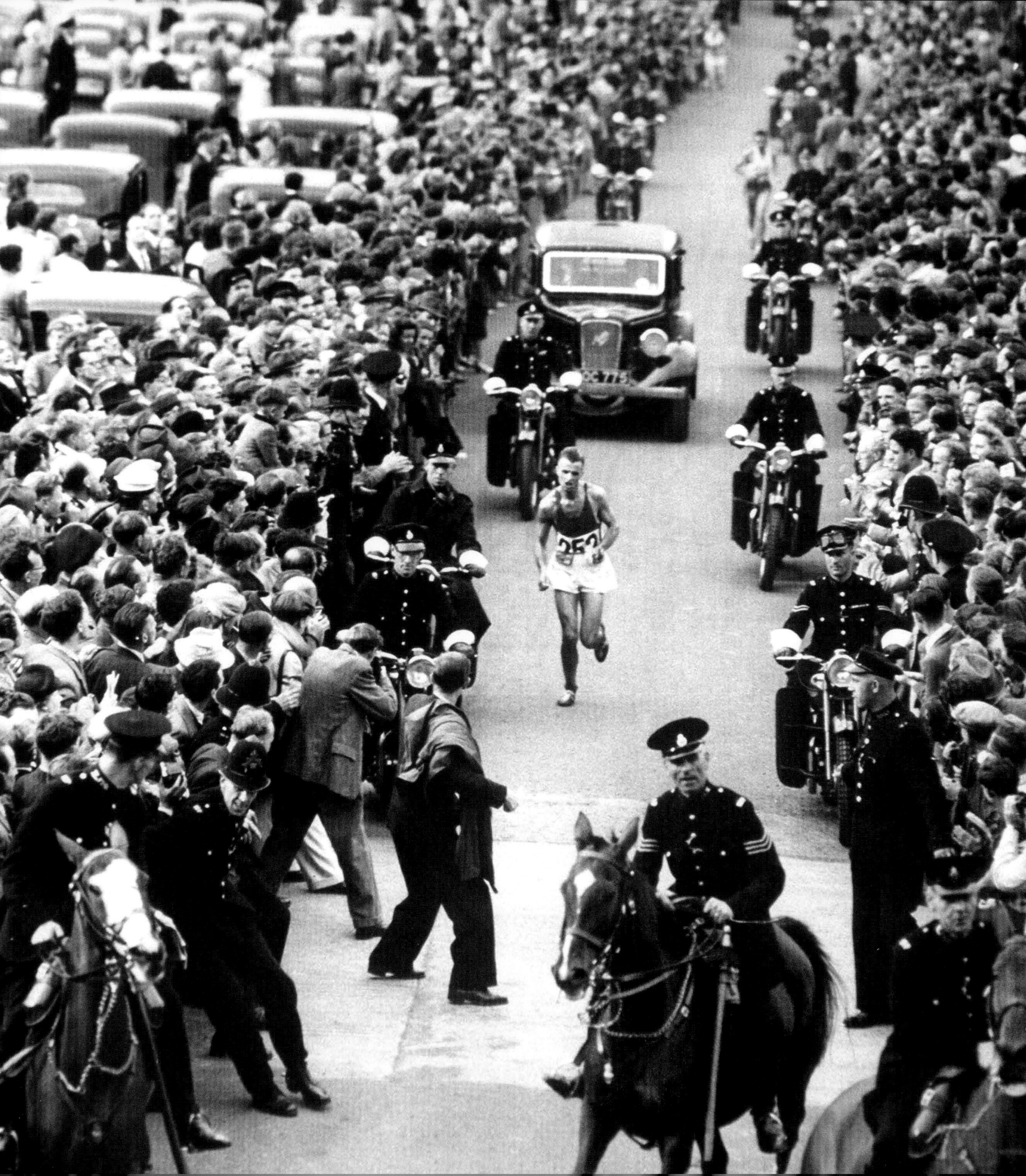

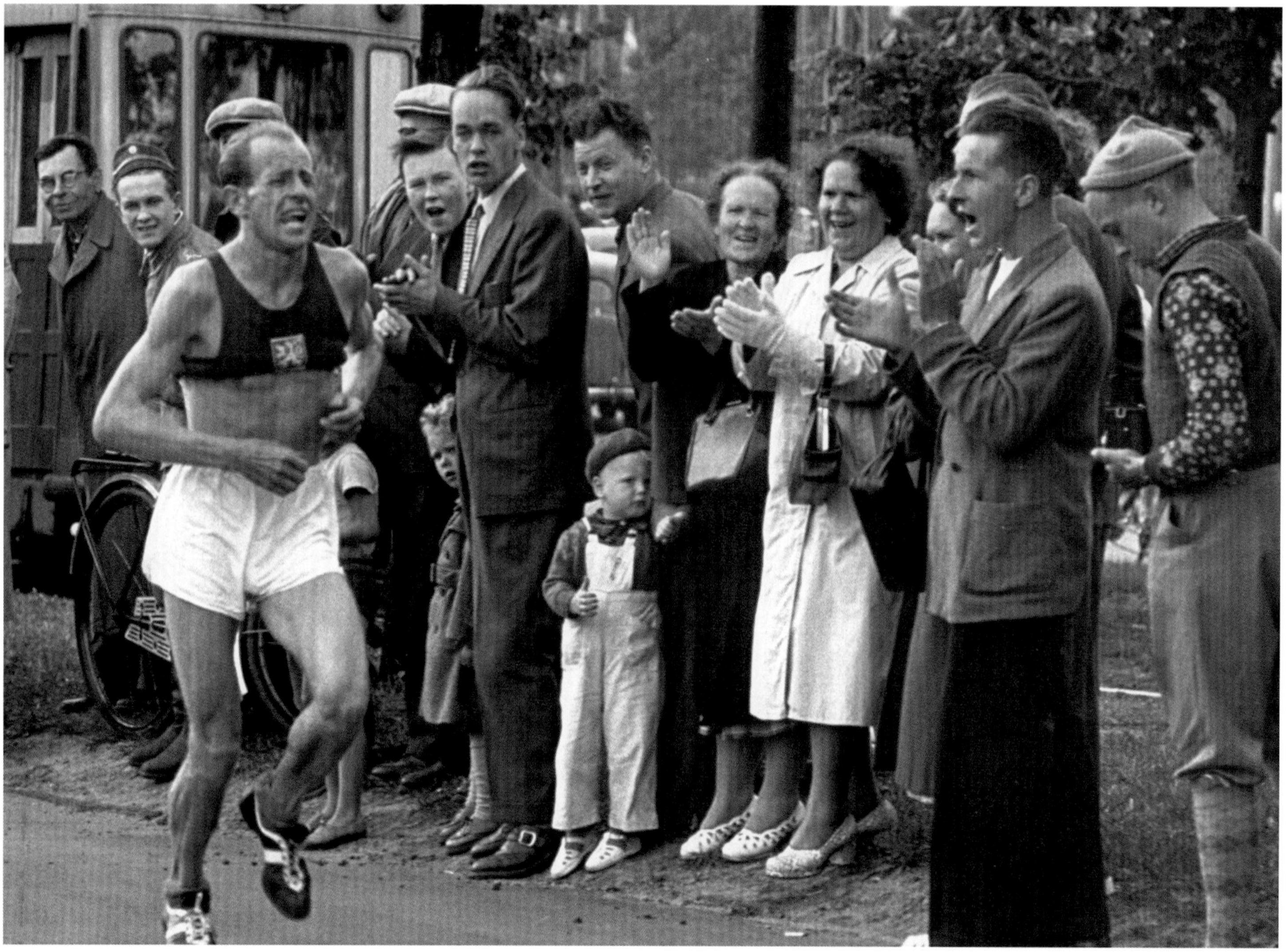

Le Tchèque Emil Zatopek en tête, Jeux olympiques d'Helsinki, 1952.

1956, Melbourne

Melbourne

Aux antipodes, les saisons sont inversées et il neigeait sur Olympie quand le duc d'Édimbourg entra en voiture décapotable sur le Cricket Ground et les joueurs hongrois de water-polo mirent la pilée à l'équipe soviétique en une mêlée furieuse qui ne les consola pas du massacre perpétré par les chars russes dans leur pays mais qui leur fit plaisir.

Que le marathon soit une épreuve où entre une part de calcul, Mimoun en administre la preuve, par 28 et par 36. En effet, un Français l'avait emporté en 1900, un autre en 1928, c'était bien l'année ou jamais, et puis ce 1er décembre où la boule de mercure était montée à 36° C, il avait trente-six ans et son pouls était descendu à trente-six. Ajoutez le tirage au

> *« Vous savez, je ferai seulement mon possible pour aller jusqu'au bout »*
>
> Alain Mimoun

sort qui lui attribue le dossard 13, la souplesse de ses souliers finlandais et la discrétion de sa vieille blessure au mollet, une prière à sa mère et une autre à sainte Thérèse de Lisieux qui ne peuvent pas faire de mal, une pensée pour sa fille dont il vient d'apprendre la naissance par télégramme, tous ces indices sont des signes du destin. Pourtant il avait caché son intention de s'y inscrire et n'avait révélé sa décision qu'à deux jours de l'épreuve. Non seulement il n'a jamais couru de marathon, mais il n'a jamais dépassé vingt kilomètres. Alors, le lendemain du 10 000 mètres où il ne se livre pas à fond et reste « en dedans », il se risque sur trente-cinq kilomètres du parcours dont il sort plus ou moins frais comme un gardon, sensible à d'autres signes favorables comme la couleur verte des traits de peinture tracés tous les dix mètres sur la route pour la pre-

« Monsieur Mimoun, nous avons un point commun… nous durons »

CHARLES DE GAULLE

mière fois, et il serait déjà bien content d'une petite médaille à l'ombre de Zatopek. Bien qu'il parte avec prudence, il se retrouve en tête un peu après la mi-course, il se demande si les choses peuvent se passer aussi simplement, il a assez vite la réponse, un coup de pompe monumental, le macadam et un ciel de plomb multiplient les mirages, la canicule porterait à se croire revenu à la belle époque, il jette le mouchoir qui lui sert de casquette, il ne transpire même plus, sa foulée devient encore plus rasante voire étriquée, mais il trouve le ressort nécessaire, moi Alain Mimoun me voici dans le stade, le dernier virage, la dernière ligne droite. Quand *La Marseillaise* retentit, le petit garçon de Sidi Bel Abbès ne pense pas aux paroles malgré la guerre d'Algérie dont les enjeux lui échappent, il sent une boule au fond de la gorge et des larmes qui couleraient s'il n'était déshydraté.

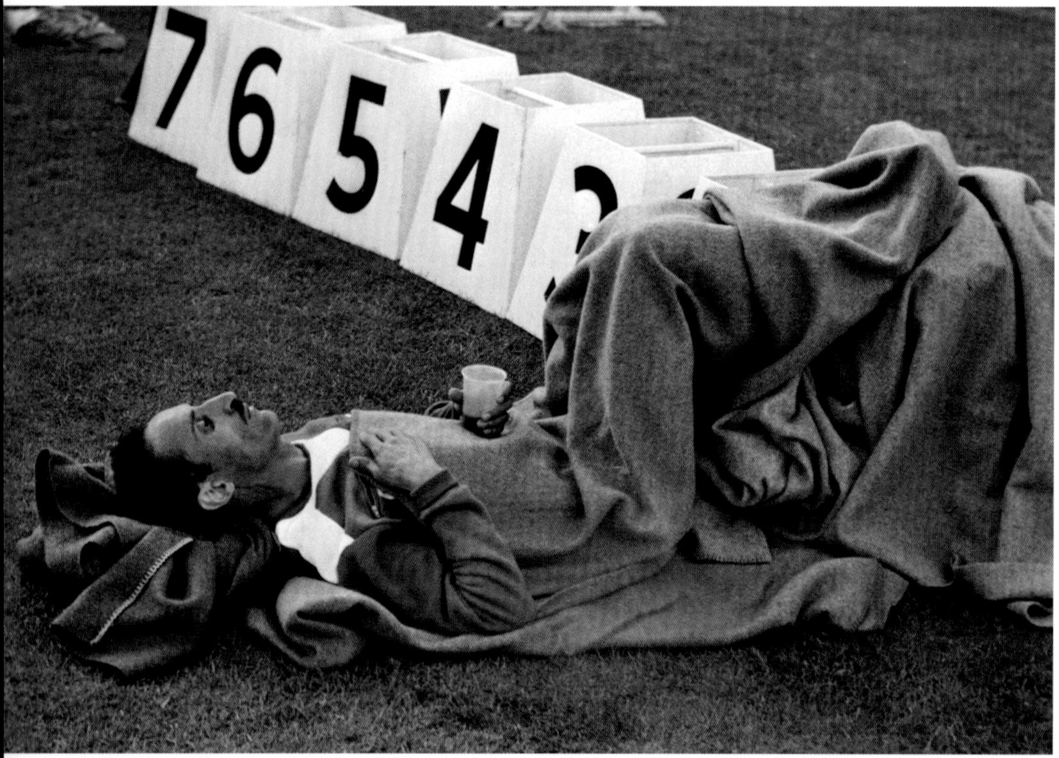

Le Français Alain Mimoun, vainqueur du marathon aux Jeux olympiques de Melbourne, 1956.

Emil Zatopek

Il est né au lendemain de la Première Guerre dans un pays tout neuf, la Tchécoslovaquie, et il commence à courir au début de la Deuxième Guerre lorsque l'usine de chaussures où il travaille comme ouvrier lui donne l'occasion de disputer un cross. Après la guerre, l'armée lui permet de s'entraîner. Il n'hésite pas à courir dans la neige, en bottes. Il sourit autant qu'il grimace. Ses titres olympiques lui valent le grade de colonel. Mais en 1968 il s'oppose aux chars soviétiques à Prague. En récompense, il devient ouvrier dans des mines d'uranium, puis éboueur. La Révolution de velours lui rend la vieillesse moins amère.

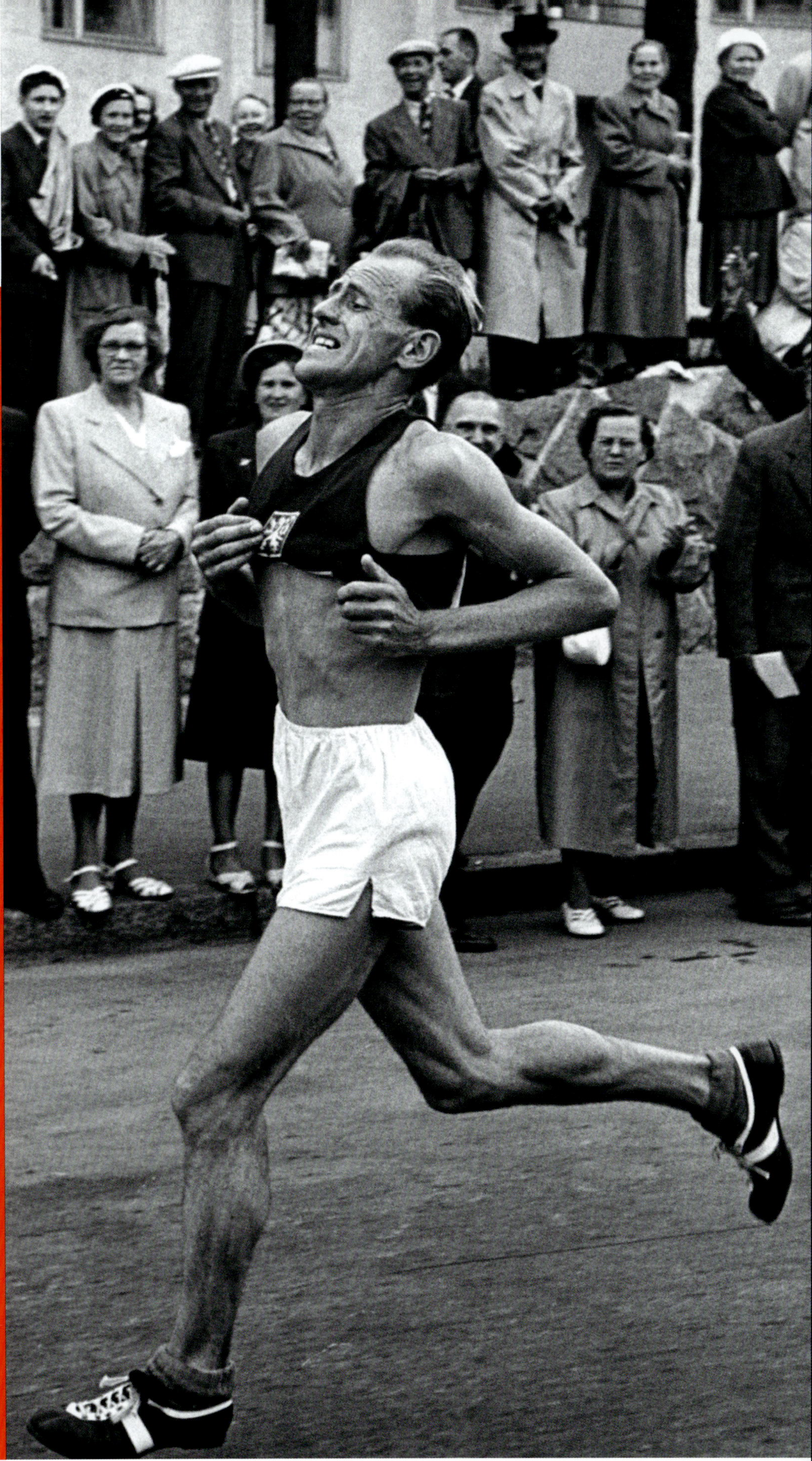

Emil Zatopek, Jeux olympiques d'Helsinki, 1952.

1960, Rome

CI-CONTRE :
Le Russe Konstantin Vorobiev, quatrième aux Jeux olympiques de Rome, 1960.

DOUBLE PAGE SUIVANTE :
Jeux olympiques de Rome, 1960. Abebe Bikila arrivant à l'arc de Constantin, en fin de course.

Jeux olympiques de Rome, 1960. L'Éthiopien Abebe Bikila court pieds nus et devance le Marocain Rhadi Ben Abdesselam avant la fin du marathon. Il bat le record olympique en 2 h 15' 16''.

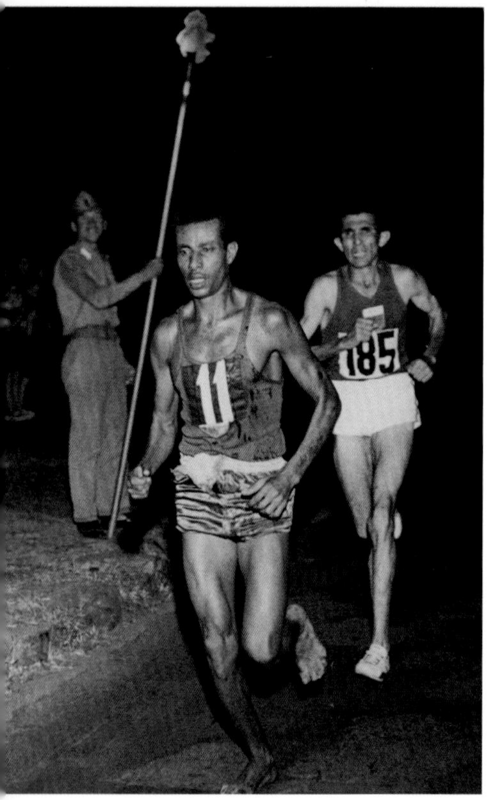

Rome

On y revient trois ans après la signature du traité de Rome qui marque les grands débuts de la construction européenne. Le pape Jean XXIII bénit les Jeux que saint Ambroise avait condamnés et la presse consacre Wilma Rudolf comme la nouvelle déesse. La «gazelle noire» a grandi dans le ghetto au milieu de dix-huit frères et sœurs et elle a guéri de la poliomyélite. L'événement majeur est cependant la décolonisation de l'Afrique noire.

Vous avez aimé Zatopek, vous adorerez Abebe Bikila. La légende ne se dément pas. Il y a la Ville éternelle avec l'arrivée sous l'arc de Constantin, la nuit tombée, douce, trouée par les éclairs de magnésium des flashes, et ces photographies feront le tour du globe et prouvent que la magie de l'instant reste supérieure au miracle de la télévision qui retransmet pour la première fois un marathon. Il y a surtout le vainqueur, idéal, un Éthiopien, entré dans la garde du négus, coureur de haut plateau, entraîné par un Scandinave engagé dans la Croix-Rouge, le cœur jamais fatigué, les pieds couverts de corne car il court pieds nus.

Le samedi 10 septembre, le départ est donné place du Capitole. L'éventail géographique s'est ouvert avec un Indien, un Cinghalais, un Libérien. L'itinéraire est tracé entre les massifs de lauriers-roses et les blocs de pierres ancestrales, va jusqu'à la mer avant de revenir par la via Appia où pour un soir les prostituées ont cédé la place à des soldats portant des torches afin d'éclairer les pavés à peine effleurés par Bikila et Rhadi, le buste droit, sans un regard pour les catacombes. Discret, longtemps sur les talons du Maghrébin qui venait de choisir les couleurs marocaines aux dépens des couleurs françaises, Bikila le lâche dans les allées bordées de pins maritimes, continue de la même foulée jusqu'à l'arc de Constantin, bat au passage le record du monde, en 2 h 15' 16'', surpris par tant d'excitation à l'arrivée, imperturbable, refuse la couverture qu'on lui tend, triomphe à l'endroit même d'où les troupes italiennes s'étaient lancées à la conquête de son pays.

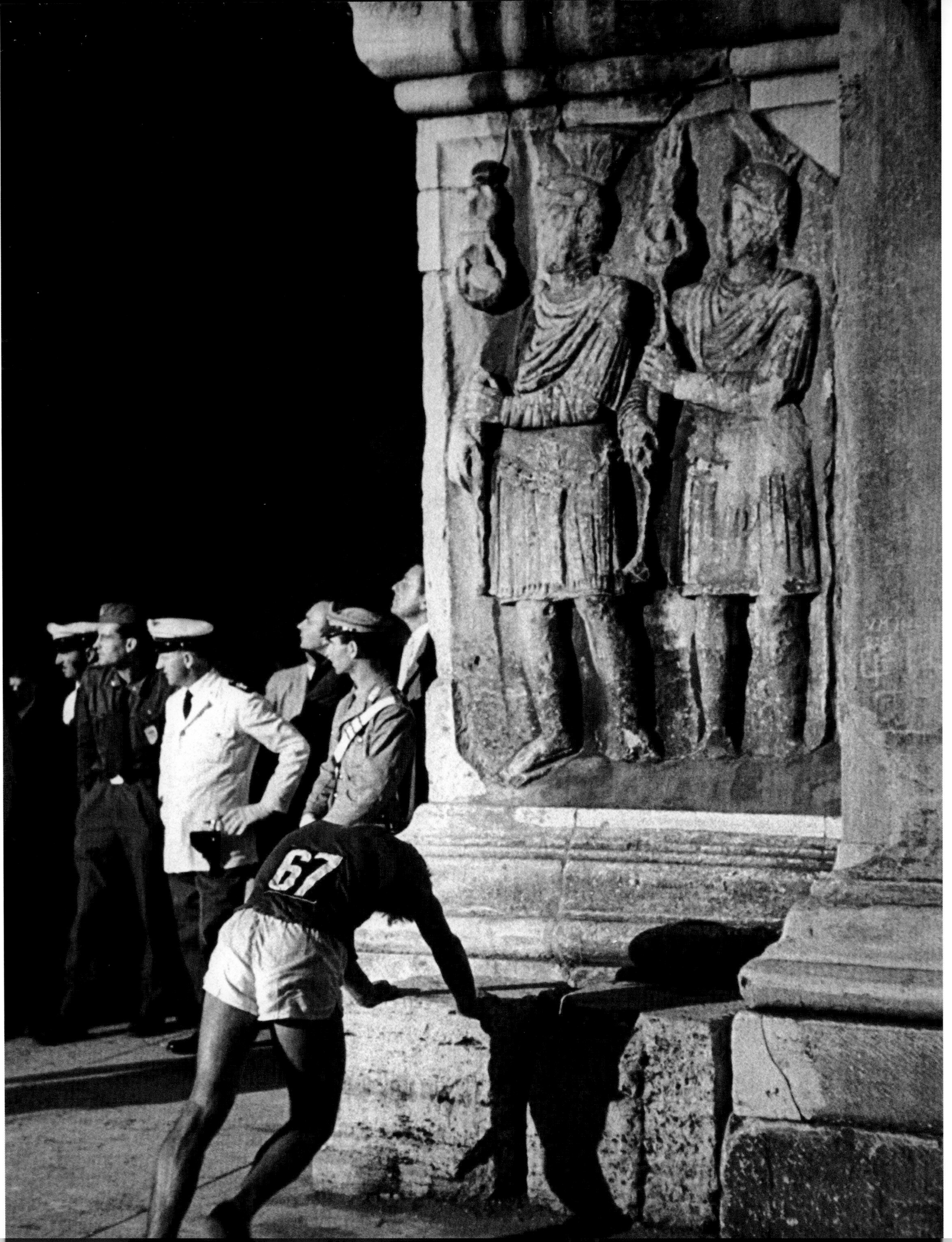
67

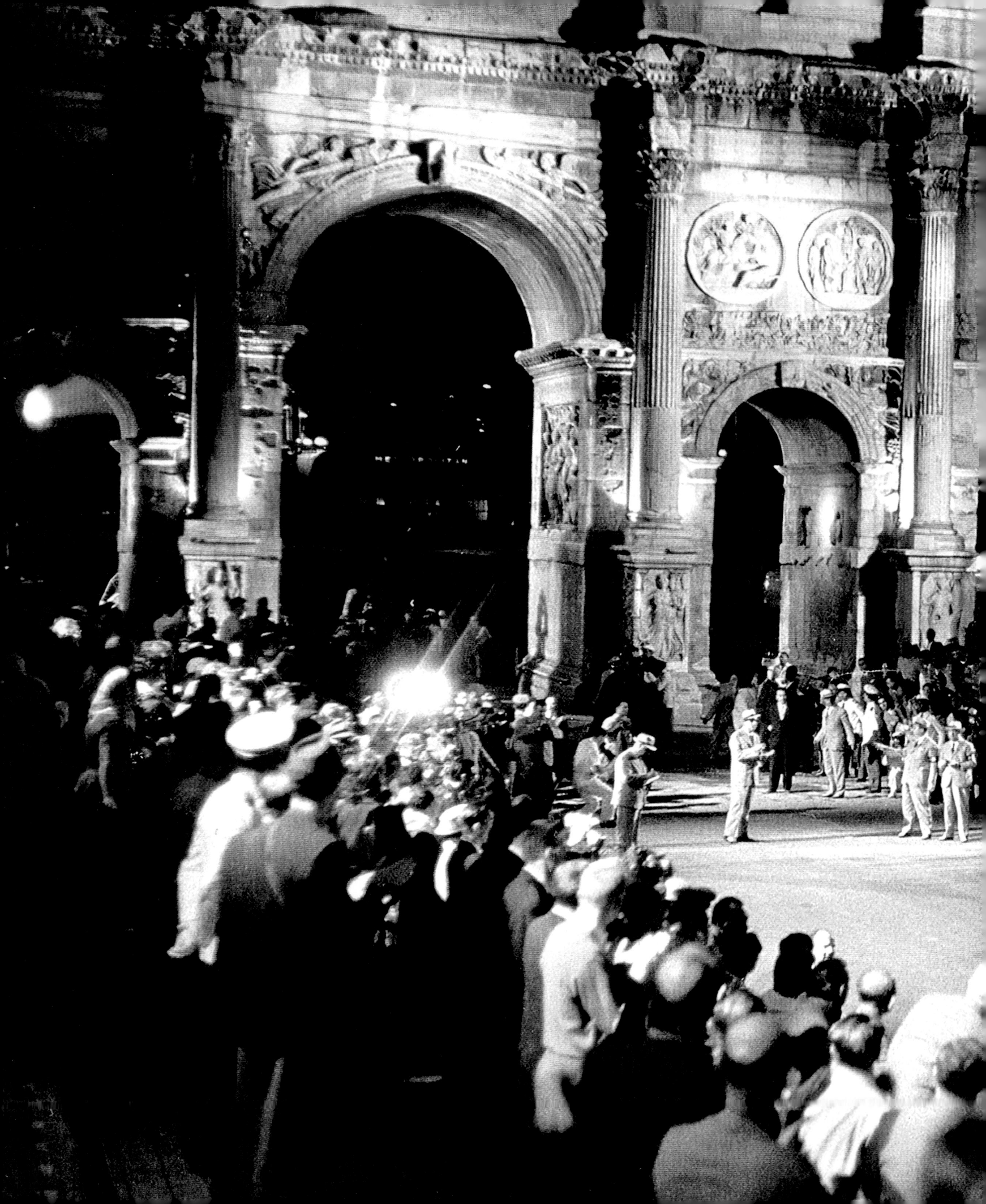

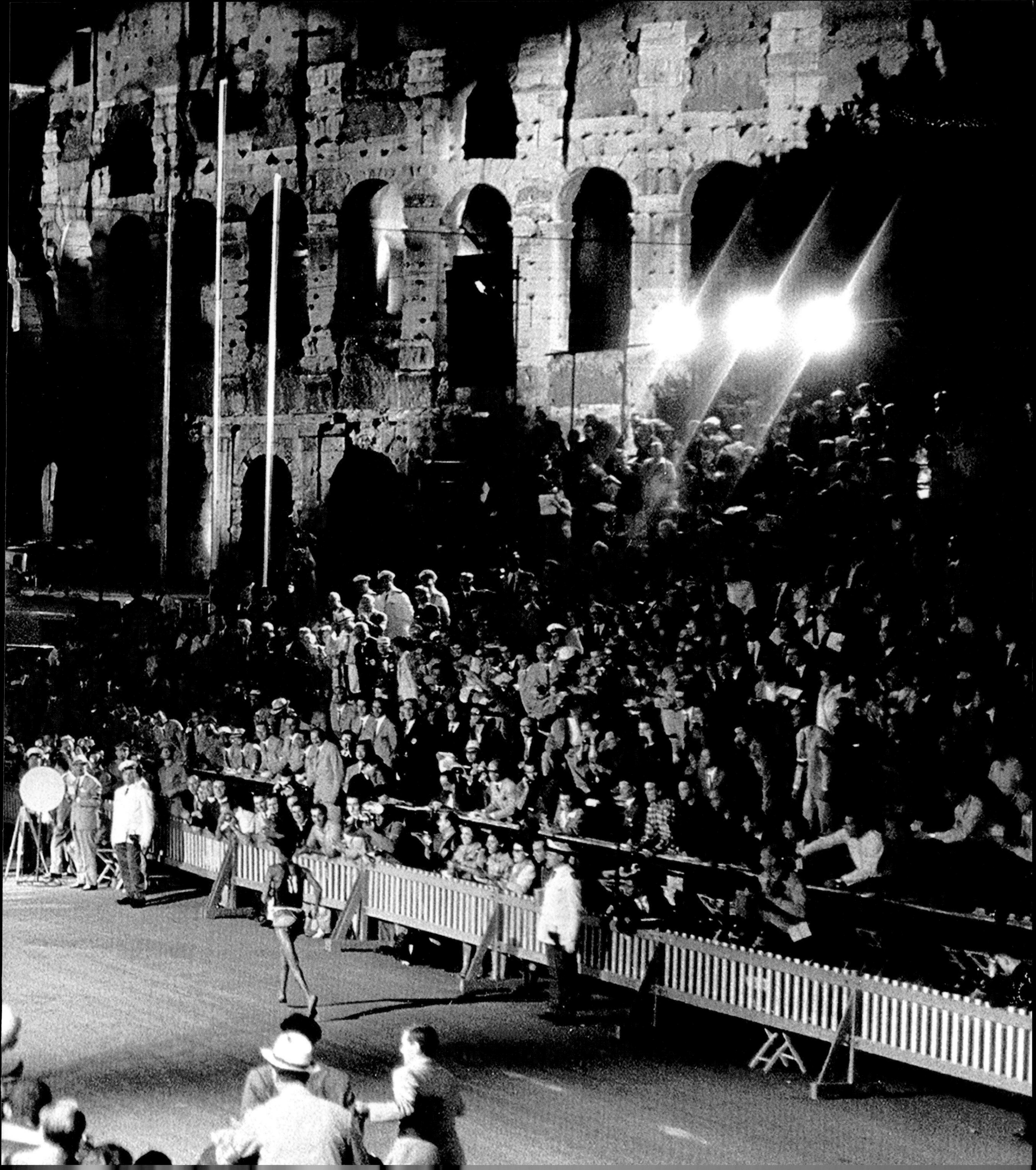

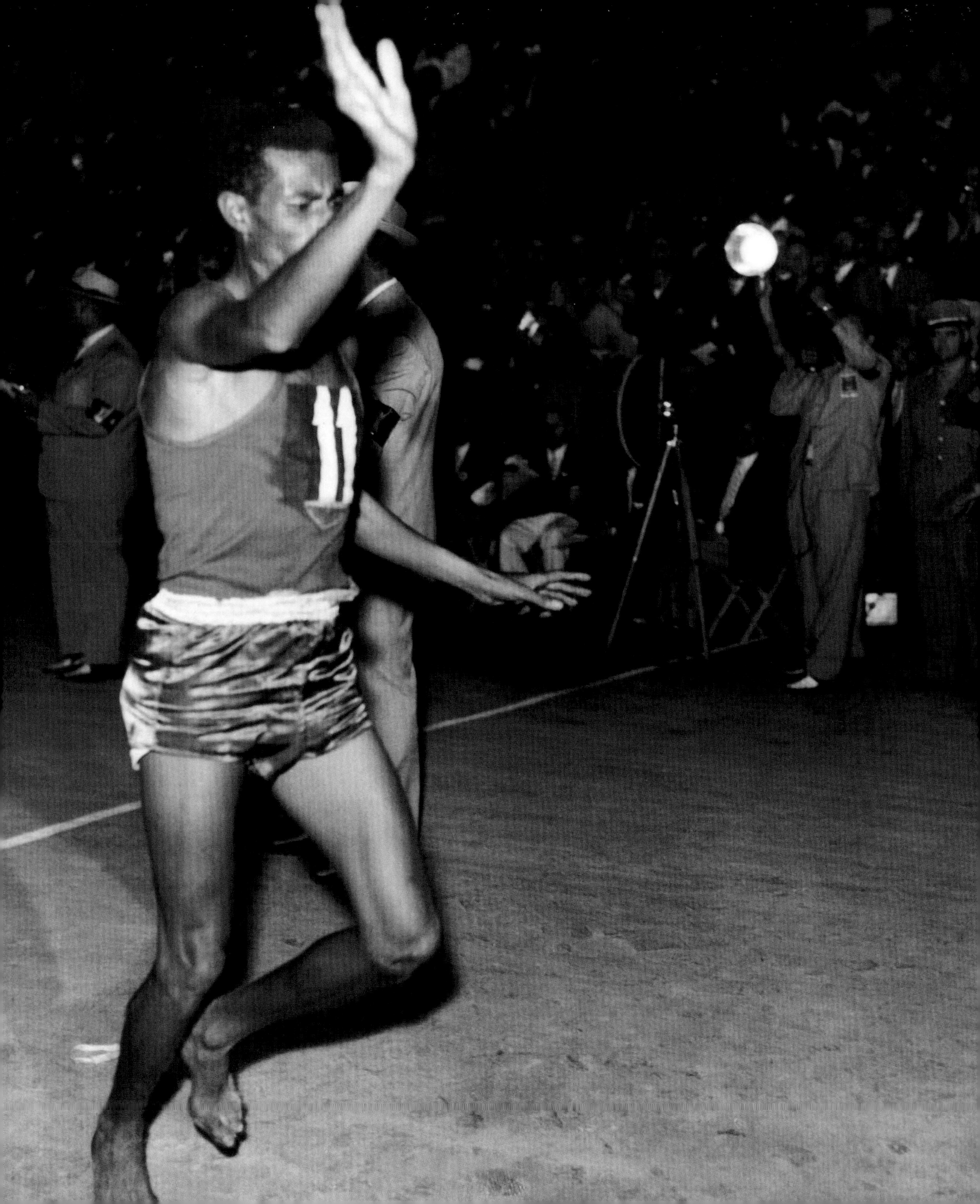

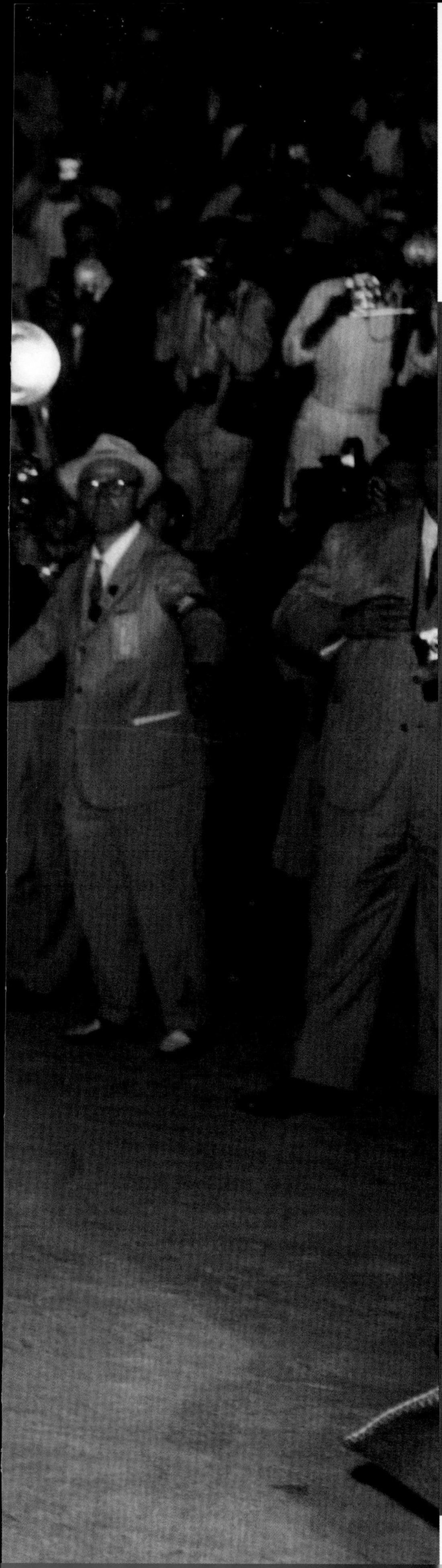

Abebe Bikila

Il est né dans une famille de paysans très pauvres, sur une terre magnifique mais ingrate. À dix-sept ans, il part s'engager dans la garde impériale à Addis-Abeba. À vingt-huit ans, à Rome, il n'ignore pas où il met les pieds. Sous l'arc de Constantin, à l'arrivée la plus majestueuse de toute l'histoire du marathon, il témoigne d'une forme de hauteur ; il refuse de s'asseoir, de boire, de prendre la couverture qu'on lui tend, il déclare que dans la garde impériale il y a beaucoup d'autres coureurs qui auraient pu gagner à sa place, il est sincère, c'est un prophète. Après son accident, il accepte sa paralysie comme il avait accepté ses victoires olympiques, c'était la volonté de Dieu. D'ailleurs c'est le Négus qui lui avait offert sa Coccinelle blanche. Il a l'intention de disputer des compétitions de tir à l'arc en fauteuil roulant. Mais le ressort est cassé. Il confie à Raymond Pointu : « C'est un véritable combat que je mène [...] sans témoin et sans gloire. » À sa mort, le Négus décrète un jour de deuil national. C'est bien le moins pour un peuple en larmes devant la dépouille de « l'homme qui était capable de courir du lever au coucher du soleil ».

Abebe Bikila, Jeux olympiques de Rome, 1960.

1964, Tokyo
1968, Mexico…

Tokyo

Marx vient de mourir, Harpo Marx, tandis que Marc Chagall finit de peindre les anges sur le plafond de l'Opéra et le dernier relais de la flamme olympique est bientôt confié à Yoshinori Sakaï, dix-neuf ans, né à Hiroshima le jour où la bombe atomique a explosé.

Vous avez aimé Abebe Bikila à Rome, vous l'adorerez à Tokyo. Il revient de loin, car il a échappé à la corde grâce à la clémence du négus après une révolution de palais, et il a été opéré de l'appendicite un mois auparavant. La foule innombrable et de tous âges massée sur plusieurs rangs tout le long du parcours contribue pour beaucoup à son sacre. S'il court désormais en chaussures, il a la même allure souveraine. Dans un air pourtant chaud et humide, il donne une démonstration qui a la perfection d'un théorème. Il réalise 2 h 12' 11'', le premier doublé, et il adresse un salut tranquille aux spectateurs émerveillés. Le reste semble n'avoir pas d'importance, sauf le retour de l'Anglais Heatley dans les derniers mètres sur le Japonais Tsuburaya pour la première place derrière Bikila.

Ce sera la dernière fois qu'un marathon se terminera sur une piste en cendrée.

On peut laisser la conclusion à Vandendriessche, qui avait abandonné à Rome et terminé septième à Tokyo : « Ça va trop vite maintenant ; pour les coureurs véritablement endurants, il faudrait une course de soixante à quatre-vingts kilomètres ! »

Mexico

Le 19 janvier, Kokichi Tsuburaya, jamais remis de l'affront subi dans la dernière ligne droite sur la cendrée de Tokyo, blessé au tendon d'Achille, fait hara-kiri. Le 4 avril, Martin Luther King est assassiné ; sur le podium du 200 mètres, Tommie Smith et John Carlos lèveront un poing ganté (Smith, le droit, Carlos, le gauche) et ils baisseront la tête devant le

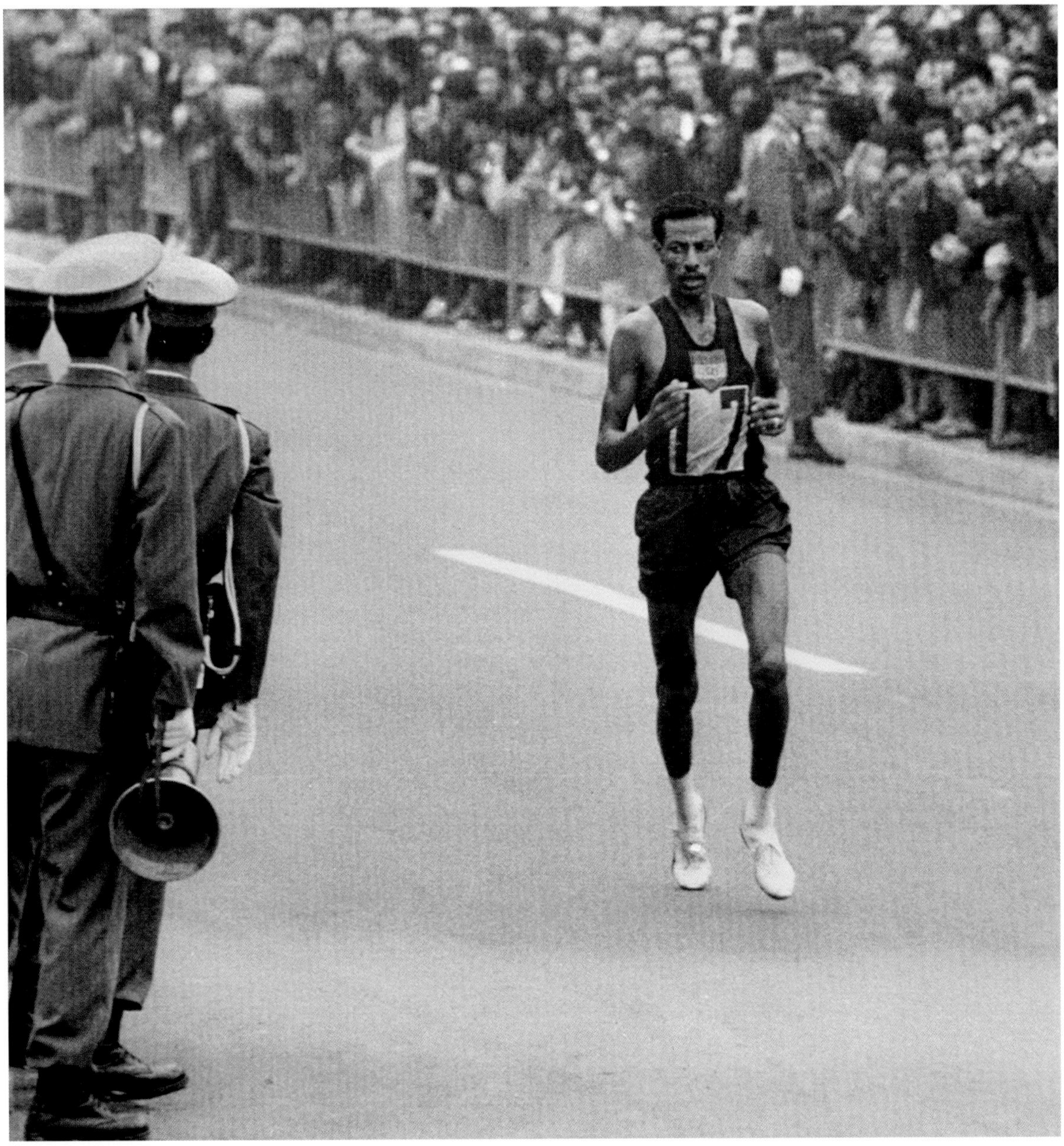

Jeux olympiques de Tokyo, 1964. Abebe Bikila, vainqueur, avec un nouveau record olympique en 2 h 12' 11''.

...1968, Mexico

Jeux olympiques de Mexico, 1968. L'Éthiopien Mamo Wolde est médaillé d'or du marathon.

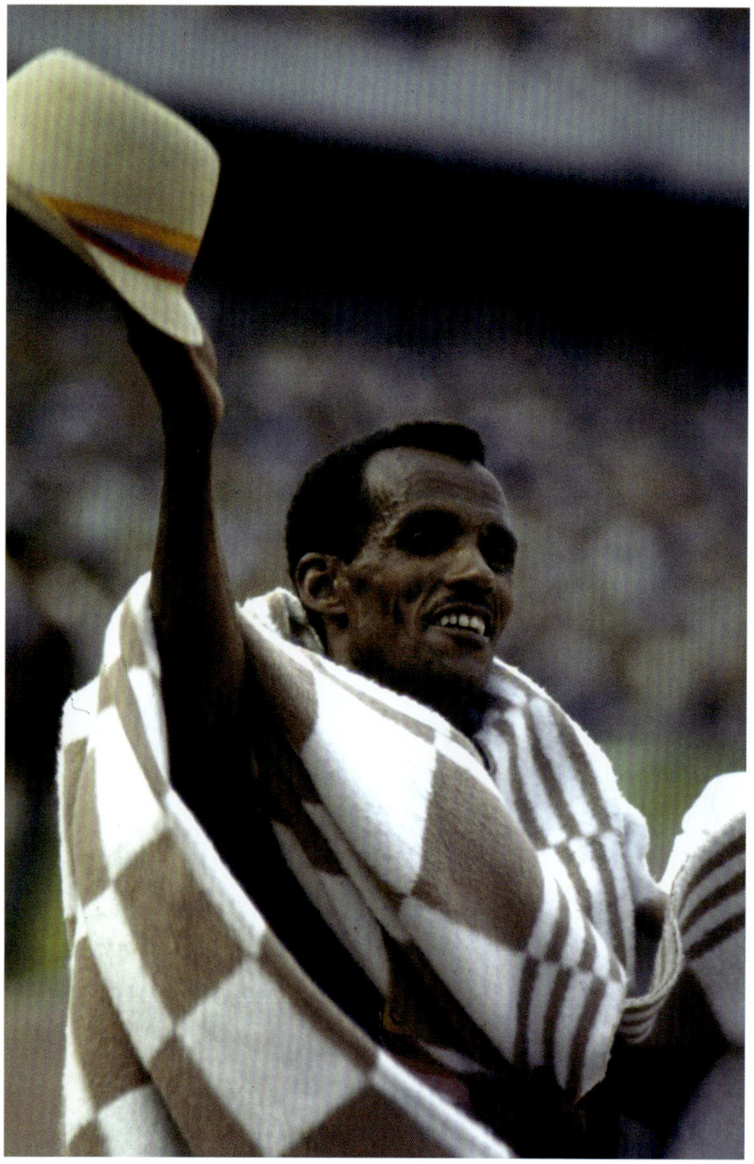

drapeau américain comme Kee-Chung Sohn autrefois. La nuit du 2 au 3 octobre, les automitrailleuses envoient *ad patres* trois cents étudiants manifestant contre le coût financier des Jeux pour un pays où l'on ne peut pas fermer les yeux sur la pauvreté.

Le samedi 12, les masques funéraires cèdent la place à une cérémonie d'ouverture illuminée par la première jeune femme à porter la flamme pour le dernier relais. Le dimanche 20, tout le monde attend Abebe Bikila. Les pierres aztèques augurent d'un exploit, mais très vite il boitille, il abandonne, il laisse les autres en découdre, et si l'éventail géographique s'ouvre encore il se referme aussi car le seul Finlandais engagé est contraint à l'abandon. Ils sont plusieurs à croire que leur jour est venu, au bout du chemin, mais c'est un autre Éthiopien, habitué à l'altitude, qui l'emporte. Mamo Wolde a le même âge que Bikila.

Abebe ne courra plus. Cinq mois plus tard, sa voiture se retourne sur une route du haut plateau, il reste toute la nuit coincé sous la tôle, on le relève en miettes, paralysé, on le soigne en Angleterre mais il est condamné au fauteuil roulant et à une économie de gestes terrifiante, accueilli par une foule en larmes à l'aéroport, trimbalé comme un trésor national pendant les quatre années d'une olympiade, essayant de survivre, jusqu'à l'hémorragie cérébrale salutaire qui le rend à la légende.

1972, Munich

Munich

On l'a vu, l'histoire des Jeux a partie liée avec l'Histoire, pour le meilleur et souvent pour le pire. La prise d'otages par un commando palestinien tourne à la tragédie quand les tireurs d'élite allemands tentent de tuer les Palestiniens qui exécutent les neuf athlètes israéliens. L'émotion n'est que passagère. Parienté et Lagorce écrivent, sur le moment même, avec intelligence et sensibilité : « En laissant se poursuivre les Jeux dans leur costume de gala, chamarrés d'or et dans un cérémonial ampoulé, les cardinaux du CIO prouvent, une nouvelle fois, leur inconscience qui est, cette fois, de l'impudeur. »

Les épreuves reportées de vingt-quatre heures à cause de la journée de deuil, le marathon se déroule donc un dimanche qui n'est plus tout à fait le jour du Seigneur. Il est dévolu à Frank Shorter, né à Munich en zone d'occupation américaine, bien né, et si l'on y réfléchit bien le premier des *aristoi* à s'imposer sur une si longue distance.

Récapitulons : un berger, un ébéniste, un employé, un confiseur (ou un vendeur de magasin), un policier, un Finlandais émigré aux États-Unis, un charpentier, un ouvrier, un vendeur de journaux, un Coréen enrôlé sous la bannière du Japon, un pompier, un électricien devenu soldat, un futur moniteur, deux paysans devenus soldats. Shorter avait étudié à l'université de Yale, il s'y était surtout entraîné et il s'était rapidement consacré à la course à pied, mettant le cap sur la Floride, *nobody is perfect*.

Le marathon paraît une formalité, il est en tête dès le quinzième kilomètre, il augmente son rythme et son avance, il suit la ligne de peinture bleue inédite, il est parfaitement concentré au point de ne pas prêter cas aux ampoules, il devance le jeune Belge Lismont et le vieux Mamo Wolde qui monte sur un podium olympique à quarante ans. En esprit, il se projette déjà à Montréal.

DOUBLE PAGE SUIVANTE :
L'Américain Frank Shorter, vainqueur du marathon aux Jeux olympiques de Munich, 1972.

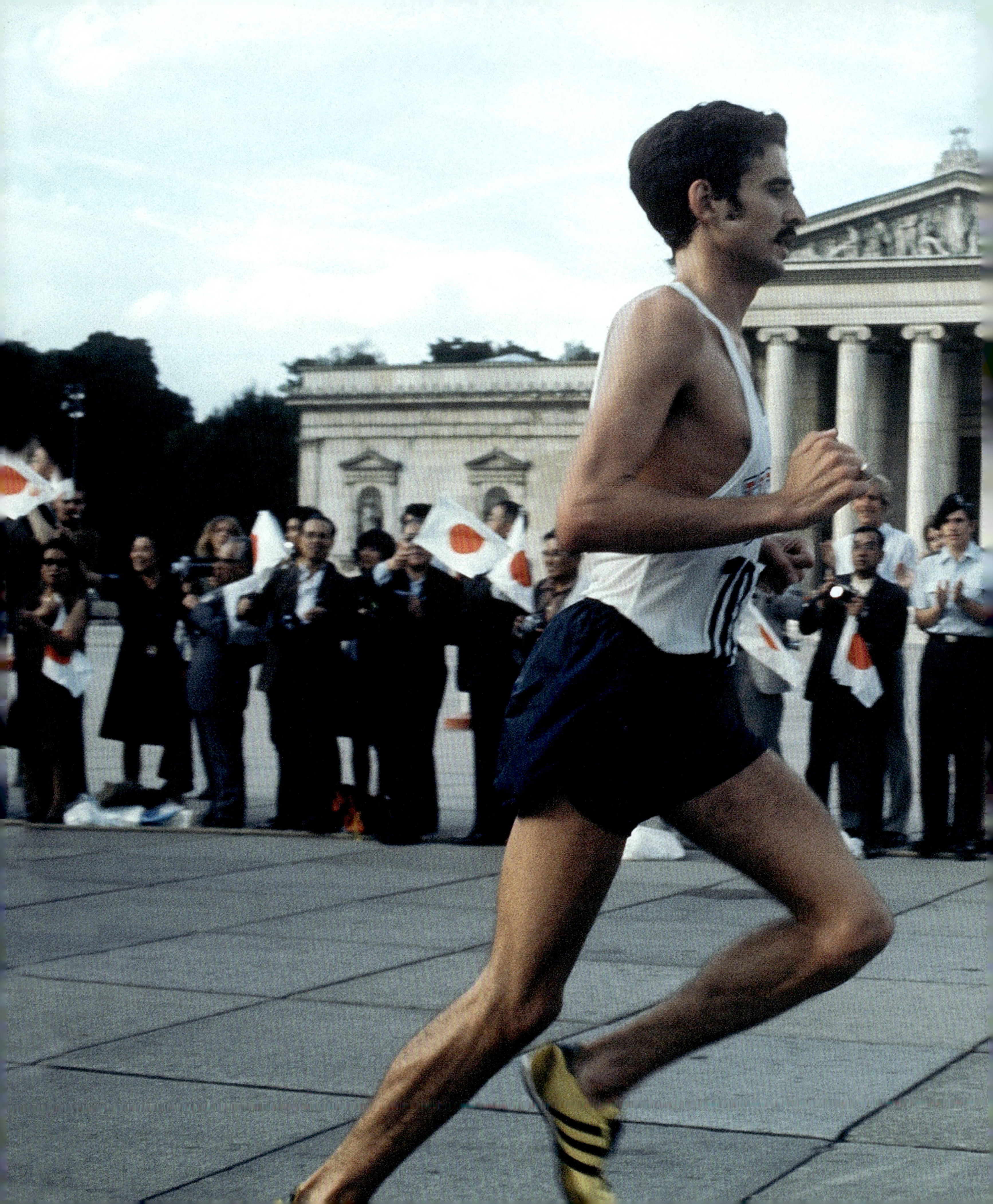

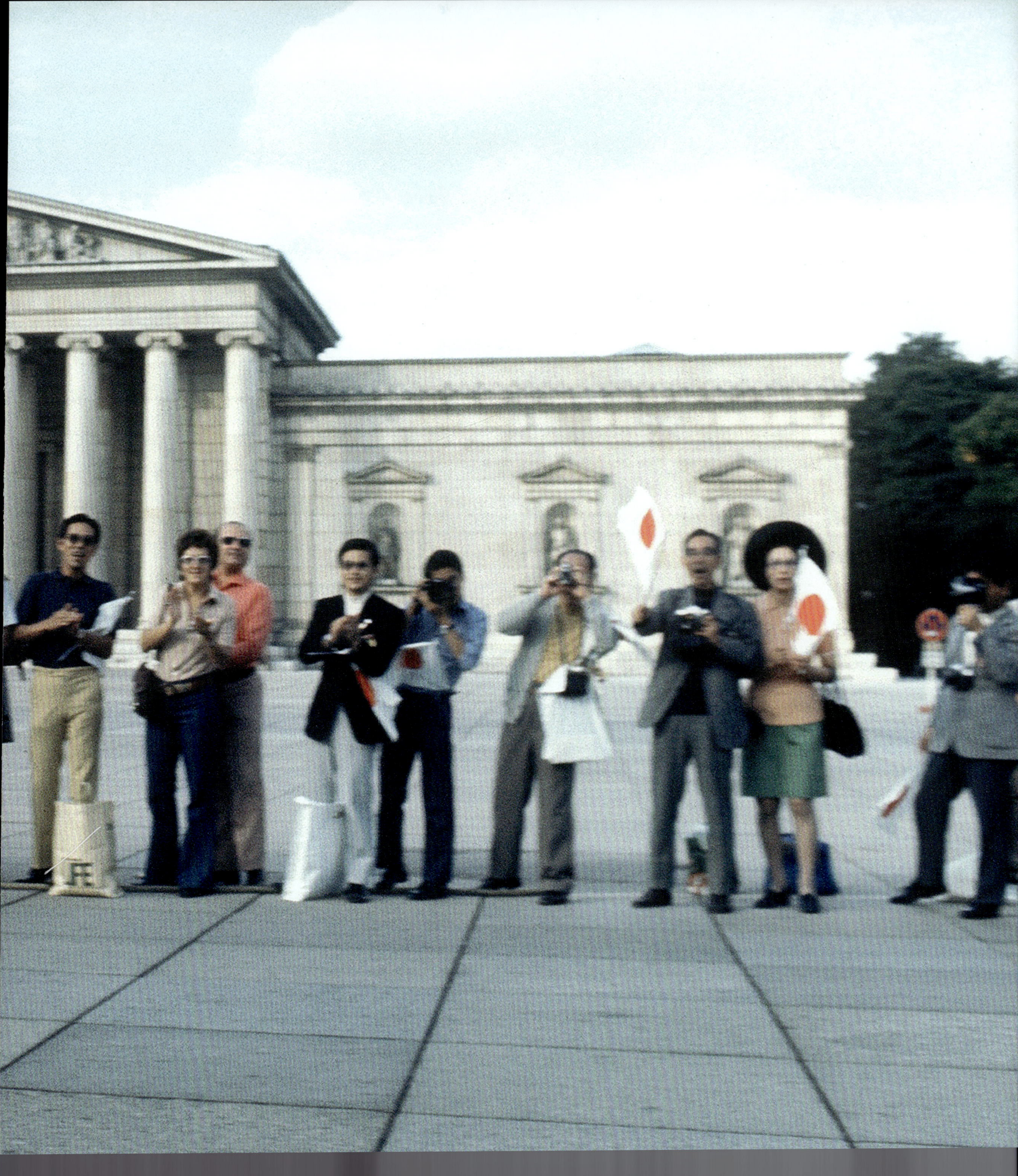

1976, Montréal

Montréal

Parfois la diplomatie n'aboutit pas, parfois elle aboutit. Quand les pays africains demandent l'expulsion de la Nouvelle-Zélande à cause de ses rencontres de rugby contre l'Afrique du Sud, exclue du mouvement olympique en raison de sa politique d'*apartheid*, le CIO ne donne pas suite à la demande de sorte qu'il n'y aura pas de coureur africain au marathon.

Quand Vitali Smirnov annonce le retrait de l'URSS pour les deux dernières journées et la cérémonie de clôture, le rappel au règlement, le bon sens et la négociation suffisent à le convaincre. La disparition d'un jeune plongeur de dix-sept ans n'est ni une « provocation » ni un « enlèvement », mais Serguei Nemtsanov a plutôt été inspiré par le dernier relais de la flamme portée conjointement par une fille et un garçon le jour de la cérémonie d'ouverture et il s'est réfugié chez une amie canadienne.

« J'aurais voulu hurler mais, alors, je n'avais pas de preuve »

FRANK SHORTER, DEUXIÈME DERRIÈRE WALDEMAR CIERPINSKI AU MARATHON DES JEUX DE MONTRÉAL

Sans doute y a-t-il une part d'injustice dans le jugement mais, malgré un temps canon, le vainqueur du marathon de Montréal n'a rien d'exaltant. Waldemar Cierpinski vient de RDA, il porte des rouflaquettes qui lui donnent un faux air de Beatles, c'est un ancien coureur de 3 000 mètres steeple qui n'a jamais cassé trois pattes à un canard et dont la progression est trop rapide pour être honnête. Les battus ont pour nom Gurmu, l'Éthiopien, obligé de plier bagages à cause du boycott, et Laase Viren, le Finlandais, qui veut imiter Zatopek en gagnant les trois épreuves de fond mais termine à la cinquième place. Viren aura été un champion pour déjouer les premiers contrôles antidopage et il prétendait sans rire que sa résistance lui venait d'un verre de lait de renne tous les matins.

Dans cette course, Shorter fait longtemps figure de vainqueur. Un rythme très rapide n'empêche pas des coups de boutoir. C'est une histoire classique à tout niveau. Au vingt-cinquième kilomètre, Shorter creuse un écart sur un petit groupe, vingt-cinq mètres ce n'est rien et c'est beaucoup, ça peut se révéler décisif, on le sait bien. Seul Cierpinski réussit à le combler, il y met quatre minutes, soit à peu près 1 200 mètres, puis il récupère à l'abri de Shorter ; ensuite il vient à sa hauteur, les deux hommes courent de front, une légère pente lui permet de prendre une dizaine de mètres à Shorter qui, à son tour, les comble en un petit kilomètre mais s'est usé à ce petit jeu. Il doit laisser filer celui qu'il ne connaissait pas et qu'il prend pour un Suisse, affublé du dossard 51 qui a fait la gloire d'Anquetil et de Merckx, très à l'aise le long des rues mouillées par une pluie bienfaitrice expliquant le plus faible taux d'abandon dans un marathon olympique et le nouveau record olympique, sous la barre des 2 h 10'.

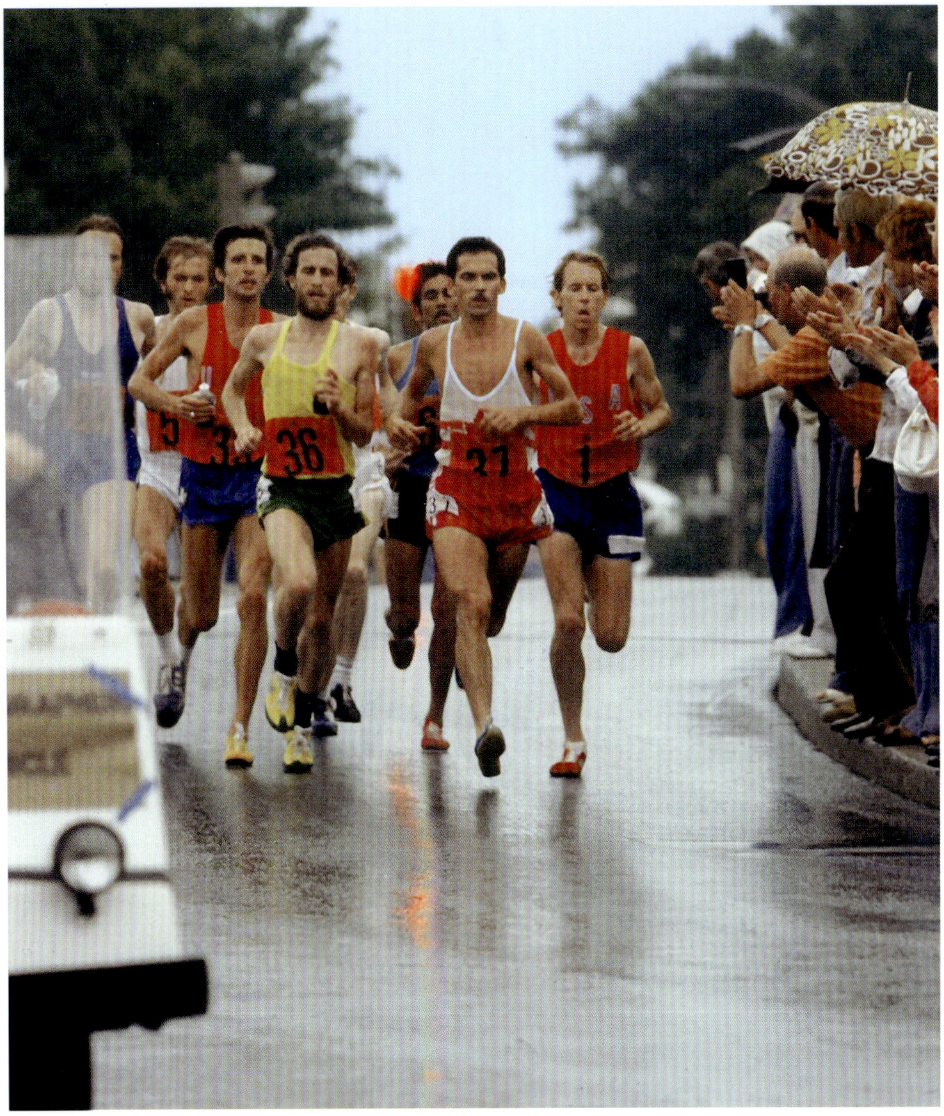

Jeux olympiques de Montréal, 1976.

Moscou

Afghanistan, son simple nom a fait rêver des générations d'aspirants au voyage avant que l'intrusion militaire soviétique n'en fasse une zone interdite. Cette guerre sert de prétexte au président américain Carter pour

Jeux olympiques de Moscou, 1980. Waldemar Cierpinski, Allemand de l'Est, entre dans le stade central Lénine et termine vainqueur du marathon.

boycotter les Jeux au nom des droits de l'homme. Le bon lord Killanin, président du CIO, le déplore, tout en rappelant qu'il appartient à la minorité pensant « qu'il y avait beaucoup trop de drapeaux et d'hymnes joués lors des Jeux olympiques ».

Le 1er août, ils sont soixante-quatorze à s'élancer vers les murs du Kremlin, c'est peu ou prou le tarif depuis Mexico, loin de la quinzaine d'engagés des deux premiers marathons. Le temps est lourd et favorise les abandons. Cierpinski réalise le doublé. Abebe Bikila doit se retourner dans sa tombe. La comparaison est impossible, ne serait-ce qu'au regard de la préparation intensive et artificieuse qu'il a subie. En tout cas, il l'emporte devant un Hollandais et un Soviétique.

« Les Jeux olympiques permettent aux représentants des différentes nations de s'affronter sans s'entre-tuer »

Norbert Elias

À ce podium improbable, fait pendant une queue de classement où l'on peut relever : 45e, Mukundhari Shrestha, du Népal ; 46e, Baba Suma Keita, de Sierra Leone ; 49e, Enemri Elmarghani, de Libye ; 50e, Nguyen Quyen, du Viêtnam. Quant au 53e et dernier, Abel Nkhoma, en 2 h 53' 35'', il porte les couleurs d'un pays, le Zimbabwe, qui n'a que quelques mois.

Los Angeles

Elle n'a qu'une rivale, Téhéran, mais la ville du shah devenue ville de l'ayatollah s'est retirée. On pouvait s'y attendre, le bloc de l'Est boycotte les Jeux, c'est la réponse du berger à la bergère, elle est mêlée de constats peu contestables et d'arguments de mauvaise foi.

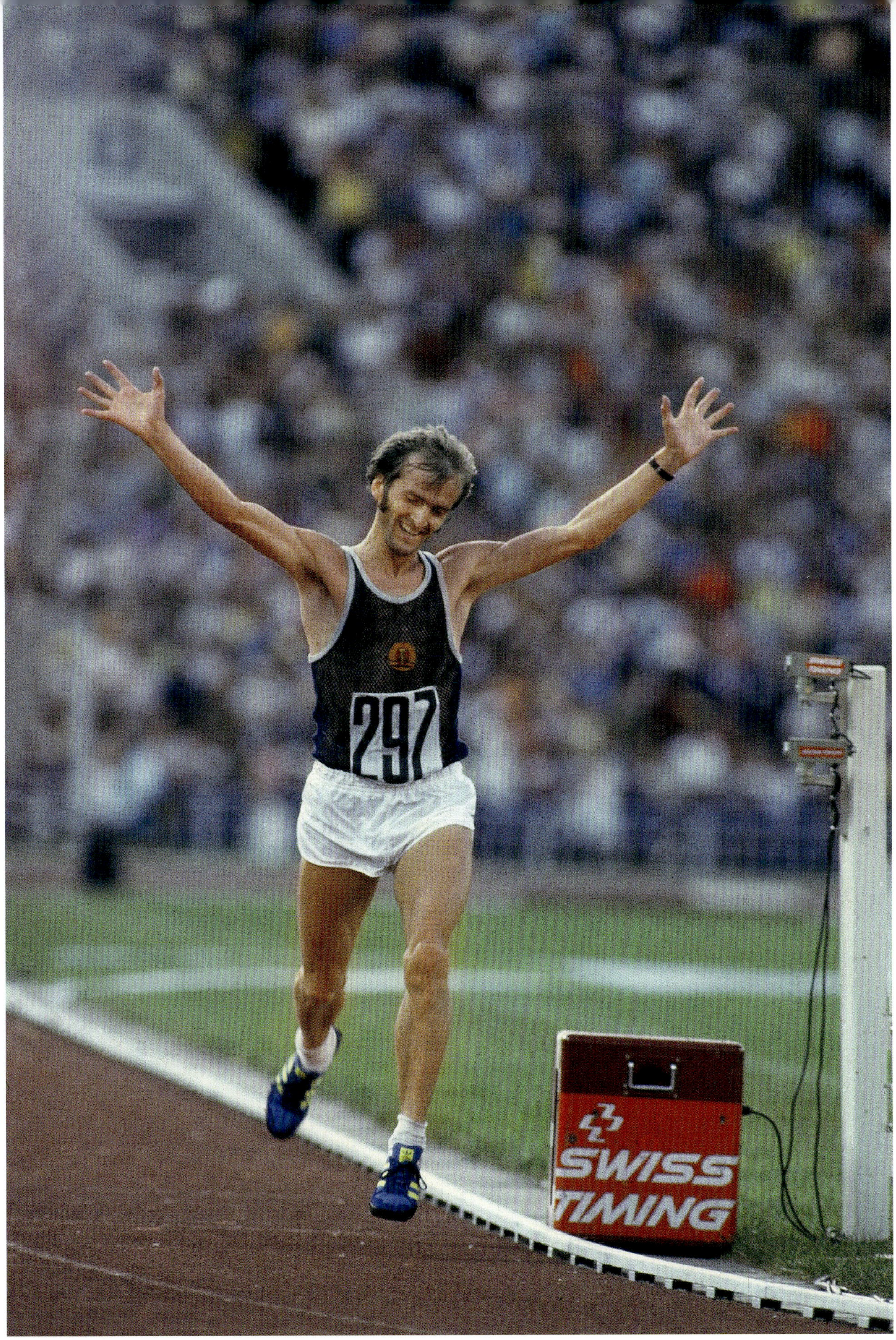
297
SWISS
TIMING

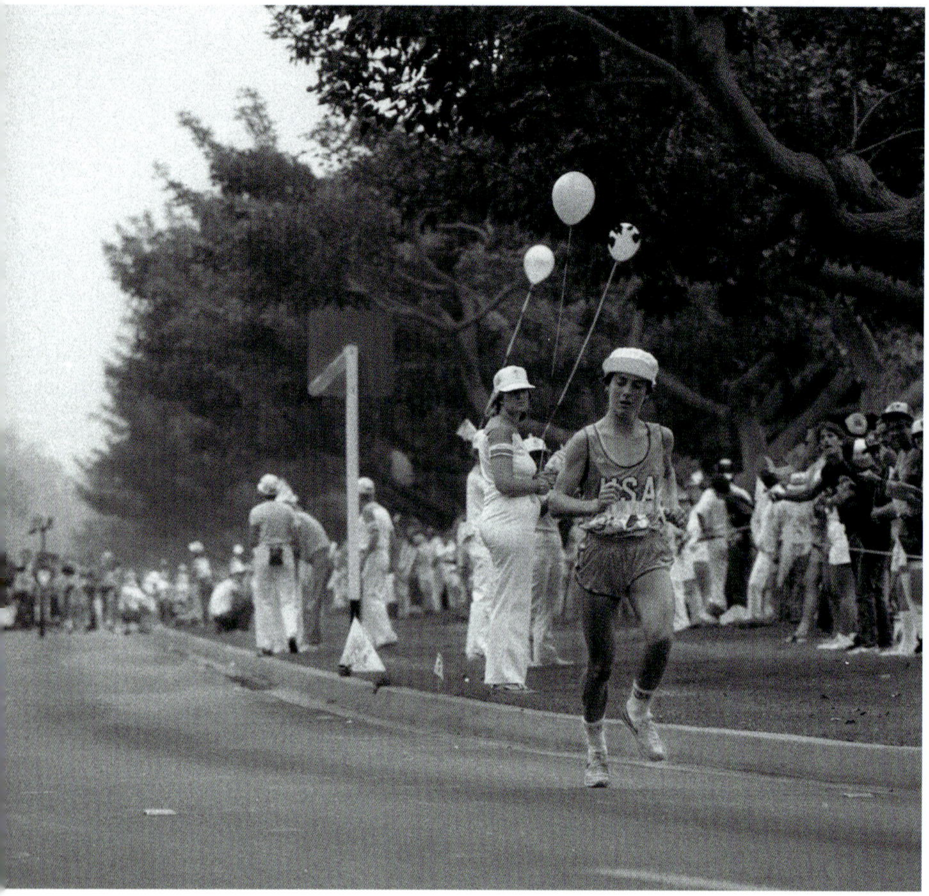

CI-CONTRE :
Jeux olympiques de Los Angeles, 1984. L'Américaine Joan Benoit court le premier marathon olympique féminin, et gagnera la médaille d'or.

CI-DESSOUS :
Jeux olympiques de Los Angeles, 1984. La Britannique Priscilla Welch et l'Australienne Lisa Martin passent sous les douches durant le premier marathon olympique féminin.

PAGE CI-CONTRE :
La Suissesse Gabriela Andersen-Schiess arrivant vingt minutes après la gagnante aux Jeux olympiques de Los Angeles, 1984.

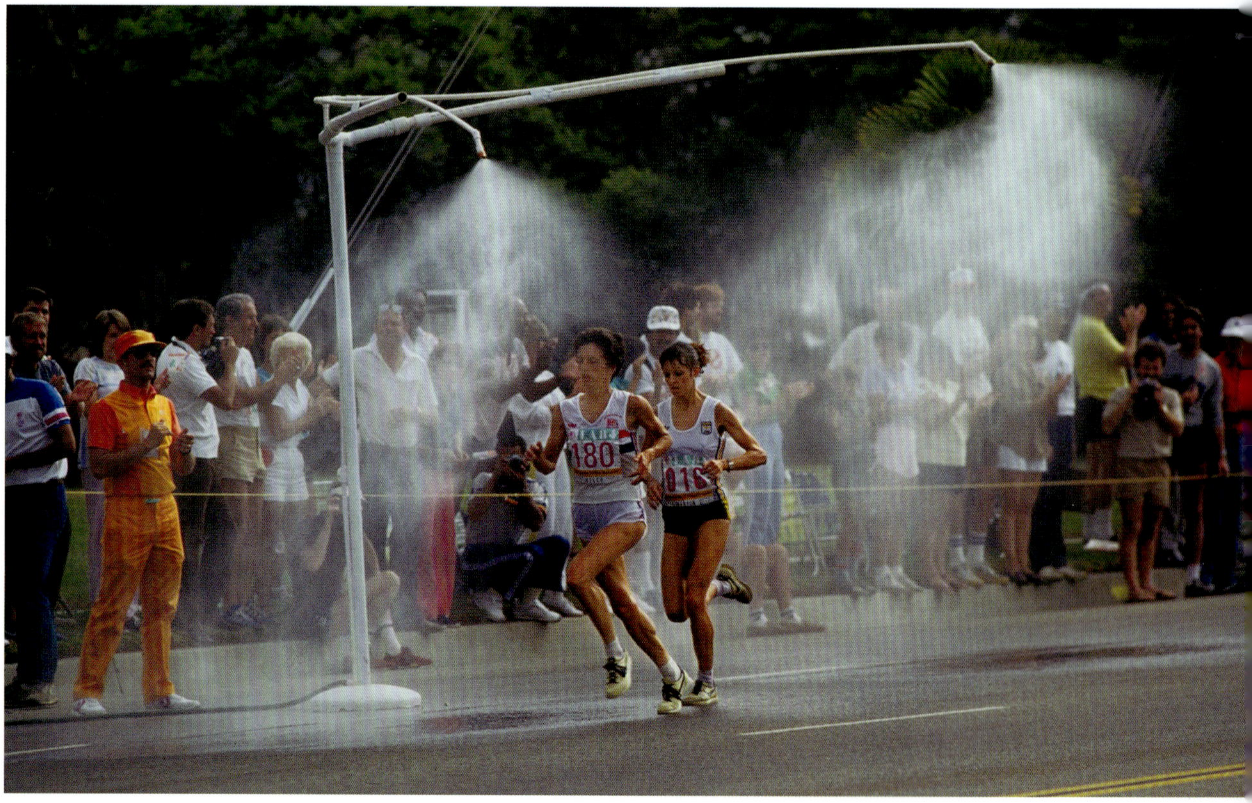

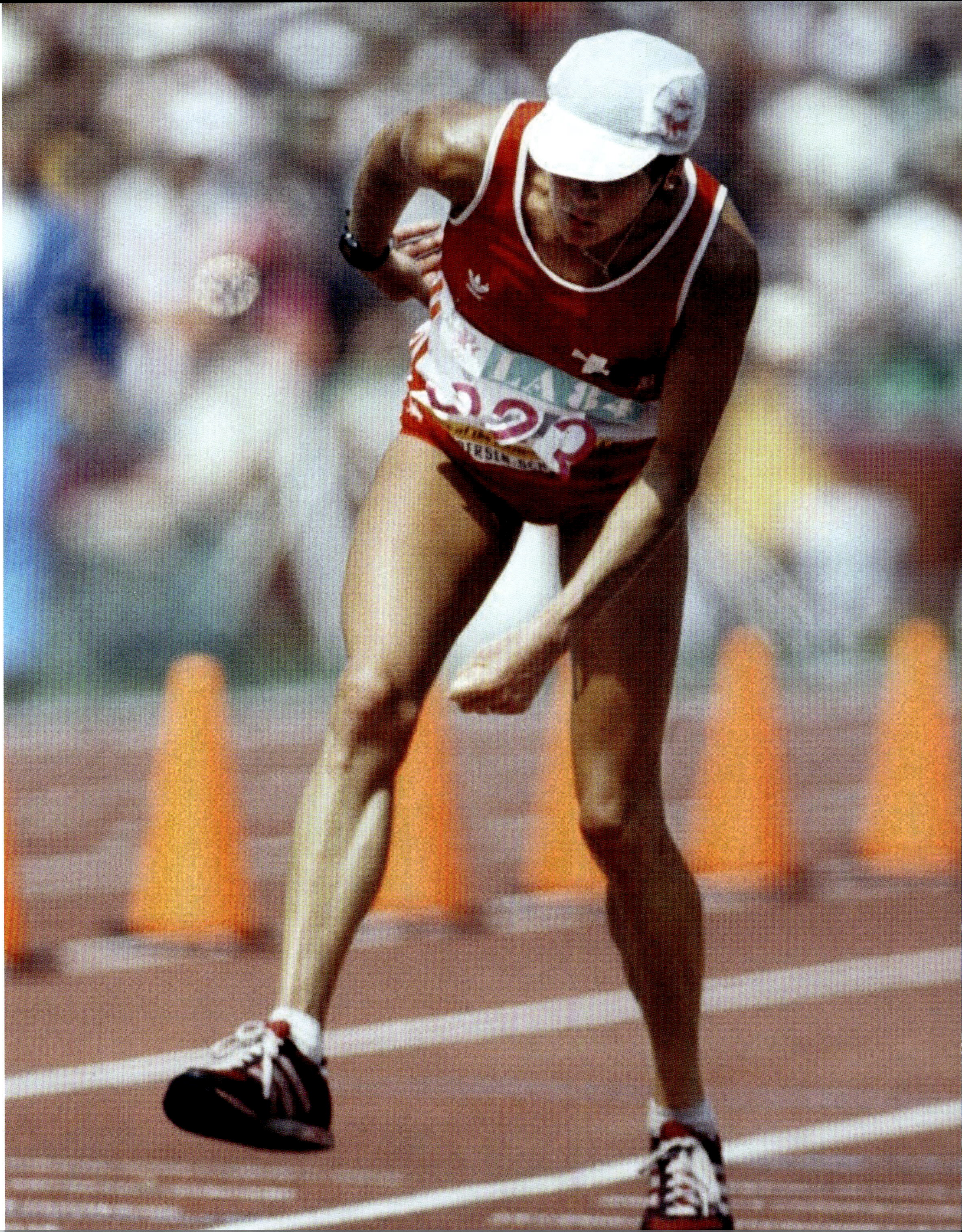
LA 84

1984, Los Angeles

La grande nouveauté de ces Jeux est l'épreuve du marathon, dames. Deux noms marquent la course.

Joan Benoit est américaine comme Spiridon Louys était grec et elle gagne ce premier marathon olympique. On la surnomme « Marathon woman », elle vient du Maine, elle court coiffée d'une casquette de baseball, elle va déjà plus vite que Zatopek. Peu après un départ matinal, à 8 heures, elle accélère l'allure, elle distance la favorite, la Norvégienne Grete Waitz, elle gère avec intelligence son pécule, elle augmente son avance sur les quatre kilomètres de *highway* incorporés au parcours, elle triomphe dans le Coliseum.

« Dans un marathon, il faut trouver sa propre cadence »
JOAN BENOIT

Gabriela Andersen-Schiess se serait bien passée de la célébrité acquise ce premier dimanche d'août devant les caméras de télévision qui diffusent les images dans le monde entier. Elle a de l'expérience, elle passe sans coup férir les trois quarts de l'épreuve, mais s'il y a un mur du trentième ou du trente-troisième kilomètre, ce n'est rien à côté de ce qui l'attend tout à la fin. Elle ne se rend pas compte qu'elle est complètement déshydratée et, quand elle pénètre sur le stade, elle se met à zigzaguer, elle trébuche à chaque pas car elle ne court plus, elle marche comme un automate déréglé, elle est épouvantablement raidie. Il lui faut près de six minutes pour les 400 mètres du dernier tour de piste, sous les cris ambigus d'une foule rodée au grand spectacle. Pourtant, elle ne concède qu'un quart d'heure sur son meilleur chrono et elle peut compter sur sept participantes classées derrière elle. Toutefois rien ne peut effacer l'impression de pantin disloqué qu'elle a donnée.

Le dimanche suivant, les hommes sont invités à courir en fin d'après-midi malgré la chaleur. Ils sont cent sept, ils représentent cinquante-neuf pays, il y a quelques clients : les jumeaux Takeshi et Shigeru Soh, Ikaanga,

Salazar le nouveau roi de New York, l'Australien de Castella, le plus fort peut-être mais lâché pour avoir ralenti afin d'attraper un gobelet d'eau posé sur la table de ravitaillement, il y a aussi Carlos Lopes qui apporte sa première médaille d'or et la première du Portugal.

Séoul

Les relations internationales entrent dans une phase de détente relative dont personne n'envisage encore les effets à très court terme. Le dernier relais de la flamme olympique est effectué par un vieux monsieur à la foulée saccadée, vêtu de blanc comme une jeune vestale grecque, les plus avertis devinent vite qu'il s'agit de Kee-Chung Sohn, le vainqueur « japonais » du marathon de 1936, dont le nom s'inscrit sur le tableau électronique du stade.

Priorité aux femmes, le jour de l'ouverture de la semaine d'athlétisme, Rosa Mota fait la course en tête, écarte tour à tour chacune de ses rivales et apporte au Portugal sa deuxième médaille d'or. Elle ressemble à Joan Benoit, elle a fait un beau bout de chemin depuis le quartier populaire de Porto où elle a commencé à courir pour soigner un asthme récurrent jusqu'à cette autoroute coréenne où elle confirme ses qualités exceptionnelles et conforte son porte-monnaie puisque le monde est monde, la marchandise marchandise et qu'il n'y a pas de raison qu'elle n'en profite pas.

On est déjà au mois d'octobre, l'air est chaud et humide, quand les marathoniens s'élancent pour cette épreuve qui vient, c'est devenu une tradition, couronner les Jeux. Jamais les inscrits n'ont été si nombreux ni si divers, bien que les Éthiopiens se soient encore abstenus en raison d'un boycott ultraminoritaire imposé par un régime empêtré dans les rets d'une interprétation aussi exotique qu'absurde de l'idéologie marxiste. Depuis deux ans, les spécialistes enregistrent des performances régu-

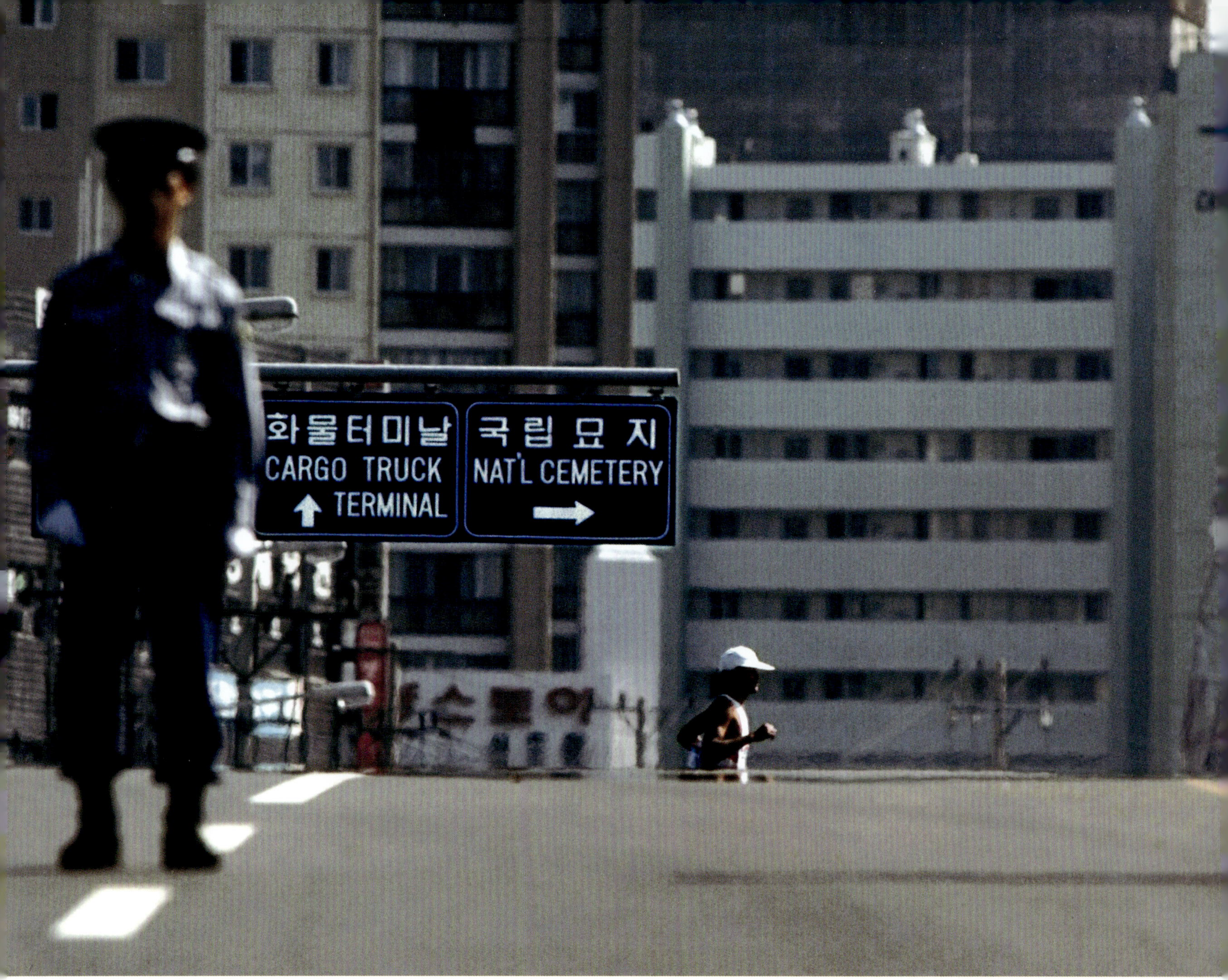

lières et nombreuses en dessous des 2 h 10', une pléiade de coureurs s'illustrent, et si certains planent sur la course, il faut bien dire que ce sont les soupçons qui planent sur quelques autres. On n'est plus à l'époque de la strychnine et des alcaloïdes plus ou moins bénins ni même à l'époque du trafic de bars et d'hectopascals, mais à l'ère de l'epo et autres substances hormonales insidieuses qui tendent à gâcher la course. Longtemps le Tanzanien Ikaanga est à l'avant, il répète le schéma de Los Angeles, la même scène se répète impitoyablement, il s'efface à mi-course, il a fini sixième au pays de l'eldorado, il finira septième au pays du Matin calme.

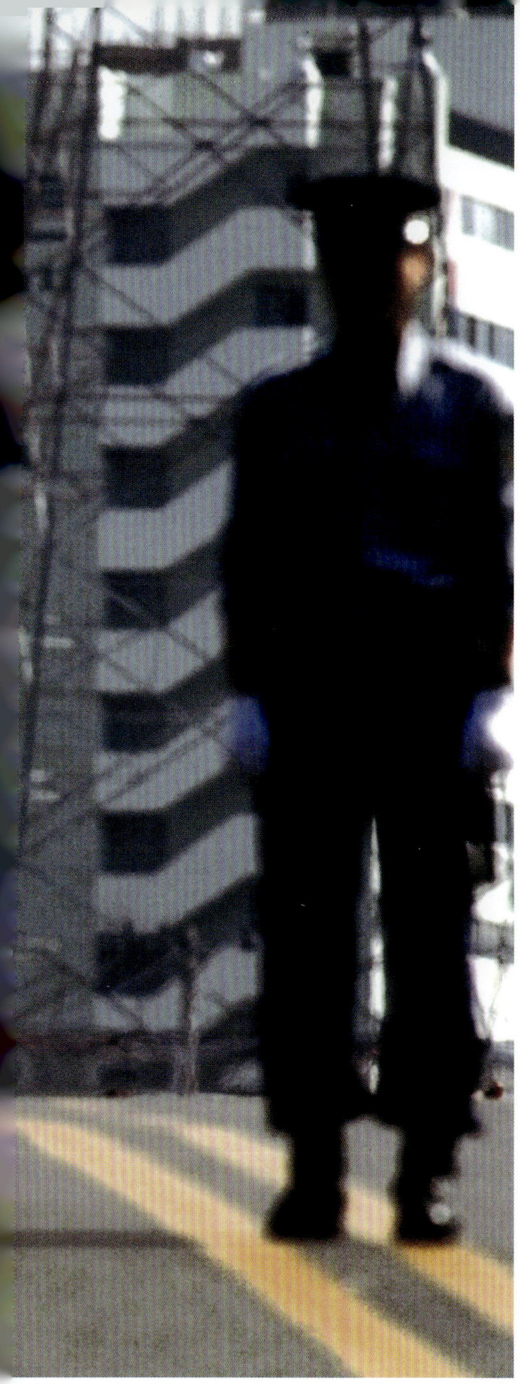

Jeux olympiques de Séoul, 1988.

Une heure plus tard, ils sont encore quatre à prétendre à la couronne de lauriers. On assiste à l'arrivée la plus serrée de l'histoire, le Japonais Nakayama restant au pied du podium pour six secondes, le Djiboutien Salah en bronze, le Kenyan Wakiihuri en argent, l'Italien Bordin en or.

Si le Kenyan est sponsorisé depuis une olympiade par un zaibatsu, le Vénitien a dû recevoir l'appui de saints disposés au miracle, Pantaleone qui s'y connaît un peu en pharmacopée et Jean Chrysostome dit Bouche d'or.

Barcelone

Fin juillet, rien n'est plus pareil.

Le monde a changé, les lois du vieillissement aussi. Carl Lewis, il est vrai, en fournit le plus beau contre-exemple. Si la cérémonie d'ouverture célèbre en fanfare et tableaux colorés le cinq centième anniversaire de la « découverte » de l'Amérique par Colomb sans penser au sentiment des Amérindiens sur la colonisation, elle reprend l'*Hymne à la joie* interrompu cinquante-six ans auparavant par la sédition du général Franco.

1992, Barcelone

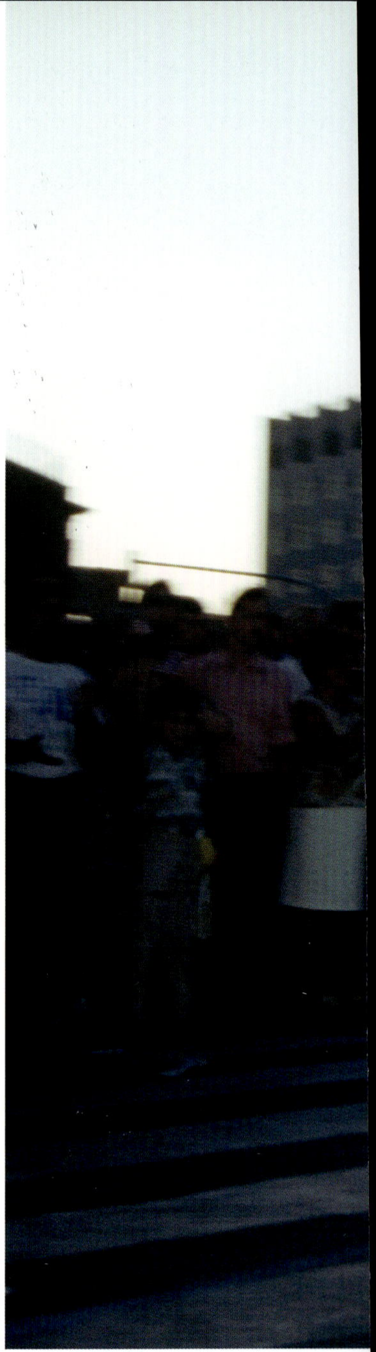

Malheureusement, le parcours relève davantage d'un dépliant touristique que d'un respect de l'athlétisme. Il est tarabiscoté, avec des virages qui cassent l'allure et obligent à relancer, et il se termine par l'escalade de la colline Montjuich, exercice inhabituel et illogique. Quant à l'horaire, les impératifs de la télévision dictent leur loi. Personne ne s'étonnera que la chaleur soit étouffante.

Les premières, les femmes en font les frais, si l'on peut dire. La course est prudente donc lente. Yegorova qui porte le prénom de la première cosmonaute soviétique, Valentina, mais qui n'est plus soviétique et pas encore russe, offre une médaille d'or à l'enseigne éphémère de la CEI. Elle devance la Japonaise Yuko Arimori et la Néo-Zélandaise Lorraine Moller qui dédie la médaille de bronze à son mari, mort quatre jours plus tôt, et je suis prêt à parier qu'à chaque foulée elle répétait les syllabes de son nom, Ron Daws Ron Daws, ou un truc comme ça.

Le dernier dimanche, les hommes manifestent la même prudence, avant qu'un trio de coureurs asiatiques ne se dégagent, puis qu'un Coréen du Sud plus ou moins inconnu au bataillon, Hwang Young-choi, ne s'échappe sous les câbles d'un téléphérique et d'un funiculaire. En haut de la colline, il franchit la ligne en vainqueur. À peu près aussitôt, on doit l'emporter sur une civière, comme à la belle époque.

Nakayama finit de nouveau au pied du podium, mais pour deux secondes au lieu de six à Séoul. La nuit finit à son tour par tomber, la cérémonie de clôture peut commencer, au mépris des athlètes car les organisateurs n'attendent pas l'arrivée des derniers coureurs, privés de la joie

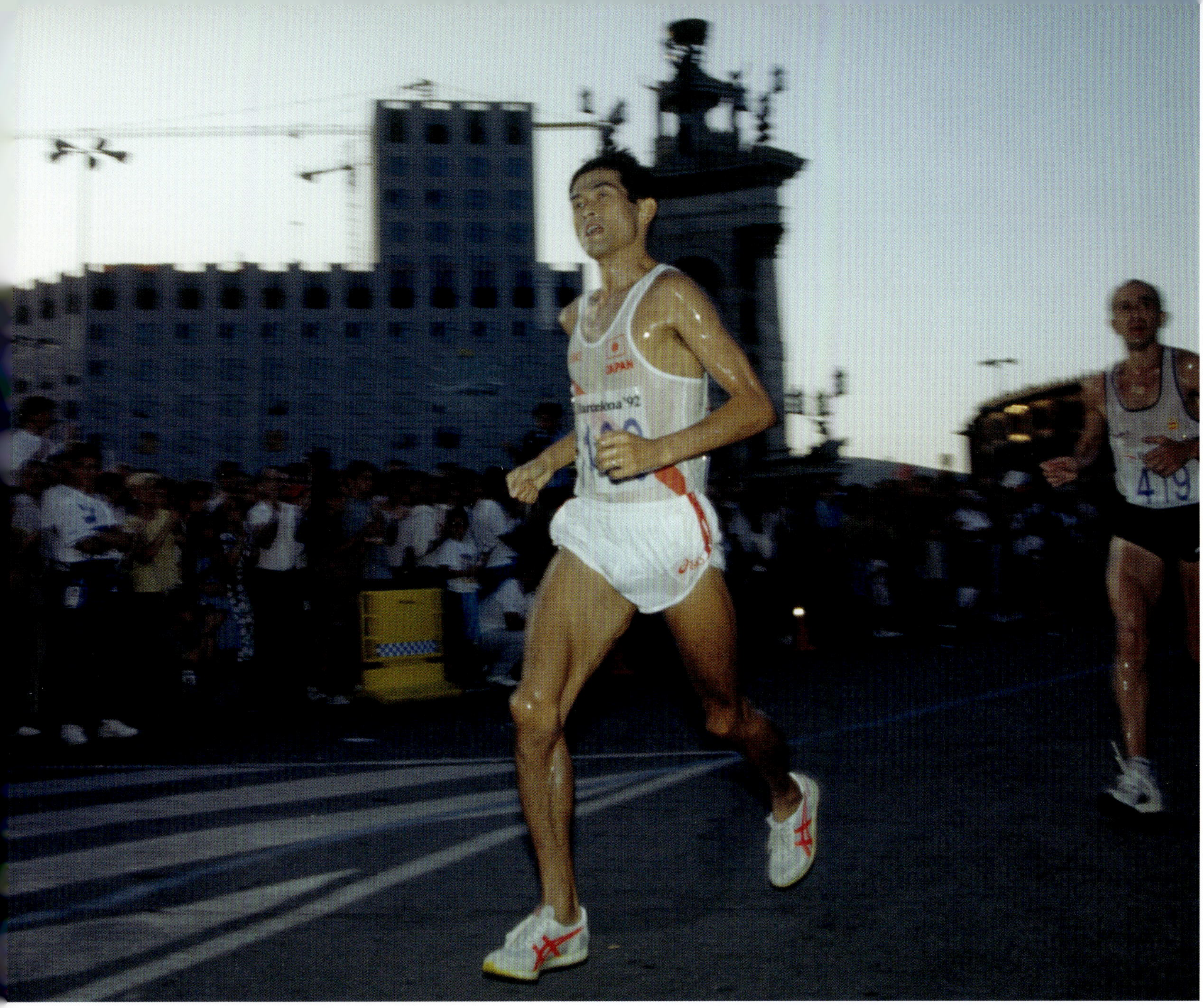

Le Japonais Hiromi Taniguchi, Jeux olympiques de Barcelone, 1992.

qui leur était promise de pénétrer dans le stade olympique, Benjamin Keleketu, Moussa Alhariri, Hung Luu Van, Hussain Hallem rejetés comme des sous-fifres dans l'ombre d'un stade annexe. Le dernier, Pyambuu-Tuul, un Mongol, terminera en quatre heures et quarante-quatre secondes.

Atlanta

Le centenaire des Jeux méritait mieux que la capitale de la Géorgie. D'autant qu'elle représente beaucoup moins Martin Luther King que Coca-Cola. Les coûts financiers et les questions de sécurité sont devenues considérables.

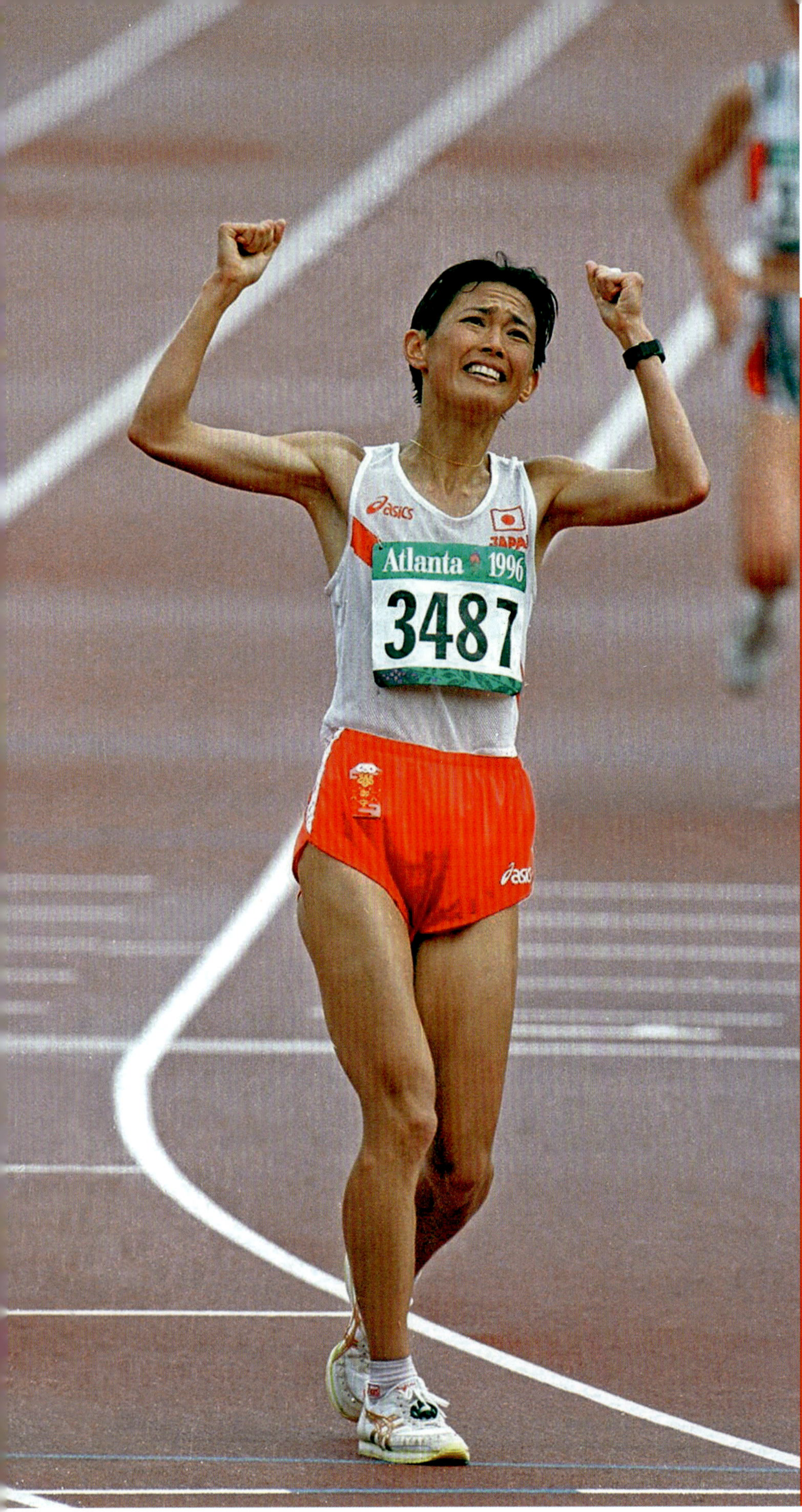

Yuko Arimori

Elle est née le 17 décembre 1966 au bord de la mer Intérieure, à Okayama, qui est la ville des chrysanthèmes. Elle fait ses études à Tokyo, à l'université des sciences et des sports. Elle devient la première femme sportive à disposer d'un statut professionnel au Japon. Elle gagne la médaille d'argent à Barcelone, la médaille de bronze à Atlanta, elle garde un sourire splendide. Aujourd'hui elle a sa statue en face de celle de Kinue Hitomi, la première Japonaise à obtenir une médaille olympique, c'était l'argent à Amsterdam sur 800 mètres en 1928, trois ans jour pour jour avant qu'elle ne meure. Yuko a aussi son portrait sur les ailes d'un Boeing 777 de la Japan Airlines.

La Japonaise Yuko Arimori, médaille de bronze, Jeux olympiques d'Atlanta, 1996.

1996, Atlanta

Le départ est matinal. Enfin le bon sens prévaut, mais pas la courtoisie si l'on songe que de nouveau les dernières arrivantes seront privées de stade. Depuis quatre ans, les Chinoises avaient fait feu de tout bois. Elles buvaient du sang de tortue en guise de lait de renne, leur entraîneur savait peut-être que le roi Louis XI avait envoyé un émissaire au Cap-Vert chercher des tortues parce que leur sang passait pour être souverain dans le traitement des maladies. C'est pourtant une jeune Éthiopienne qui leur dame le pion. Fatuma Roba est née l'année qui suivit la mort d'Abebe Bikila, elle prend la tête dans Piedmont Avenue, elle s'envole dans Peachtree Road, elle est élancée, sa foulée est longue. Yegorava et Arimori descendent juste d'une marche.

Le dimanche, un 4 août, c'est la dernière journée des Jeux, et le peloton commence à ressembler à un peloton cycliste, par le nombre des coureurs sur la ligne de départ. S'entraînant depuis deux mois à Albuquerque et y étant sagement retournés après la cérémonie d'ouverture, les Sud-Africains affichent une maîtrise collective. Le finale n'en est pas moins haletant, bien que le stade soit quasiment vide. Josiah Thugwane ne possède que trois secondes d'avance sur le Coréen Lee Bong-Ju, et huit secondes sur le Kenyan Wainaina. Le vainqueur ne semble pas plus fatigué que s'il venait de terminer un 400 mètres haies. C'est un petit bonhomme de moins de 1,60 mètre, il ressemble au héros du film *Les dieux sont tombés sur la tête* ; il s'est drapé dans l'étendard tout neuf de son pays, il a le visage masqué par des lunettes de soleil, il doit savoir qu'il n'aura plus jamais besoin de retourner dans la mine de charbon où il travaillait, il pense peut-être à ce point de règlement rapporté par Raymond Pointu : dans les courses de fond, les Afrikaaners faisaient partir les Noirs après les Blancs sous prétexte qu'ils étaient avantagés par leur peau qui les protégeait du soleil et qu'il fallait rétablir la justice au nom de la race et de Dieu.

2000, Sydney

Sydney

Le *bug* tant redouté n'a pas eu lieu. En revanche, les disparitions d'entreprises se multiplient comme les petits pains. Quant à la démocratie, elle s'essouffle plus vite que dans l'Antiquité athénienne.

La croissance exponentielle du nombre d'États oblige à réviser les atlas et invite aux Jeux les représentants de pays grands comme des mouchoirs de poche. Chez les hommes comme chez les femmes, on peut néanmoins remarquer un(e) inscrit(e) dans la catégorie « indépendant » qui vaut peut-être pour citoyen du monde : Aguida Amaral termine 43e en 3 h 10' et son collègue cosmopolite Calisto da Silva 71e en 2 h 33.

Pendant l'olympiade, tout s'est accéléré à un rythme effréné : le nombre des marathons, le nombre de coureurs de marathon, les sommes en jeu sur les marathons, les temps records mis par toute une armada d'avaleurs de bitume et autres essences. Parmi ces météores, on peut relever un Brésilien, sorti de nulle part, et retourné à ses rêves presque aussi vite ; il a été le premier à franchir la barrière des vingt kilomètres à l'heure, soit trois minutes au kilomètre sur les 42 kilomètres 195 du marathon ; quand on finit des courses à cette allure sans signe de fatigue, il ne peut y avoir deux explications : la potion magique a pour nom érythropoïétine, mieux connue sous le nom d'EPO.

Naoko Takahashi n'avait pas effacé tous les doutes suscités par son record du monde aux Jeux asiatiques, bien qu'il fût établi sur un parcours légèrement descendant avec un bon vent dans le dos, de quoi vous donner des ailes, mais elle n'avait pas décidé du parcours et, bien que japonaise, elle ne commandait pas au dieu des vents. Ici, dans un décor largement urbain, elle fait une très belle course, lâche sa principale rivale dans une succession de brèves montées et descentes qui constituent son point fort parce qu'ils sont le lot quotidien de son entraînement. Elle coupe le fil – un ruban violet – qu'elle emporte sur plusieurs mètres dans son élan. Son sou-

Les paralympiques

Les Jeux paralympiques existent depuis les Jeux de Londres, à l'initiative d'un neurologue, sir Ludwig Guttmann. Le premier marathon est disputé en 1984. Depuis les Jeux de Séoul, le marathon paralympique a lieu dans la même ville que le marathon olympique. Les *coureurs* sont des sportifs de haut niveau, dotés d'une force intérieure exceptionnelle. Ils font la course en fauteuil à trois roues. Ici, à Sydney, c'est Clayton Gerein, le Canadien de Pilot Butte, dans le Saskatchewan, qui gagne en 2 h 3' 12", mais il faut la photo finish pour en être sûr. Lors des derniers Jeux, la médaille d'or va à la Suissesse Edith Hunkeler en 1 h 39' 59", et à l'Australien Kurt Fearnley en 1 h 23' 17", il n'y a pas de raison de ne pas donner leurs temps.

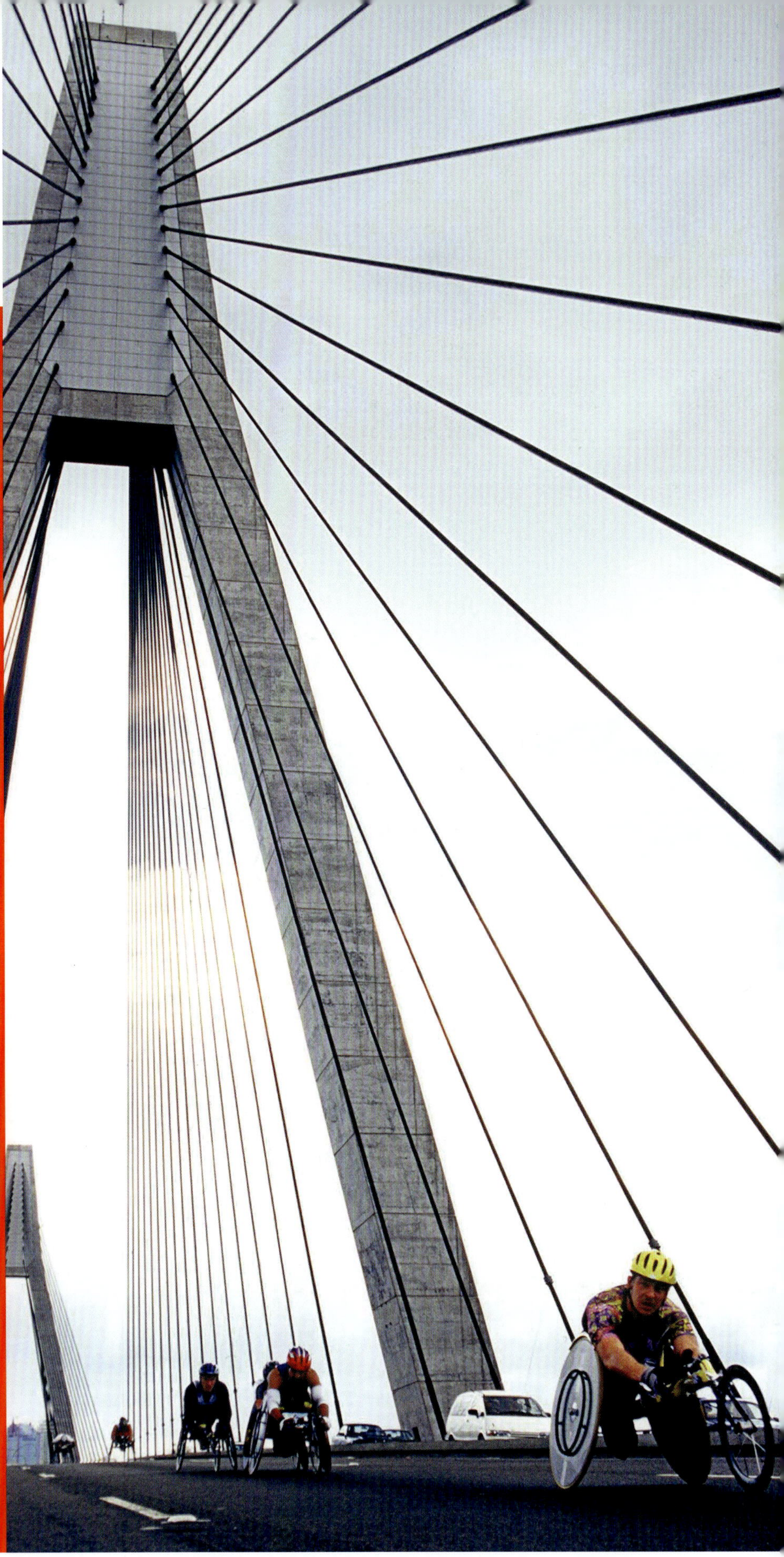

Jeux paralympiques de Sydney, 2000.

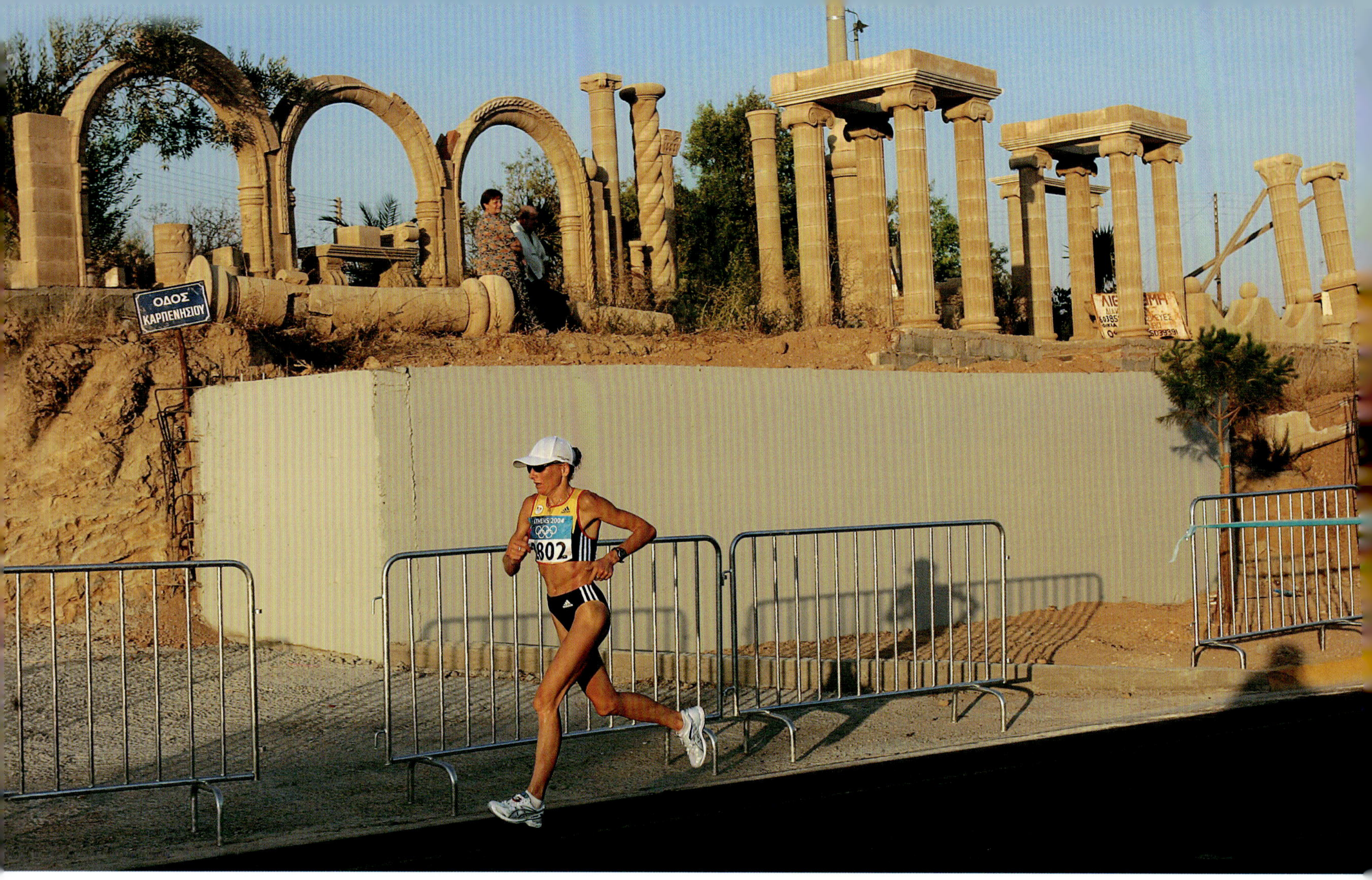

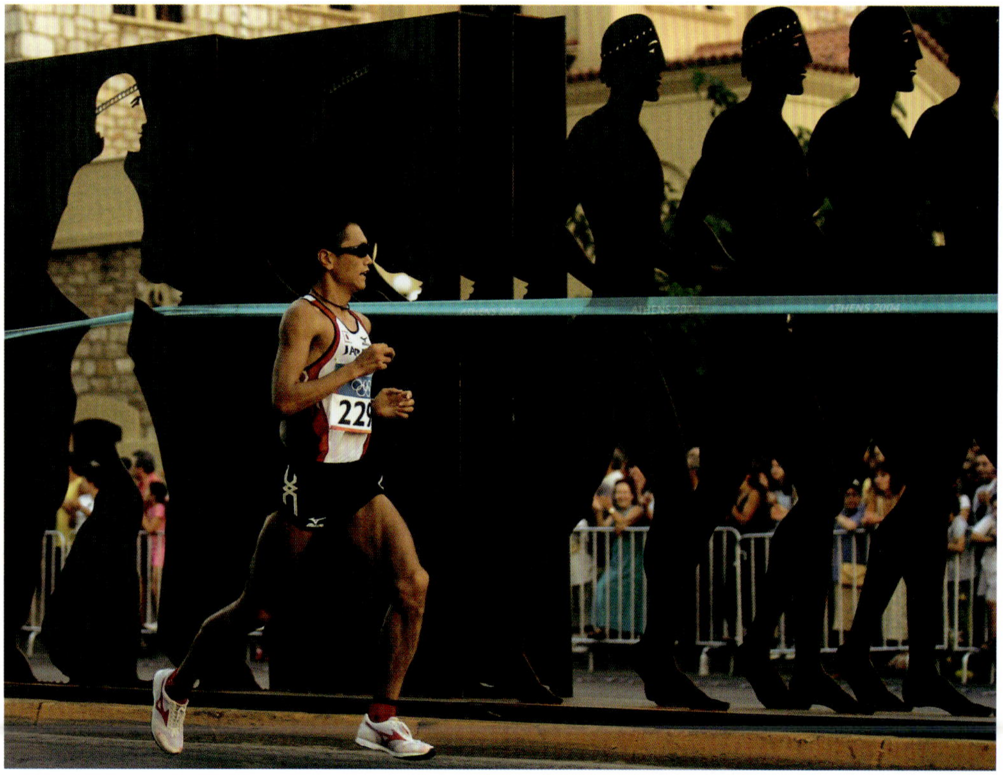

CI-DESSUS :
La Roumaine Constantina Tomescu, Jeux olympiques d'Athènes, 2004.

CI-CONTRE :
Le Japonais Toshinari Suwa, Jeux olympiques d'Athènes, 2004.

rire est éclatant. Elle apporte au Japon sa première couronne de lauriers sur le marathon. Et, après sa victoire, elle retourne exercer une activité salariée, à mi-temps.

Chez les hommes, malgré les efforts des Kenyans et la constance de Wainaina qui progresse d'une marche, c'est le retour des Éthiopiens. Tesfaye Tolla assure le bronze et Gezahegne Abera l'emporte, bien qu'un coup de coude amical doublé d'un coup d'épaule non moins amical l'ait envoyé à terre au dix-septième kilomètre. Dans les deux derniers kilomètres, il allonge la foulée, il a grandi dans le culte d'Abebe Bikila et de Mamo Wolde, il était berger, il n'en revient pas, il suit la ligne bleue, cette ligne bleue qui en général s'efface peu à peu sous l'effet des gaz des voitures ajoutés aux agents d'érosion classiques, ce tracé qui sera conservé par la ville de Sydney, au titre du patrimoine.

Athènes

Le marathon revient enfin à son lieu de naissance. À cette occasion, la flamme parcourt les cinq continents pour la première fois. Pour le reste, Henri Cartier-Bresson pose à jamais son Leica, le monde découvre Facebook, les championnats du monde de pêche à la mouche ont lieu en Slovaquie et la Slovaquie est championne du monde par équipe.

Même à 18 heures, il fait chaud en Attique au mois d'août. Toute la chaleur de la journée s'est accumulée quand les concurrentes s'élancent, assez prudemment, d'autant que le dénivelé est appréciable. La Britannique Paula Radcliffe fait figure d'immense favorite malgré sa blessure soignée à coups d'anti-inflammatoires. Elle se comporte en patronne, mais, après la mi-course, Mizuki Noguchi porte une attaque qui se révèle décisive. À l'arrivée, dans le stade antique, elle parvient à conserver une douzaine de secondes sur la Kenyane Ndereba. Ainsi, une Japonaise succède à une Japonaise. Elle porte sur son short une amulette rouge

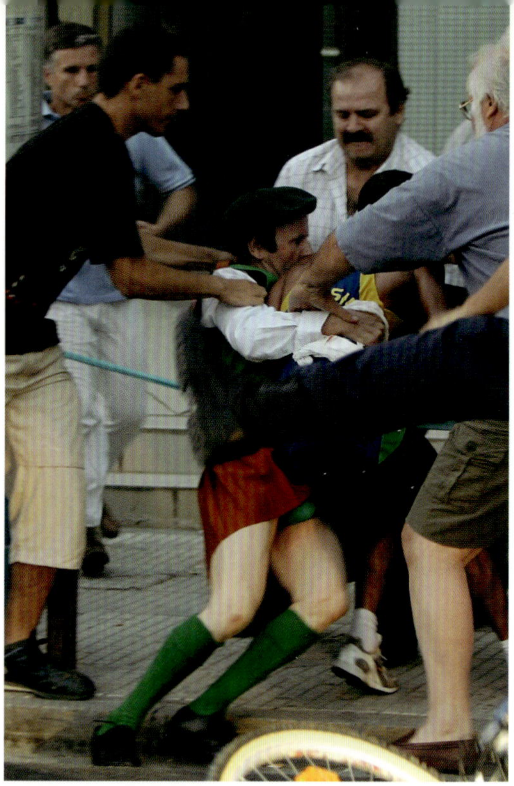
Jeux olympiques d'Athènes, 2004. Cornelius Horan est arrêté, après avoir alpagué le Brésilien Vanderlei de Lima qui menait la course. Lima terminera troisième.

offerte par son père, elle a grandi à Ise, célèbre pour son temple shintoïste consacré à la déesse du soleil, et elle peut regarder le disque solaire rouge du drapeau hissé le long du mât.

Quant à Radcliffe, elle a le sentiment de vivre une tragédie. Quand elle comprend qu'elle n'aura même pas la médaille de bronze, elle, la Britannique, craque, s'assied sur le trottoir, au bord de la route, en larmes.

La course des garçons a au moins trois points communs avec la course des filles. Elle compte un grand favori, Paul Tergat, qui devrait apporter sa première médaille d'or au Kenya ; elle se déroule par une chaleur pour ne pas dire une touffeur impressionnante ; un coureur se détache un peu avant la mi-course, et c'est lui, le Brésilien Vanderlei de Lima, qui sera le héros de la course.

« Le stade panathénaïque s'appelle Kallimarmaro, en beau marbre »
MELINA MERCOURI

Tergat finira dixième, malade. Baldini sera vainqueur et ce n'est pas faire injure à ce bel athlète qui a l'âge du Christ et que la *Gazzetta dello Sport* qualifiera avec son sens inné de la litote de Dieu du marathon, ce n'est pas minimiser sa performance de penser que ce jour-là le mythe a choisi Lima.

Vanderlei de Lima est donc en tête avec une assez jolie avance, il est fluide, il n'a pas oublié qu'à huit ans il travaillait à la ferme pour une poignée de haricots, il sait qu'il vole sur les traces du berger Spiridon Louys, il reste à peine sept kilomètres de course, il n'a pas même le temps de voir surgir sur sa gauche un type habillé en kilt ou en jupette – comme les soldats de la garde républicaine grecque, des sandales à la place des sabots à pompon –, un abruti qui le ceinture et le pousse dans la foule massée sur le trottoir. Quand un spectateur le libère, il a perdu son rythme, il est pour le moins troublé, une partie de lui-même reste pétrifiée, il est dépassé par Baldini puis par Keflezighi, il conserve néanmoins sa troisième place, il a le réflexe et le bon goût de manifester sa joie pour sa médaille de bronze en franchissant la ligne.

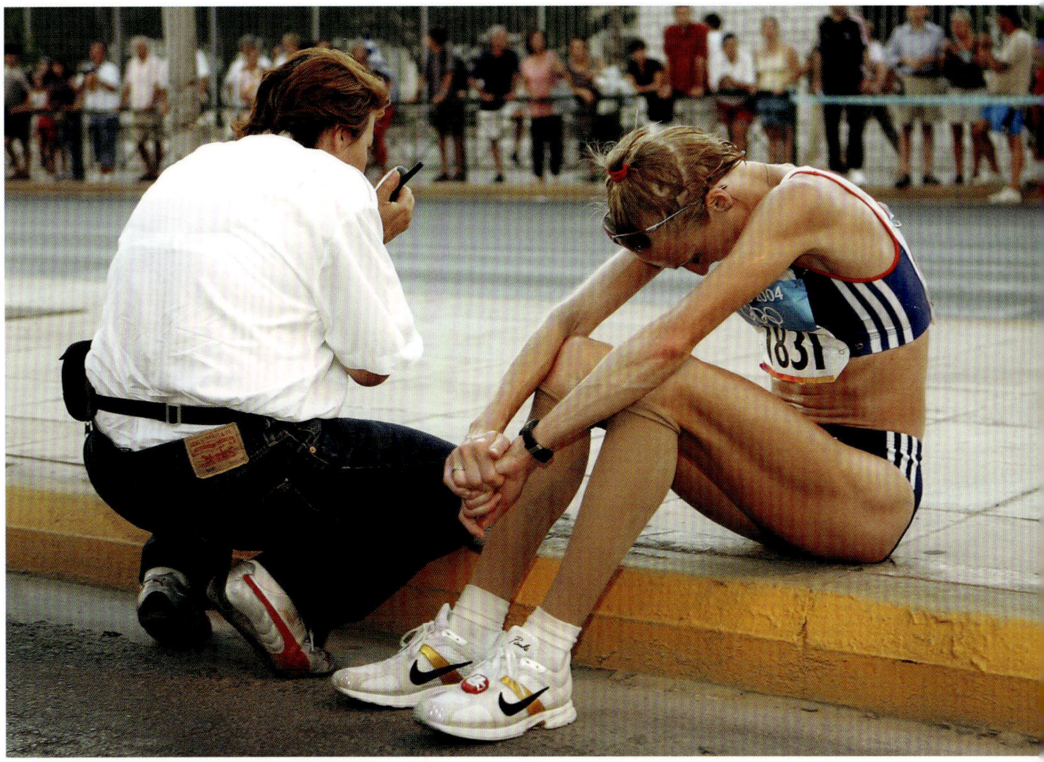

La Britannique Paula Radcliffe, Jeux olympiques d'Athènes, 2004.

L'abruti était un moine irlandais. Il déclara qu'il voulait attirer l'attention des téléspectateurs sur la fin du monde. Lima reçut le prix du fair-play et devint un héros dans son pays, traité comme s'il avait gagné la médaille d'or. Quant à Polyvios Kossivas, le spectateur grec qui avait maîtrisé le moine bientôt défroqué par sa hiérarchie, il fut promu citoyen d'honneur du Brésil de sorte que la Grèce se retrouva, comme il se doit, associée au mythe.

2008, Pékin.

On a beaucoup glosé sur l'attribution des Jeux à Pékin à cause du communisme ou de ses vestiges et à cause du Tibet. La logique des relations diplomatiques et la logique du marché l'ont emporté. Puisque 8 est le nombre de la chance, la cérémonie d'ouverture a été fixée par les petits-fils de Mao au 8 VIII à 8 h 08 du soir. Et dès le 8 mai, la flamme olympique, allumée, avait été hissée au sommet de l'Everest.

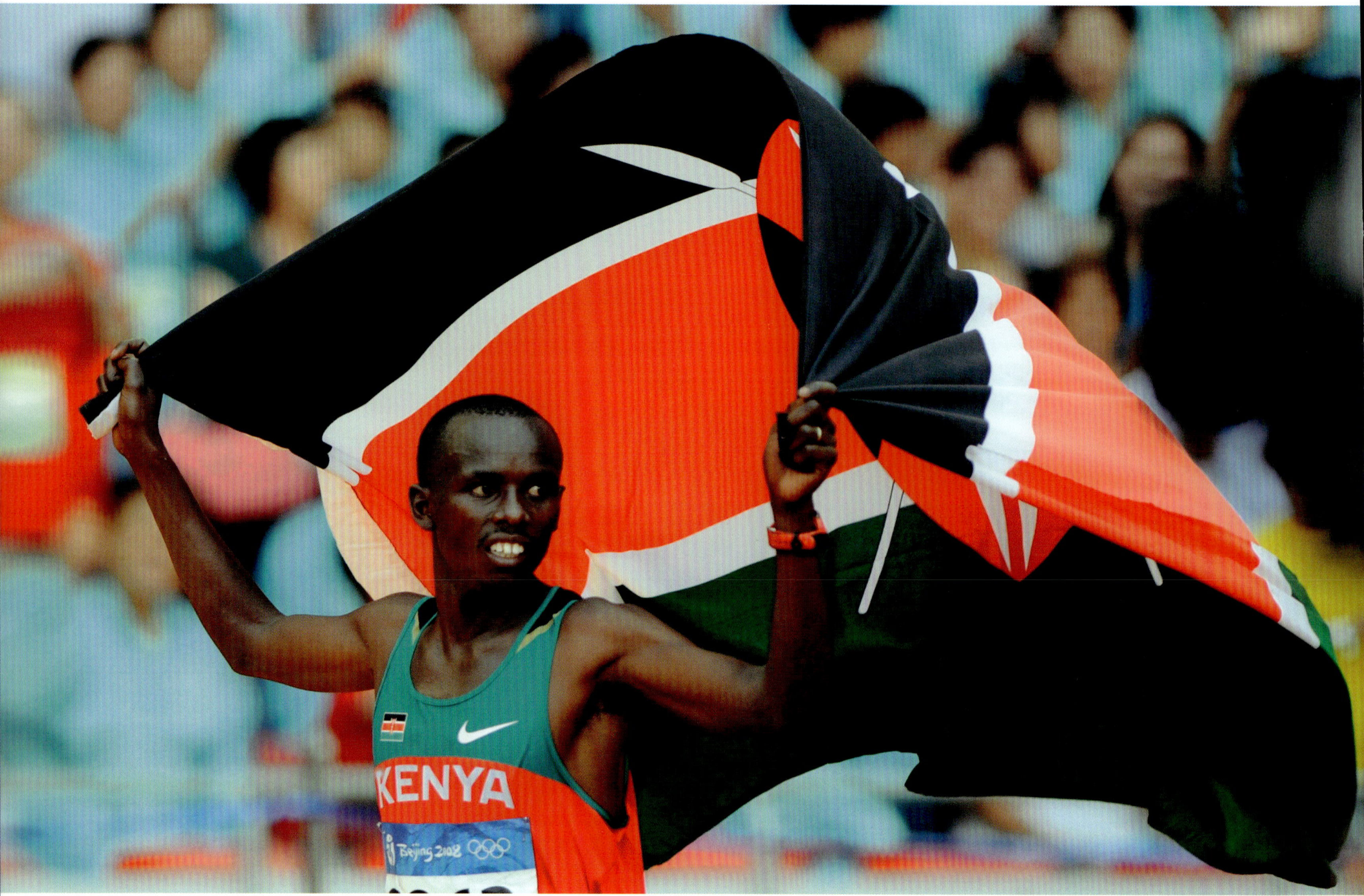

Jeux olympiques de Pékin, 2008. Le Kenyan Samuel Kamau Wanjiru est vainqueur du marathon en 2 h 6' 32'' et bat le record olympique.

Sinon les championnats du monde de pêche à la mouche ont lieu en Nouvelle-Zélande et si vous croyez que la Nouvelle-Zélande obtient la médaille d'or, vous vous trompez, elle doit se contenter de la médaille d'argent derrière la Tchéquie.

Le marathon se déroule sur un parcours de carte postale, le départ est donné place Tien An Men. La Roumaine Constantina Tomescu domine la course, elle a trente-huit ans, elle vit et s'entraîne à Boulder sur le modeste mais idéal haut plateau du Colorado, à 1 665 mètres d'altitude. Elle est partie à mi-course et elle arrive seule dans le « nid d'oiseau », devançant Ndereba, seconde comme à Athènes grâce à un sprint où elle bat la Chinoise Zhou Chunxiu.

DOUBLE PAGE SUIVANTE :
Jeux olympiques de Pékin, 2008.

2008, Pékin

Wanjiru apporte enfin au Kenya la médaille d'or si longtemps promise. C'est un très beau vainqueur, très jeune, vingt et un ans, il vit et il s'entraîne au Japon, il est le champion du monde du semi-marathon, donc il est capable d'aller très vite, il bat le record olympique qui datait de Los Angeles, donc de six olympiades, il le bat de près de trois minutes, ce qui est considérable, il faut dire que les organisateurs ont eu la bonne idée de ne pas mégoter sur l'heure matinale du départ, 7 h 30, donc tout le monde arrive avant 10 h 30 heure locale, soit 2 h 30 au méridien de Greenwich. Wanjiru a un beau second, le Marocain Gharib, parlant avec intelligence, « bien sûr j'aurais préféré être premier, mais c'est le sport, c'est une belle médaille », rendant hommage à son compatriote Rhadi, deuxième derrière Abebe Bikila à Rome, mort trois ans auparavant, prouvant que désormais les marathons se courent non seulement dans les pages roses du dictionnaire mais aussi dans l'histoire même du marathon.

Au superbe Wanjiru a succédé l'affaire Wanjiru. En effet, les derniers jours de l'année 2010, il est accusé d'avoir tiré sur sa femme avec une kalachnikov. Heureusement pour elle – et pour lui –, il est nettement moins bon au tir qu'à la course. S'il est libéré sous caution, il attend le verdict des juges et s'entraîne sans savoir s'il pourra défendre son titre à Londres. Mais on peut d'ores et déjà parier que la justice l'épargnera.

Wanjiru est mort de ses blessures après une chute du deuxième étage de sa maison, le 16 mai 2011.

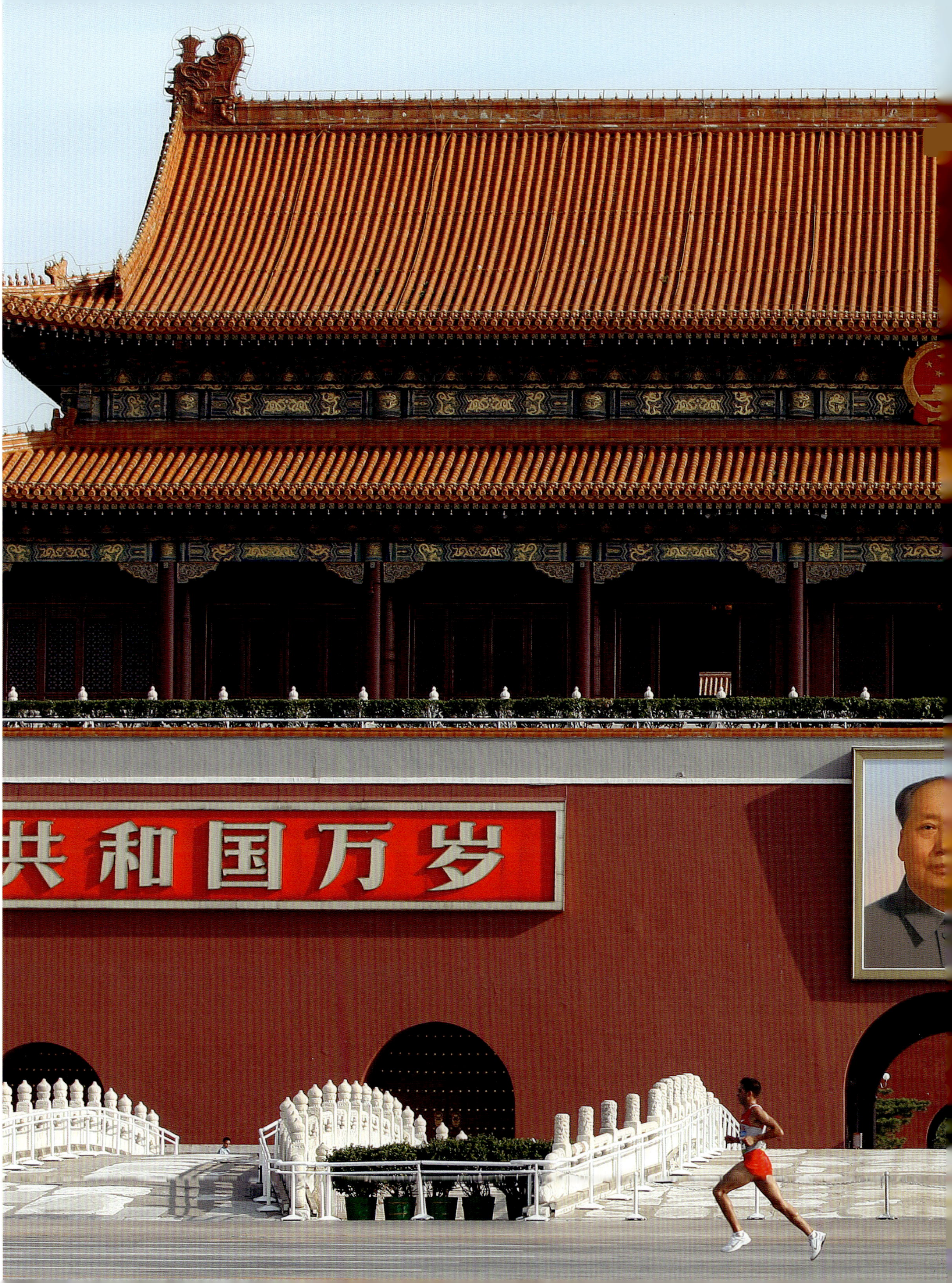
共和国万岁

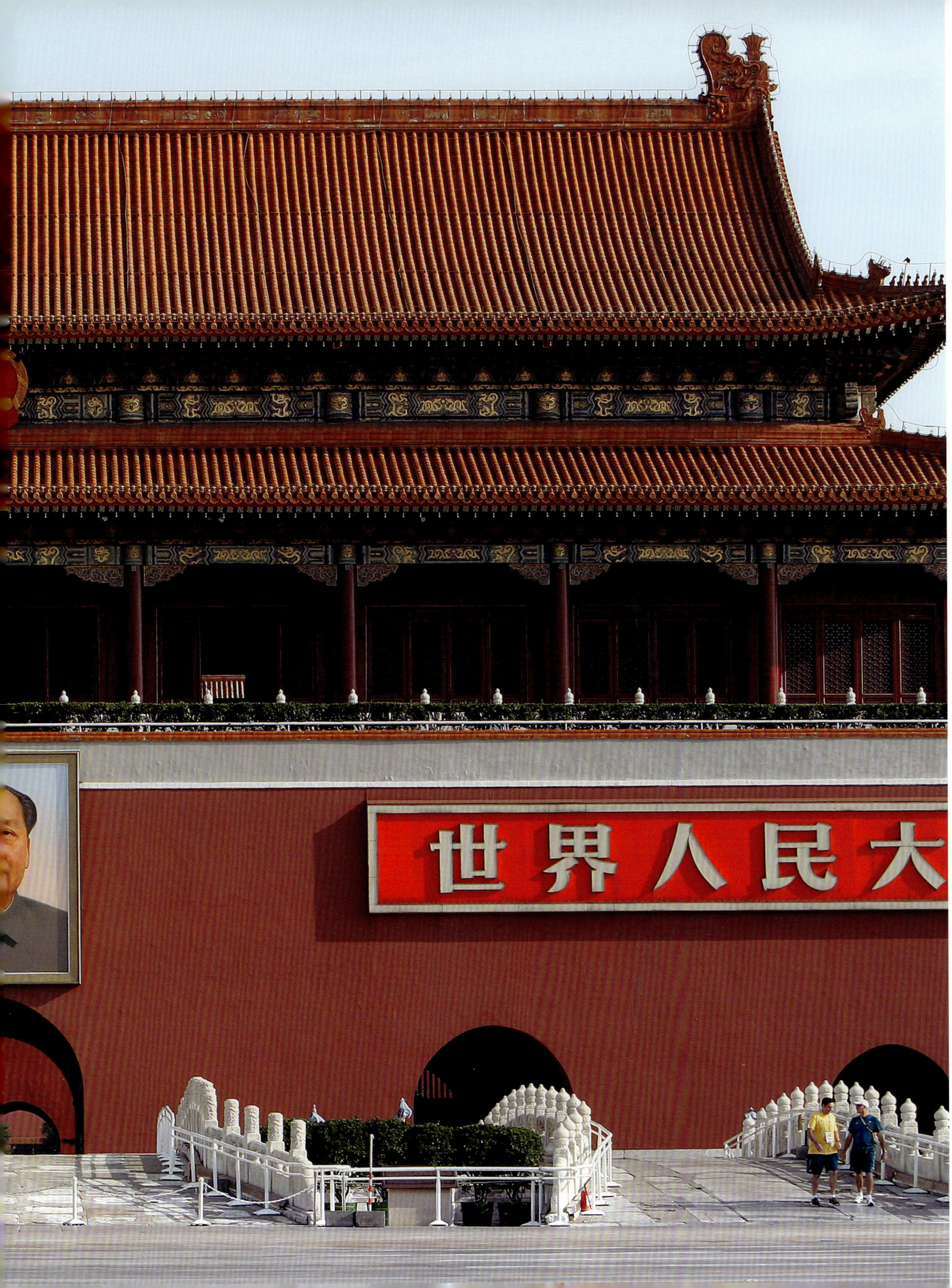
世界人民大

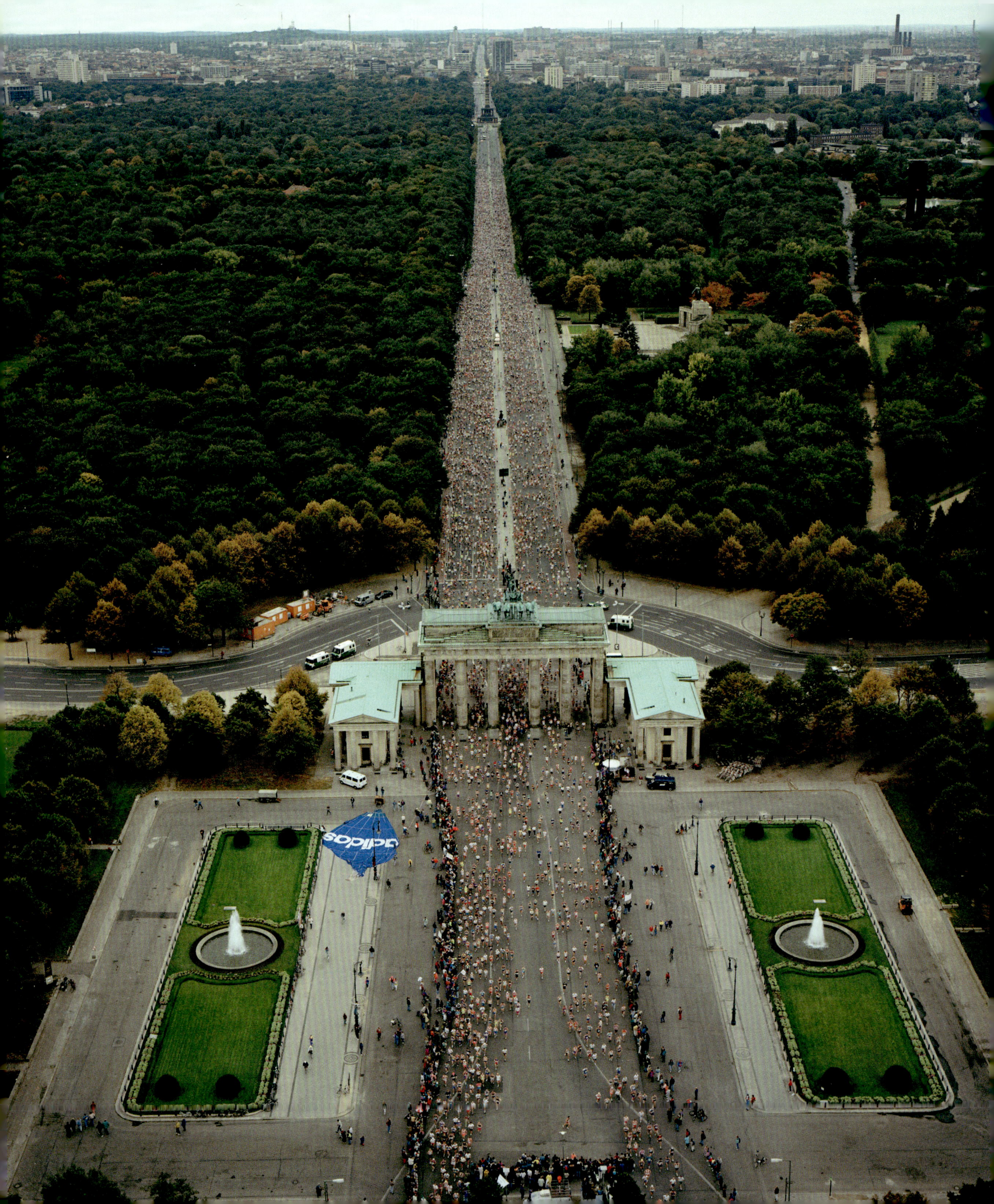
adidas

UNE RIBAMBELLE DE MARATHONS

Courir sur de longues distances est devenu à la fin du XXe siècle une habitude, un besoin, une mode. Pourquoi ? La question reste entière.

Marathon de Berlin, 1993, la porte de Brandebourg et le Tiergarten.

Les raisons les plus variées existent : je me suis mis à courir pour fêter la naissance de ma fille ; pour célébrer la mort de ma mère ; pour maigrir ; parce que j'aime les sucres lents et les sucres rapides ; pour me nettoyer les poumons et continuer à griller une cigarette à l'occasion ; pour me maintenir en forme quand j'ai arrêté de jouer au ballon ; à la suite d'un pari avec des collègues ; à la suite d'une soirée avec un hurluberlu sympathique et prosélyte ; à la suite d'une maladie grave ; pour être seul(e) et ne penser à rien ; pour courir avec des copains et parler de tout et rien ; après avoir vu un film dont le héros n'arrêtait pas de courir ; quand je me suis aperçu que ma femme me trompait ; parce que mes enfants m'ont offert pour mon anniversaire une paire de chaussures de course en croyant que ça me ferait plaisir ; parce que je me suis retrouvé au chômage et qu'il était vital de m'occuper ; pour évacuer le stress ; pour épater ma voisine de palier ; pour le plaisir d'une longue douche après un long effort ; pour me prouver que j'en étais capable ; en souvenir de mon grand-père qui avait couru le Cross de *l'Humanité* et même le Cross du *Figaro* ; pour guider un ami aveugle qui s'était lancé le défi de courir un marathon ; parce qu'il n'y a pas d'horaire contraignant ; parce que je m'ennuyais le dimanche matin ; par solidarité, lors d'un rallye organisé par les syndicats pour sauver une entreprise ; parce que j'ai vu une photo invraisemblable du pont Verrazano ; pour battre le record de mon frère ; pour emmerder les grincheux en bloquant la circulation plusieurs heures ; parce qu'on ne peut pas passer tout son temps à jouer aux échecs ; pour me faire masser les mollets au poste de secours ; pour les éponges rafraîchissantes sur la nuque ; parce que je collectionne les médailles ; par goût du bitume ; par hasard ; pour le *fun* ; etc. ; je ne sais pas pourquoi.

Depuis l'Antiquité, des hommes d'autres peuples ont naturellement couru vite et loin. La palme revient sans doute aux Tarahumaras, auxquels Antonin Artaud, qui était à sa façon un coureur de fond, a consacré des pages hallucinées. Il les considère comme de « purs Indiens rouges », il leur rend visite chez eux, tout au nord du Mexique, dans une sierra où les formes des rochers lui donnent l'impression qu'ils courent à travers une montagne de signes voire qu'ils sont peu ou prou *du* paysage. « Un peu de ce que nous avons été et surtout de ce que nous devons être gît obstinément dans les pierres, les plantes, les animaux, les paysages et les bois. » Il s'intéresse aussi aux vertus du *peyotl*, la plante aux grands pouvoirs que les Tarahumaras devaient aller chercher loin derrière les montagnes. Pour se déplacer, « ceux qui ont les pieds légers » courent à travers les canyons, sur des distances exceptionnelles, par des sentiers improbables, en sandales, souvent taillées dans des pneus usagés, attachées par des lanières de corde, posant d'abord la pointe du pied et non le talon, au contraire de ce que l'industrie de la chaussure prodigue aujourd'hui.

On ne me tiendra pas rigueur, je l'espère, de rappeler ce lieu commun : si les années soixante-dix ont vu les origines débonnaires et bénévoles des courses à pied de masse favorisant le paradoxe d'une activité individuelle dans un cadre collectif, les années quatre-vingt, qui marquèrent l'apogée de l'ultralibéralisme, ont vu s'imposer des valeurs ou plutôt des comportements comme l'individualisme forcené et un goût invétéré pour le lucre.

Y échappe encore la gamme des ultramarathons trop éprouvants pour générer des profits substantiels. Étant donné ses origines, le plus fameux est le Spartathlon. Il représente la bagatelle de 246 kilomètres, 245 km 300 pour être précis, et va d'Athènes à Sparte, c'est au mois de septembre, avis aux amateurs. Il commémore, si l'on veut, la course de Philippidès pour demander de l'aide à Sparte lors de la bataille de Marathon. L'itinéraire emprunte le tracé présumé, il monte jusqu'à 1 100 mètres d'altitude au col Sangas, au flanc du mont Artémision, et le dénivelé cumulé est d'environ 2 800 mètres. Le meilleur, le bien nommé Yannis Kouros, a mis à peine plus de vingt heures ; la meilleure, une plus toute jeune Japonaise, Sumie Inagaki, a mis vingt-sept heures ; les derniers sont tenus de finir en moins de trente-six heures ; à l'arrivée, face à une statue de Léonidas, les concur-

« Sparte est une agglomération moderne dépourvue de caractère. »

LE GUIDE BLEU

rents reçoivent une couronne d'olivier et un gobelet d'eau du fleuve Eurotas aux vertus assez merveilleuses pour que les femmes consentissent à y plonger leurs enfants afin de les endurcir aux fatigues de la guerre.

Si l'ultramarathon de Badwater est un peu plus court, seulement 217 kilomètres, il se déroule mi-juillet depuis la croûte saline étincelante déposée au fond de la vallée de la Mort, à 85 mètres en dessous du niveau de la mer, jusqu'à 2 550 mètres sur les pentes du mont Whitney au milieu des séquoias. Il ne cesse de monter et descendre, il passe par Lone Pine, célèbre pour ses finales de championnats du monde d'échecs, avant de gravir la route où Humphrey Bogart a trouvé la consécration grâce à *High Sierra*. L'édition 2010 a réuni quatre-vingts partants ; soixante-treize sont arrivés ; le vainqueur a mis vingt-quatre heures, le dernier deux fois et demie plus longtemps, à noter à sa décharge son âge, soixante-quinze ans, avis aux amateurs (*bis*).

La plus ancienne course, et de très loin car elle a quatre-vingt-dix ans cette année, a lieu où on ne l'attendrait pas forcément, à savoir dans la province du Kwazulu ou Natal en Afrique du Sud. Elle a donc été créée en 1921 et n'a été suspendue, comme les Jeux olympiques, que pendant la Seconde Guerre mondiale. Ce joli *comrades marathon* fait quatre-vingt-dix kilomètres. Les camarades en question n'ont rien de bolchevik mais sont les anciens combattants. Vic Clapham a voulu commémorer la mort des soldats sud-africains lancés à travers l'Afrique de l'Est à la poursuite des bataillons askaris du général von Lettow-Vorbeck. On compte moins de cent arrivants jusqu'en 1962, moins de mille jusqu'en 1973, autour de dix mille depuis vingt-cinq ans. Longtemps réservée aux Blancs du fait de l'apartheid, on observe néanmoins le premier classé noir dès 1975. Quant au premier vainqueur, Sam Tshabalala, il triomphe en 1989, un an avant la libération de Mandela, c'est ce qu'on nomme un signe avant-coureur.

Hors route, sans même compter les *trails* en haute montagne, une flopée d'épreuves suscitent l'imagination sinon la tentation. Leur principe consiste à affronter des conditions extrêmes. Le marathon des sables traverse un morceau de désert marocain. Si vous souhaitez de quoi vous refroidir, sachez que le coût de l'inscription, à condition de s'y prendre à temps, est de 2 550 euros. Tant qu'à se refroidir, autant disputer le 6633 qui a lieu dans l'Arctique, la cinquième édition partie le 18 mars 2011 d'Eagle Plains dans le Yukon pour arriver à Tuktoyaktuk qui vaut sûrement le déplacement, 352 miles en tout et pour tout, sur la neige, dans le blizzard, le passage du cercle arctique dès le 23e mile, ça donne une petite idée, Caribou Creek au 205e si l'on veut rêver, Swimming Point au 305e, avis numéro trois aux amateurs.

Le cinéma s'est attaché à nous montrer des types en train de courir sous toutes les latitudes. En dehors du mythique et bien nommé *Marathon Man* qui tourne autour du réservoir de Central Park, on aura admiré

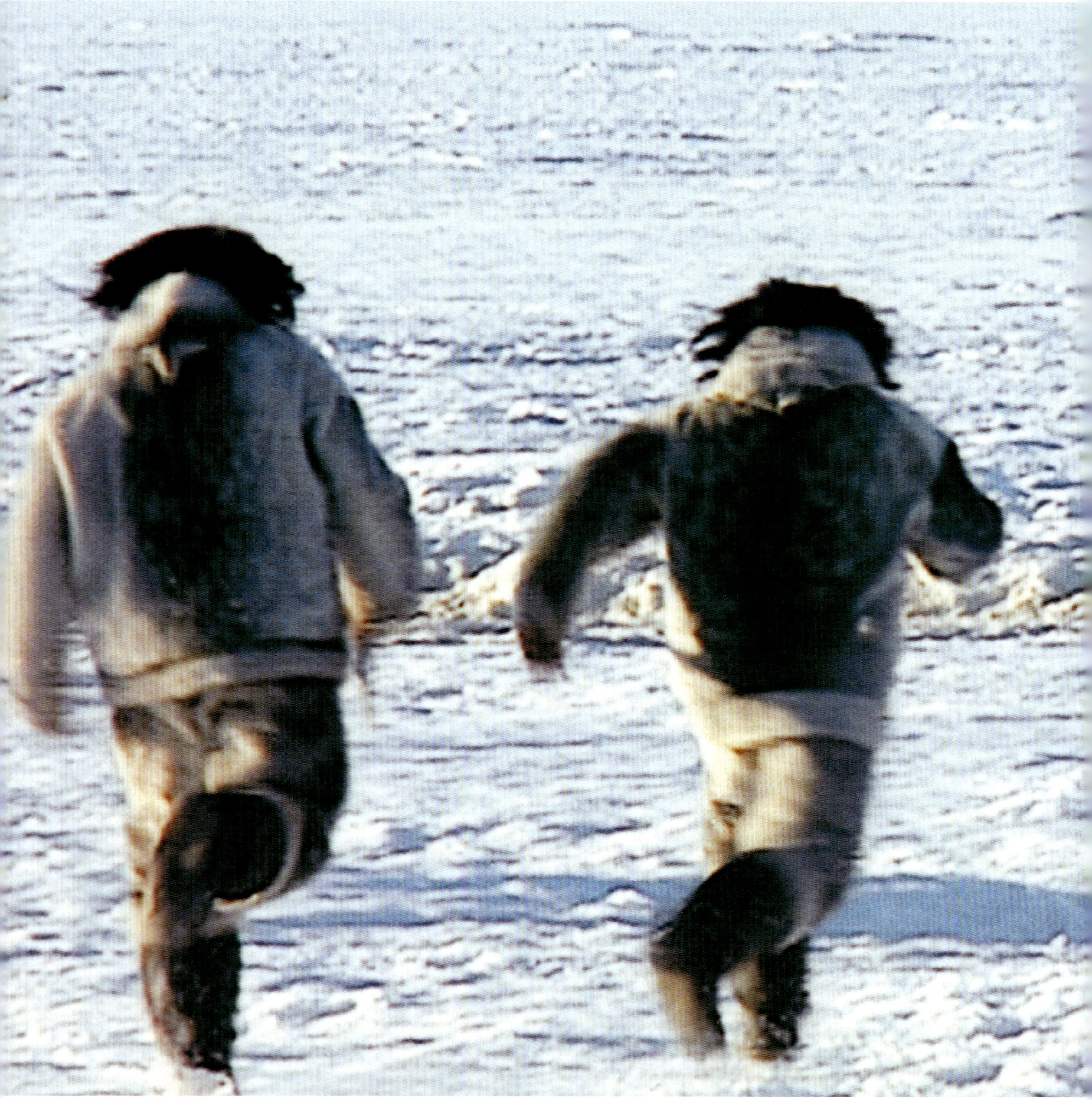

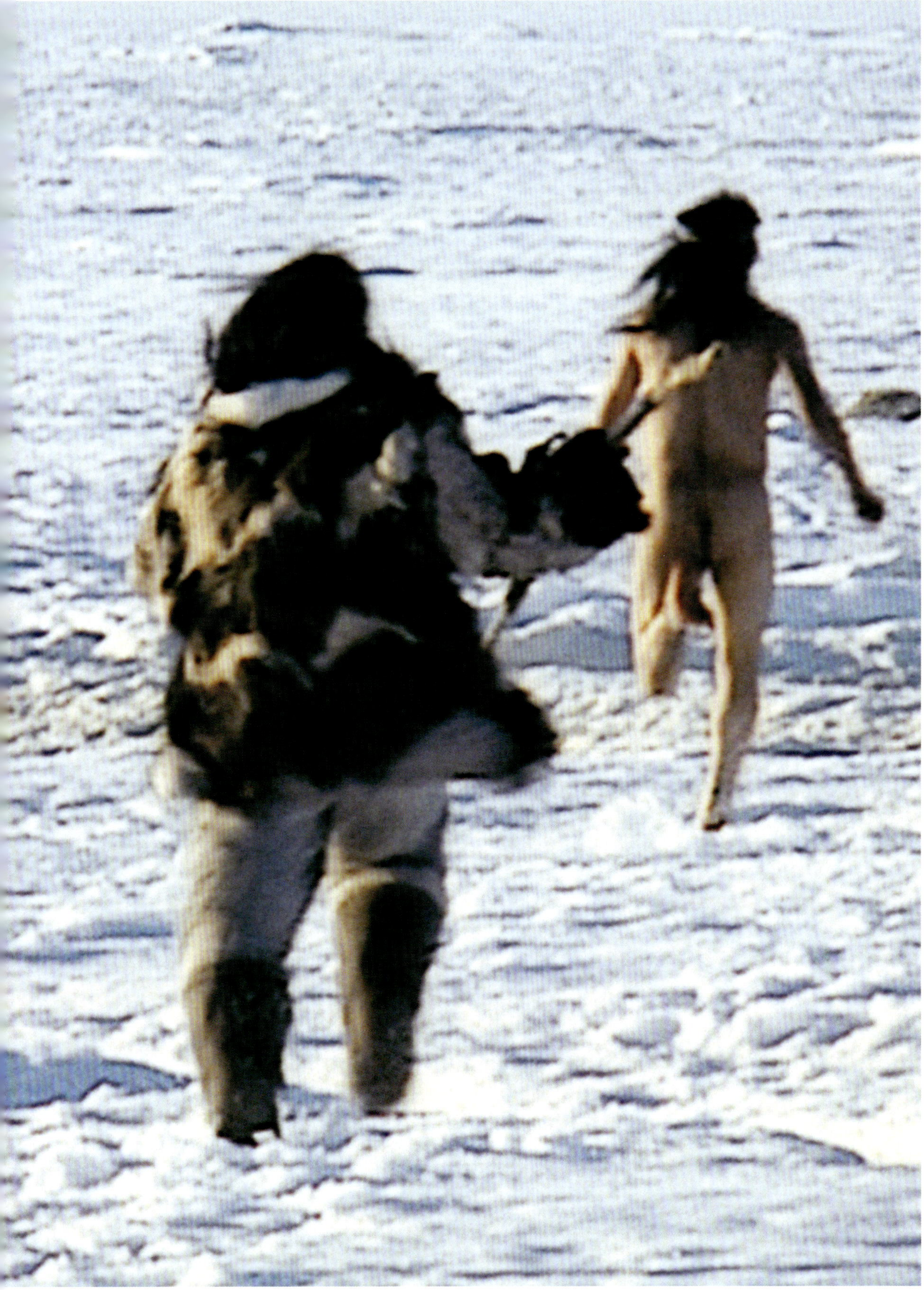

Image extraite du film
Atanarjuat, la légende
de l'homme rapide
de Zacharias Kunuk, 2002.

Atanarjuat qui arpente le même territoire que le 6633. C'est en effet le premier long-métrage inuit. Il raconte la légende de l'homme rapide, poursuivi par son rival amoureux, contraint de s'enfuir en courant nu et pieds nus sur la banquise et dans l'eau gelée, la plante des pieds bientôt en sang, leur échappant par un subterfuge digne d'Ulysse. On aura apprécié *Les dieux sont tombés sur la tête*, un film sud-africain présenté sous drapeau botswanais de manière à contourner les mesures anti-apartheid ; l'histoire se passe dans le Kalahari où les Bochimans sont habitués à courir pour chasser et accessoirement pour fuir, et N!xau n'en finit pas

Antoine de Baecque :
« Pourquoi fixer dans un film la légende de l'homme rapide ? »
Zacharias Kunuk :
« Pour qu'on ne l'oublie pas ! »

d'allonger ses courtes foulées jusqu'à l'extrémité du monde afin de rendre aux dieux une bouteille de Coca-Cola tombée du ciel. Forrest Gump ne passe pas tout son temps à courir, on le voit d'ailleurs dès le début assis sur un banc, mais quand il s'y met il n'arrête pas, pendant trois ans, sur le bitume américain, peu à peu accompagné par une troupe d'adeptes qui le prennent pour un messie. Toutefois il entend toujours le cri moqueur des enfants, « Cours, Forrest, cours ! », quand il portait les prothèses qui lui serraient les genoux mais lui permirent d'inspirer à Elvis Presley son jeu de jambes. *Cours, Lola, cours* est un film allemand et c'est une jeune femme qui court, elle a les cheveux rouges, sa course est moins longue que celle de Forrest mais elle dure tout le film, près d'une heure vingt à travers Berlin, motivée par une mince intrigue policière. *Un enfant de Calabre* prend le sujet à bras-le-corps, si l'on peut dire s'agissant de course à pied. Mimi, un jeune garçon, s'adonne à cette passion. On est à la veille des Jeux olympiques de Rome clos et illuminés par Abebe Bikila. Il court tous les matins contre la volonté de son père qui veut qu'il étudie pour échapper à la misère, et s'il court pieds nus dans la campagne c'est simplement pour ne pas abîmer ses chaussures. Quant à *La Solitude du coureur de fond*, elle a montré la voie, en noir et blanc. Après un vol dans une boulangerie, le jeune Smith se retrouve dans une maison de correction dont le directeur veut qu'un de ses pensionnaires gagne la coupe de cross-country ; Smith a de bonnes jambes et un bon cœur, il s'entraîne dur, mais le jour de la course, il s'arrête pour laisser gagner un adversaire.

Image extraite du film *La Solitude du coureur de fond* de Tony Richardson, 1962.

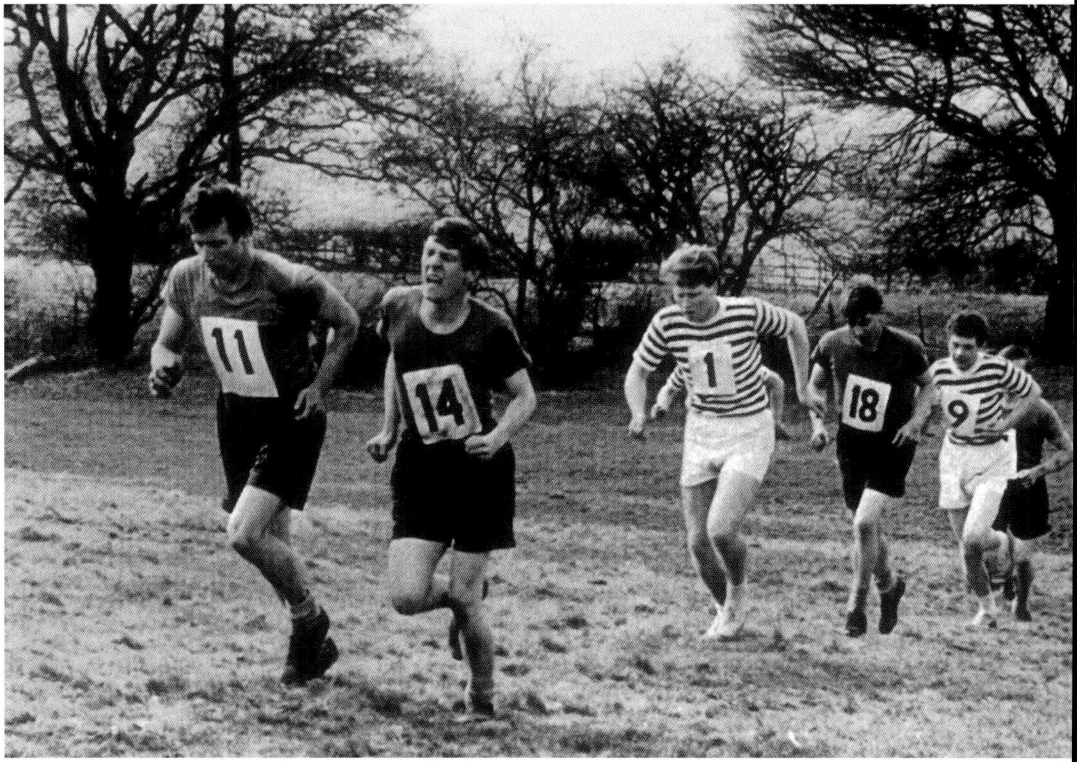

Avant d'être le très beau film de Tony Richardson, *La Solitude du coureur de fond* a été un magnifique texte d'Alan Sillitoe, une soixantaine de pages à mettre entre toutes les mains et à recommander dans les banlieues dites difficiles. Par ailleurs, Sillitoe est hostile au sport conçu comme compétition et il ne mâche pas ses mots : « La torche olympique est une flamme de servitude. » En revanche, il reconnaît le sentiment de liberté que la course peut procurer, tout en indiquant comment rester

« Un romancier doit être solitaire, travailler comme un mineur dans le sous-sol »

ALAN SILLITOE

rebelle, fidèle à soi : « ...et j'ai senti que sur l'allée derrière moi le tap-tap des pieds se rapprochait de plus en plus et tout à coup une odeur de sueur et deux poumons râlant à bout de souffle m'ont dépassé et ont foncé vers cette corde [...], grognant comme un Zoulou qui ne savait pas quoi faire d'autre, comme le fantôme de ce que je serai à quatre-vingt-dix ans quand je m'approcherai de ce gros cercueil bien capitonné ». Sillitoe est mort à quatre-vingt-deux ans, en avril 2010, quatre jours après Samaranch qui fut président du Comité international olympique après avoir été secrétaire au Sport du gouvernement espagnol sous Franco.

La littérature a donné ses lettres de noblesse à la course à pied. Alors on ne s'étonnera pas que les deux premiers titres qui viennent à l'esprit soient anglais et japonais. Haruki Murakami a écrit *Autoportrait de l'auteur en coureur de fond*, c'est le titre français, car le titre japonais est *Hashiru koto ni tsuite kataru toki ni boku no kataru koto*, qui signifie à la lettre *Ce dont je parle quand je parle de courir.* En tout cas, Murakami sait de quoi il parle, il a couru des dizaines de marathons, il s'est entraîné à Hawaï à Boston à Tokyo, il a croisé dans les jardins extérieurs du sanctuaire Meiji Jingu des champions disparus dont il garde le souvenir. Il a aujourd'hui soixante-deux ans, ce qui est un âge raisonnable, et quand il affirme qu'une grande part de ses techniques de romancier provient de ce qu'il a appris chaque matin en courant je crois que – par techniques – on peut entendre l'endurance et l'énergie. Car chez Murakami comme chez Sillitoe, d'une façon ou d'une autre, la course continue.

Dans un registre différent, Echenoz s'est attaché au grand Zatopek dans un texte sobrement intitulé *Courir.* On y suit la locomotive imbattable devenue héros national, depuis l'usine de chaussures Bata où il est apprenti en 1938 jusqu'aux sanctions qui le frappent après l'échec du printemps de

Prague en 1968. C'est un beau livre, plutôt triste, qui ne donne pas forcément envie de fouler la cendrée des stades.

Quelques expressions ont disparu de la circulation, ainsi « courir comme un verrier déchargé ». D'autres se sont maintenues, on les trouvait déjà dans le très sérieux dictionnaire Furetière du XVIIe siècle : « Il court comme un perdu, comme s'il avait le feu au cul. » On ne saurait laisser passer le fameux « courir comme un dératé » qui vient de loin, d'un des trente-sept livres de l'*Histoire naturelle* de Pline où le naturaliste – qui avait également rédigé un traité de *L'Art de lancer le javelot à cheval* – rapporte que les Anciens utilisaient une décoction de prêle pour réduire le volume de la rate des coureurs afin d'améliorer leurs performances, une solution plus simple que l'ablation puisqu'il suffit de cent grammes de feuilles fraîches à laisser macérer vingt-quatre heures dans un litre d'eau de pluie avant de les faire bouillir une demi-heure. Il y a encore « courir comme un lapin » voire comme un lièvre, même si l'on nous conseille de ne pas courir deux lièvres à la fois. À l'instar du lièvre mécanique destiné à entraîner les lévriers, le lièvre est le nom qu'on donne au coureur qui se place en tête pour assurer un train rapide pendant une partie de la course, c'est ainsi sur piste depuis 1930, et aujourd'hui sur quelques marathons. Le lièvre nous renvoie naturellement à la tortue, la fable a fait le tour du monde. La tortue nous renvoie à Achille, et le paradoxe veut que malgré ses pieds agiles il ne puisse pas la rattraper. La boucle est bouclée.

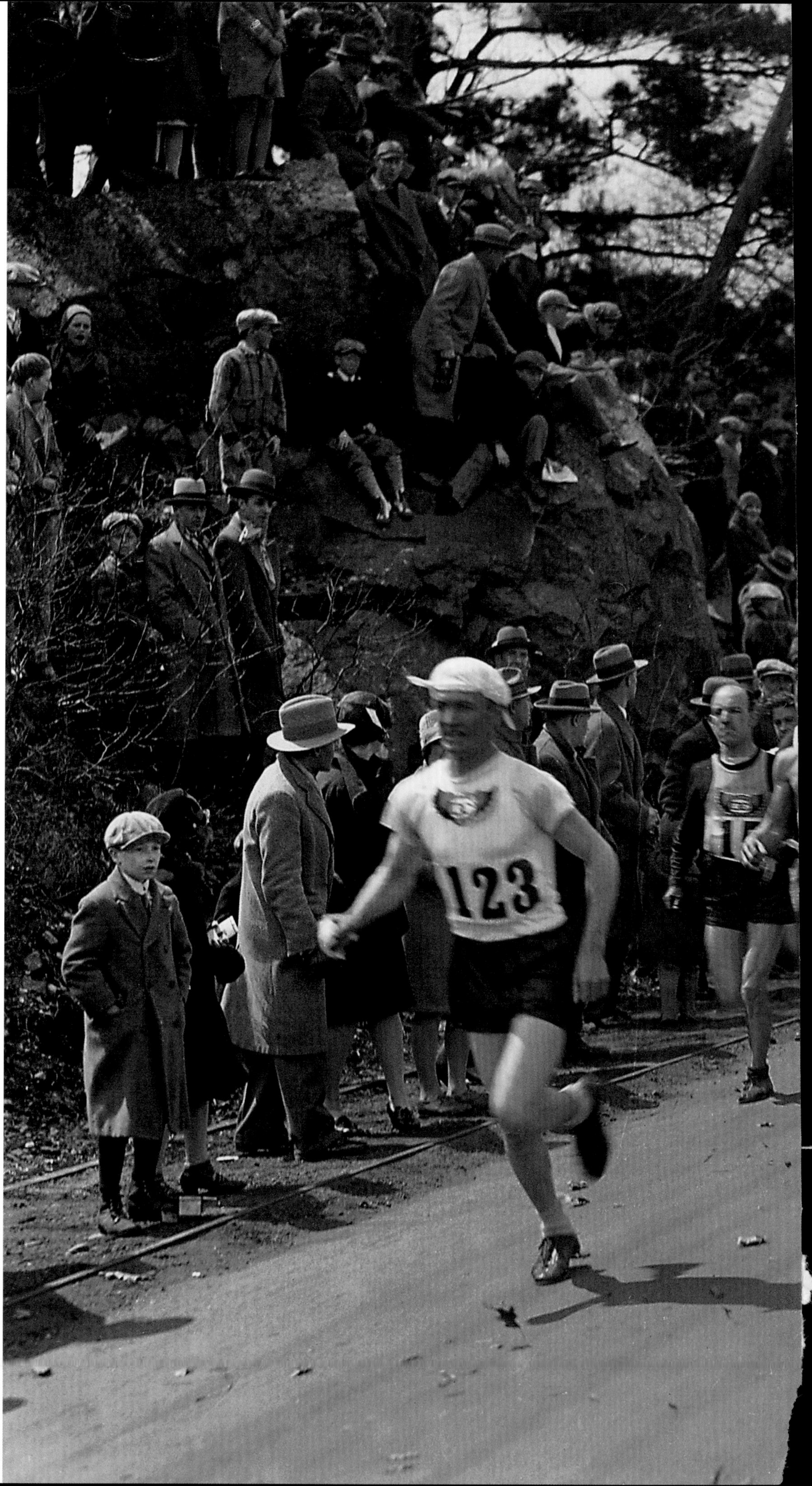

Marathon de Boston, 1929.

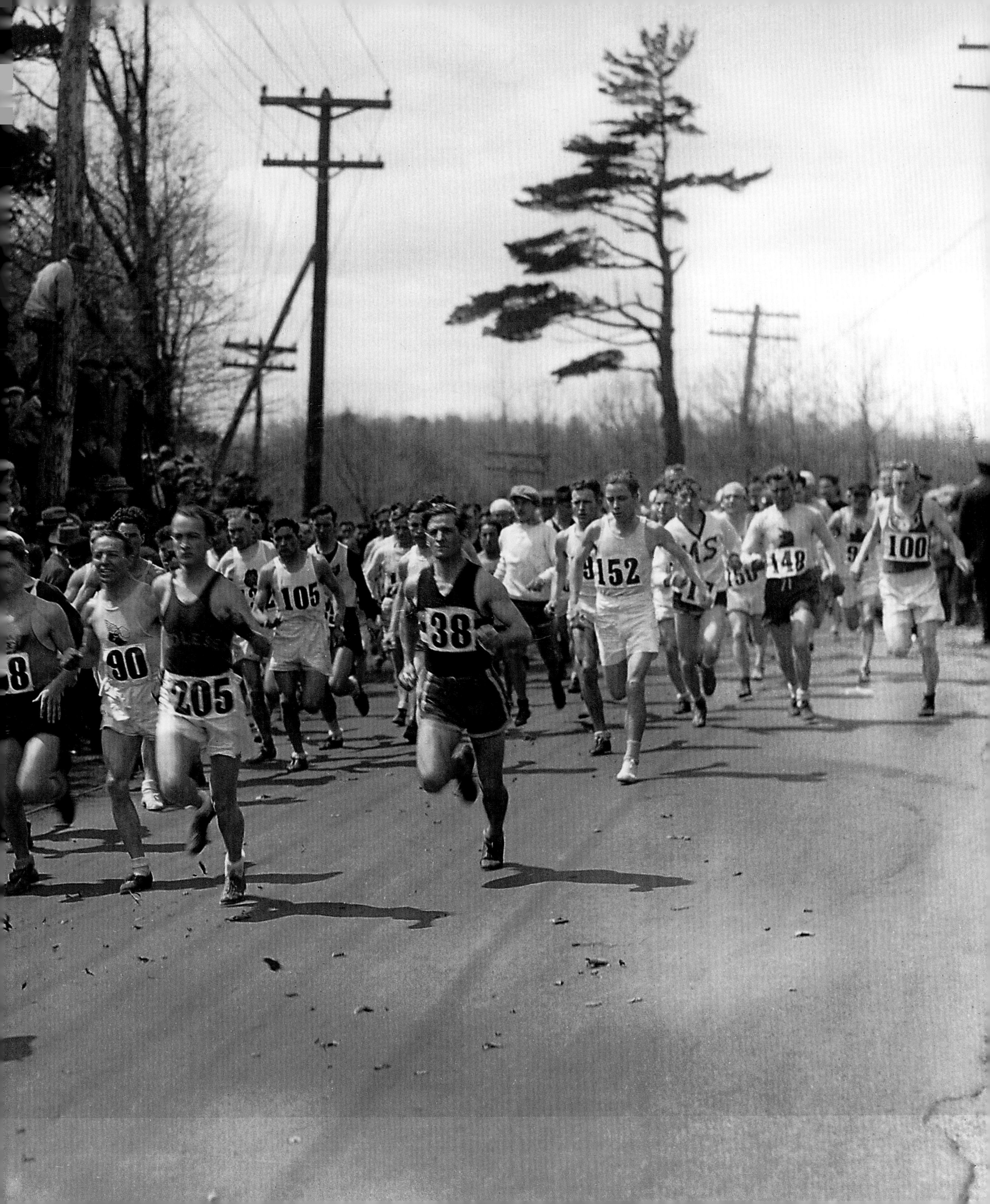
90
205
105
38
152
148
100

Boston

On dit du marathon de Boston qu'il est mythique. On n'est pas loin de la vérité. En tout cas, il est le plus ancien, et de loin.

Le premier a été couru en 1897, soit un an après le marathon des premiers Jeux olympiques qui avait conduit une douzaine d'athlètes à traverser l'Atlantique. La moitié d'entre eux étaient originaires de Boston, la plus européenne des métropoles américaines. Ils sont quinze sur la ligne de départ, dix à franchir la ligne d'arrivée au bout d'un peu moins de quarante kilomètres, le vainqueur en près de trois heures, une couronne d'olivier sur la tête, il s'appelle John McDermott.

Pendant près d'un siècle, le vainqueur reçoit la même couronne d'olivier. À partir de 1986, le prix passe de la botanique à la numismatique avec des récompenses en monnaie sonnante et trébuchante ou plus exactement en gros chèque bientôt remis de manière assez ostentatoire. Le premier rémunéré est l'Australien Bob de Castella, au surnom botanique, *Tree*. En raison des temps de qualification officiels, s'y inscrire n'est pas à la portée de tout le monde, puisque si vous avez moins de trente-cinq ans vous devez courir en moins de 3 h 5' et si vous avez entre soixante et soixante-cinq ans il faut encore s'en sortir en moins de 3 h 55'. On enregistre près de quarante mille inscrits pour la centième édition, en 1996.

La course a lieu le jour du Patriot's Day, célébré dans le Massachusetts et le Maine, fixé au troisième lundi d'avril, en mémoire des batailles de Lexington et Concord qui représentèrent le premier affrontement armé entre Anglais et *Insurgents* dans la guerre d'indépendance le 19 avril 1775. Longtemps, le départ était fixé à midi ; il est désormais donné à 10 heures pour profiter de la fraîcheur, pourtant il peut faire froid, même à midi, on a déjà vu les ténors courir en gants blancs. Les 26,2 miles du parcours sont intangibles, avec un départ champêtre à Hopkinton, au sud-ouest de Boston, souvent face au vent, on emprunte la route 135 pendant la moitié

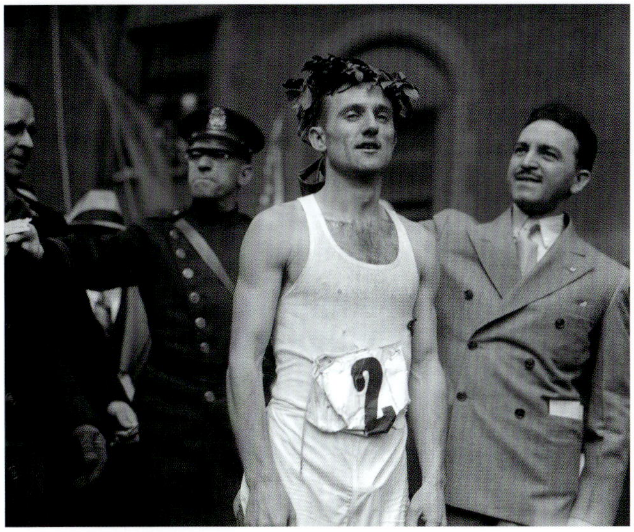

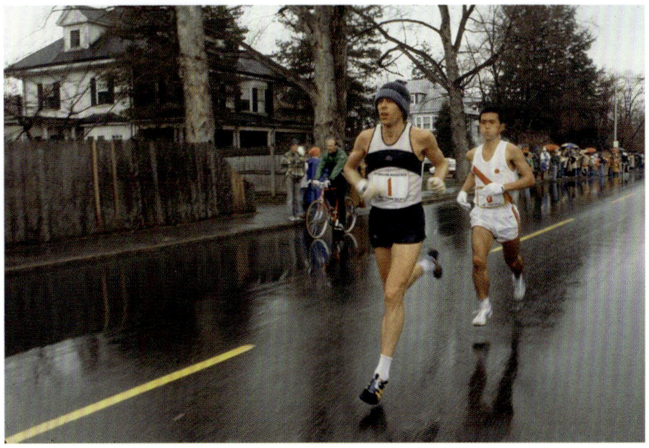

de la course, puis la route 16, la route 30, avant de s'acheminer dans une zone urbanisée sans gratte-ciel sinon à l'horizon, jusqu'à Copley Square, face à l'ancien site du musée des Beaux-Arts où l'on peut voir la toile de Gauguin *D'où venons-nous ? Que sommes-nous ? Où allons-nous ?* En attendant, on enchaîne les collines de Newton et en particulier la dernière, la montée d'Heartbreak Hill ainsi surnommée depuis 1936 quand le natif algonquin Ellison Tarzan Brown a brisé le cœur de Johnny Kelley en lui donnant une petite tape de consolation sur les épaules au moment de le rattraper, avant de le lâcher. Cela dit, Kelley, qui avait gagné en 1935, gagnera de nouveau en 1945, et il aura fini cinquante-huit marathons de Boston. À soixante-dix ans, il déclarait : « J'ai peur d'arrêter de courir, je me sens trop bien, je veux rester vivant. »

EN HAUT :
Le vainqueur du marathon de Boston, Johnny Kelley, 1935.

EN BAS :
Bill Rodgers, marathon de Boston, 1979.

Parmi les grandes figures, on ne peut pas oublier Ron Hill, docteur en philosophie, chimiste, et jardinier qui se consacre à ses roses. Il balaye le vieux record en 1970, en 2 h 10' et une poignée de secondes, par temps frais et humide, avant d'être le premier à descendre sous le seuil des 2 h 10, trois mois plus tard, aux Jeux du Commonwealth. L'année du centenaire, il revient à Boston courir son dernier marathon. À la veille de ses soixante-dix ans, il réalise son rêve : disputer des courses dans cent pays différents ; il met un point final avec le Panama et les îles Féroé.

On ne peut pas davantage oublier Bill Rodgers. Il va à l'université pour courir et pour obtenir un diplôme, il choisit la sociologie, une branche des sciences humaines qui étudie les représentations et les comportements, et il choisit la Wesleyan University, à côté de chez lui, dans le Connecticut.

Non loin, à Cap Cod, on court sur la grève au milieu des baleines à bosses et des pluviers siffleurs.

Il devient objecteur de conscience, il refuse d'aller faire la guerre au Viêtnam, il reprend à son compte le slogan « Faites l'amour pas la guerre », il porte une queue-de-cheval, il fume pour le moins du tabac, il roule à moto, sans casque. D'après Pointu, « celui qui lui vola sa Triumph 650 lui rendit un fier service ». En effet, Rodgers préféra courir à pied plutôt que de prendre les transports en commun. Donc, en avril 1975, pour le bicentenaire du Patriot's Day, il inaugure une série de quatre victoires retentissantes, battant le record de Hill et le record des États-Unis. En 2009, il revient, il a soixante et un ans, il a vaincu un cancer de la prostate, il boucle son marathon en 4 h 06', il y a longtemps qu'il fait la distinction entre *race* et *run.* Il revient aussi à la Wesleyan University, comme professeur, collègue du saxophoniste Anthony Braxton qui a le souffle d'un marathonien, écoutez sa *Conférence des oiseaux*.

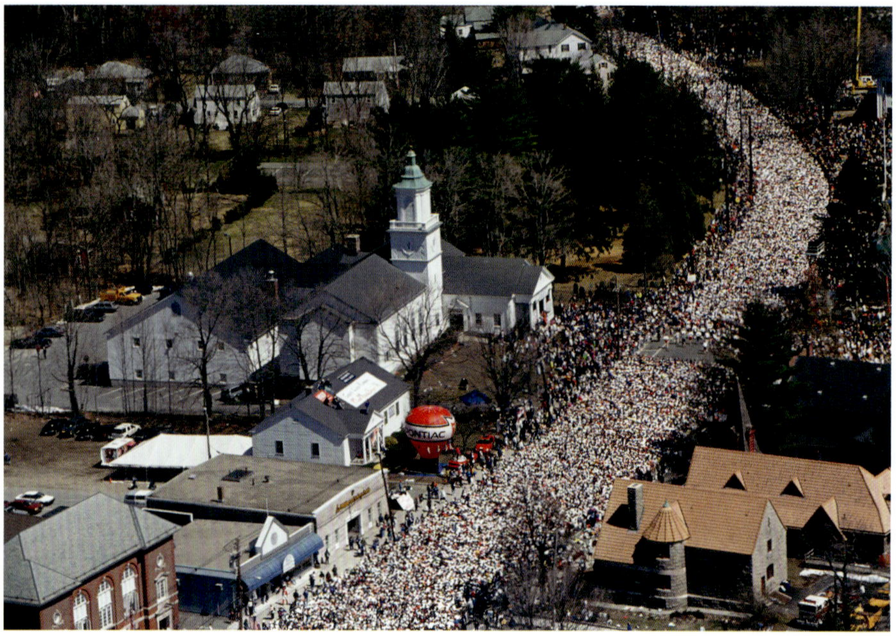

100e anniversaire du marathon de Boston, qui réunit, en 1996, presque 40 000 coureurs.

La légende de Boston tient aussi aux femmes, ce qui ne saurait étonner pour qui connaît, au moins de nom, le roman *Les Bostoniennes*. En 1966, Roberta Gibb est la première à inscrire son nom au palmarès, mais elle court sans dossard pour déjouer les gardiens du temple misogynes. Elle a revêtu un bermuda de son frère, un survêtement à capuche, elle se cache dans les buissons en attendant le départ. Elle sera vite encouragée par les coureurs et la foule, elle est épatée par les ballons et le pop-corn, son temps n'a guère d'importance, le gouverneur Volpe est là pour lui serrer la main à l'arrivée. L'année suivante, Kathrine Switzer s'inscrit sous le nom de K. V. Switzer, et un officiel obtus cherche à lui arracher son dossard, à l'exclure *manu militari* avant d'être éjecté par le petit ami de la rebelle. Toutefois il faudra encore cinq ans avant que les organisateurs admettent que les femmes n'étaient pas physiologiquement incapables de courir un marathon.

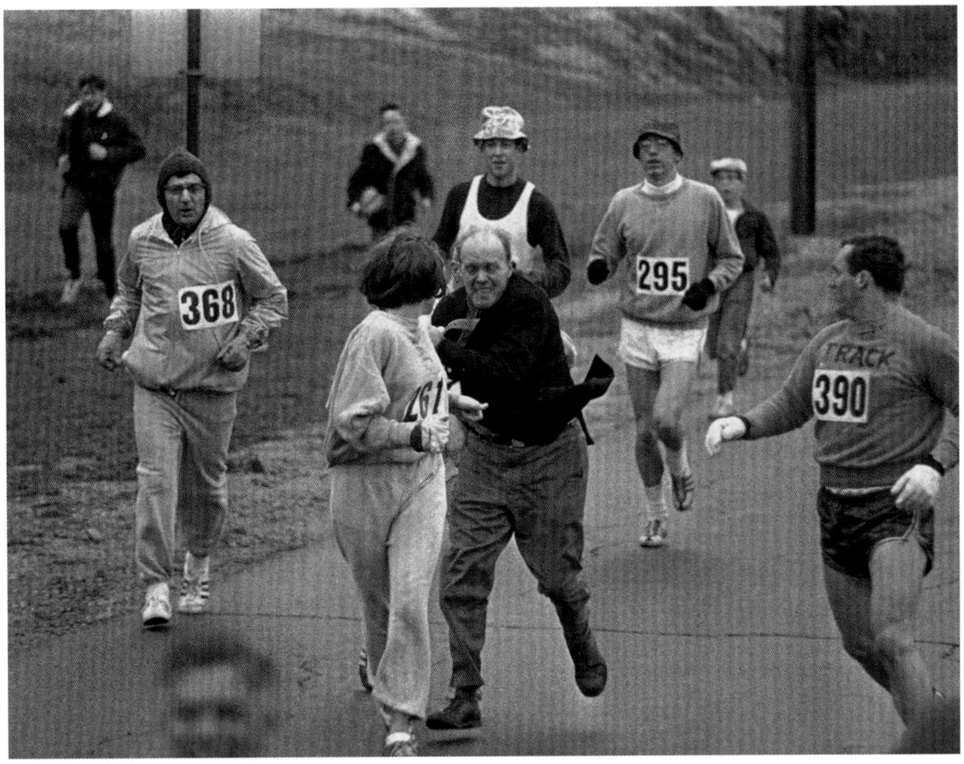

Marathon de Boston, 1967. Les femmes sont interdites du marathon de Boston. Ici, Kathrine Switzer est poursuivie par Jack Semple qui souhaite la faire sortir de la course. La jeune femme sera protégée par les autres coureurs et pourra terminer l'épreuve.

Au XXIe siècle, la course est devenue le jardin des coureurs kenyans. Robert Kipkoech Cheruiyot est le seul à égaler Rodgers. Après une enfance et une adolescence très difficiles qu'il évoque avec naturel et pudeur, il connaît son premier succès, ici, à vingt-cinq ans. Avec son prix, il achète une ferme à sa mère. Il est grand, il mesure 1,88 mètre, il se dote d'un surnom swahili, Mwafrika, puis il opte pour Omar Ahmed après sa conversion à l'islam. Malgré les similitudes, on ne peut pas le confondre avec Robert Kiprono Cheruiyot, dix ans et dix bons centimètres de moins. Kiprono gagne à Boston en 2010, battant le record de Kipkoech de plus d'une minute, en 2 h 5' 52''. À l'arrivée, il précise qu'il est de la tribu Kipsigi alors que son aîné est de la tribu Nandi, on est prié de ne pas confondre, les deux tribus sont installées dans deux régions différentes de la Rift Valley.

New York

CI-CONTRE :
New York, 1979.

DOUBLE PAGE SUIVANTE :
New York, 1997.

Affiche pour le duel attendu entre John Hayes et Dorando Pietri sur Madison Square à New York en novembre 1908.

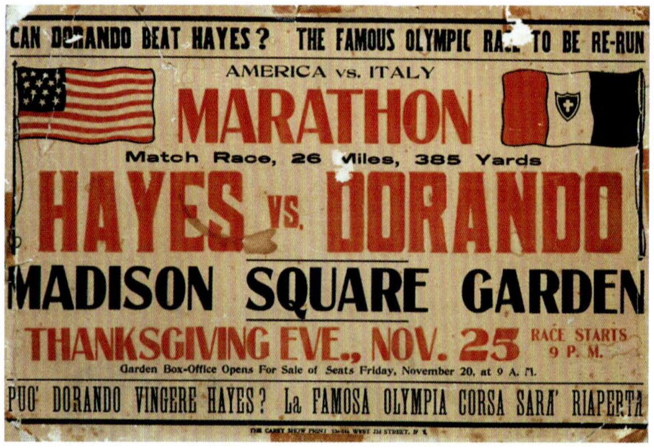

Il a fallu deux millions de boulons et six millions de rivets rien que pour la construction des deux tours du pont Verrazano.

Personne ne s'étonnera que New York appartienne au cercle du Cinq-majeur. Malgré sa propre légende, le marathon ne touche pas au mythe comme à Boston. Ici, pas de couronne d'olivier, pas de Kelley, pas de Tarzan. La première édition date seulement de 1970, elle correspond à la modeste initiative d'un club présidé par Fred Lebow, elle réunit cent vingt-sept coureurs, pas davantage de spectateurs, moins de la moitié franchissent la ligne d'arrivée, Lebow est 45e en 4 h 12'. À l'instar des écureuils, ce premier marathon se contente de quelques tours autour du réservoir de Central Park. Cependant, il s'est déjà installé le premier dimanche de novembre et il ne tarde pas à faire sa révolution, en 1976, pour le deux centième anniversaire de l'Indépendance. Désormais il traverse les cinq *boroughs* qui constituent la ville. Il part de Staten Island, du pont Verrazano qui fait quatre kilomètres de long, il passe par Brooklyn, le Queens, Manhattan, il s'offre une incursion dans le Bronx, il revient à Manhattan pour s'achever au niveau de la 67e Rue dans Central Park, il draine des dizaines de milliers de coureurs et des millions de spectateurs qui sont le ressort de la fête et en assurent le prestige.

Alberto Salazar aura marqué les esprits avec ses trois victoires successives au début des années quatre-vingt où *Superman* déploie la bannière étoilée sur les écrans tandis que le président Reagan affirme *America is back*. Alberto est né à Cuba, ses parents ont émigré à cause de la révolution quand il avait deux ans. Il a une silhouette insolite de grand maigrichon, qu'on en juge, 1,86 mètre pour une petite soixantaine

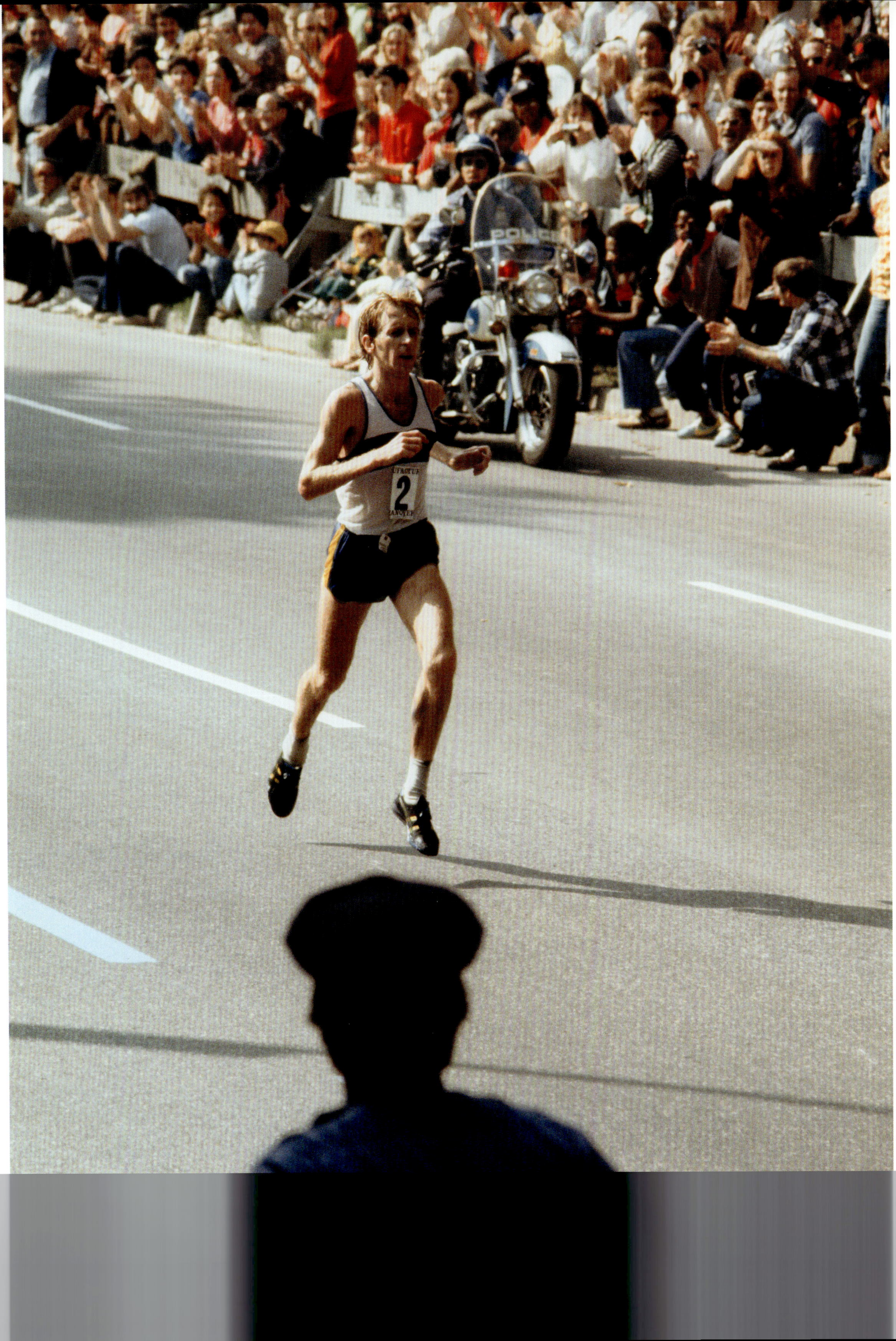
POLICE
2

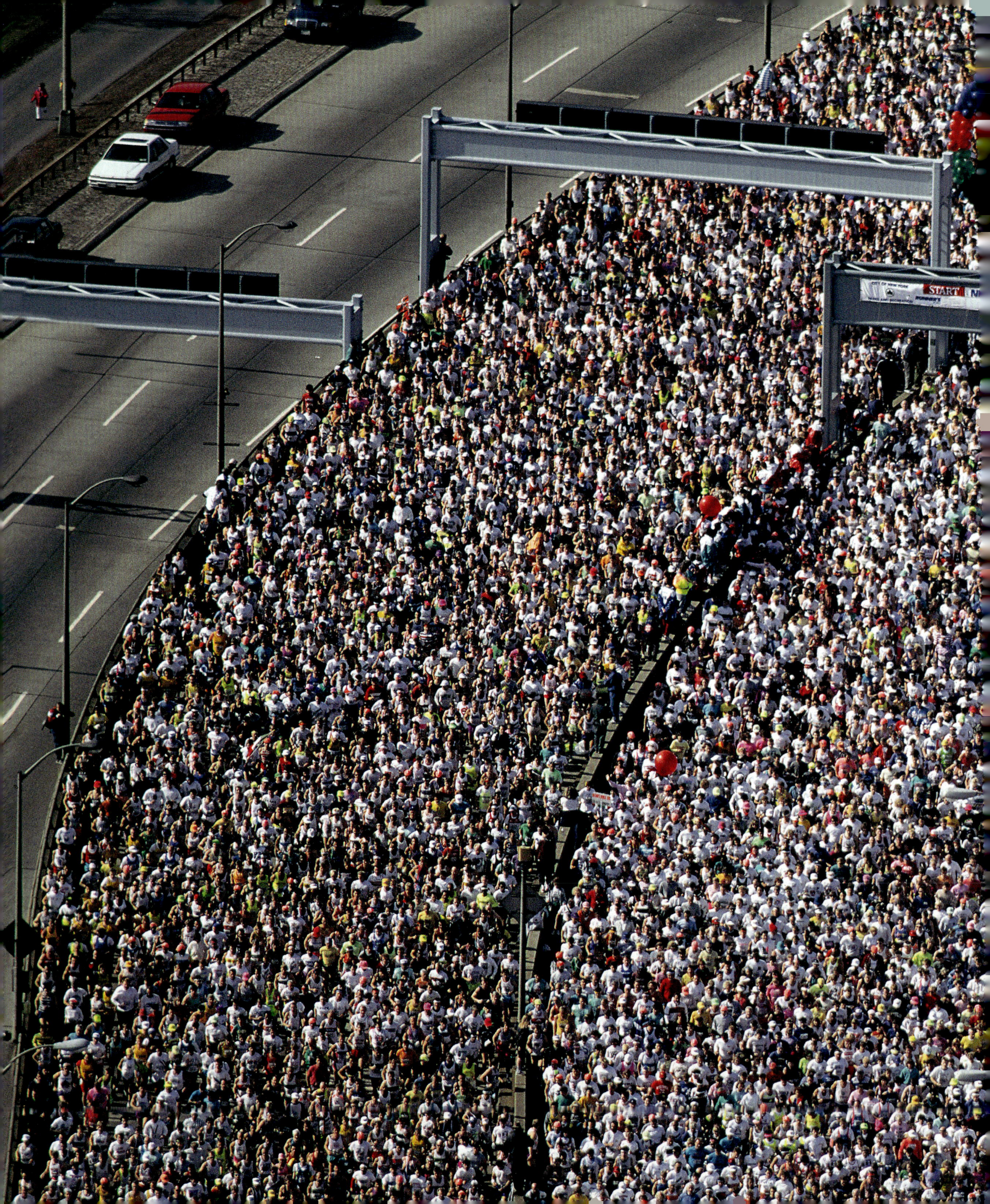
START

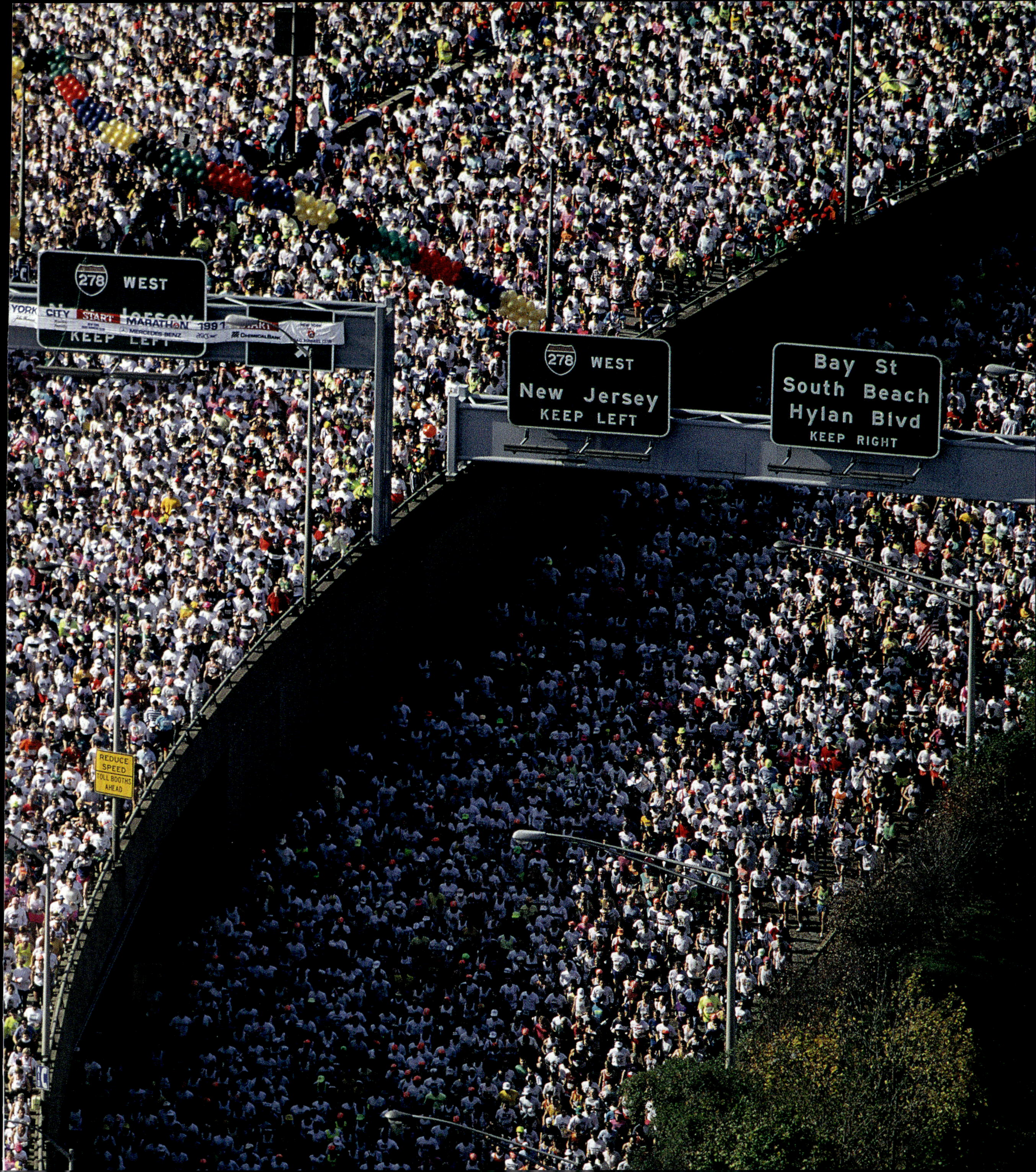
278 WEST
YORK CITY START MARATHON 1991
MERCEDES-BENZ
CHEMICAL BANK
KEEP LEFT
278 WEST
New Jersey
KEEP LEFT
Bay St
South Beach
Hylan Blvd
KEEP RIGHT
REDUCE SPEED
TOLL BOOTHS AHEAD

de kilos au départ de la course, sans oublier ce « duel au soleil », à Boston, quand il devance de deux secondes Dick Beardsley dans un finale époustouflant au milieu des motos de police. Cela dit, sa carrière fut très brève ; les doses et les conditions d'entraînement auraient attaqué son système de défenses immunitaires ; pour s'accoutumer au climat de Los Angeles avant les Jeux olympiques, il se prépare sur un tapis roulant, dans son garage, le moteur de sa voiture en

« J'étais un crack du football et de la course à pied, un élève brillant, indépendant »

JACK KEROUAC

marche ; par la suite, il se blesse aux tendons en multipliant les courses pour des prix lucratifs. Et s'il fait son retour dix ans plus tard, c'est grâce au Prozac.

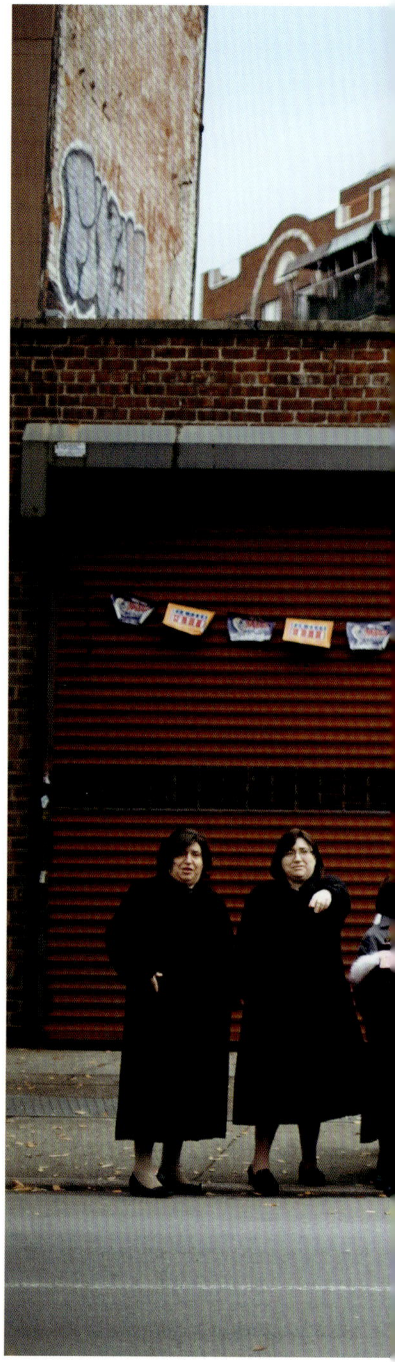

Chez les femmes, Rosie Ruiz défraie la chronique par une supercherie. Elle prend le métro pour finir dans un temps qui lui assure une gloire éphémère. Par bêtise, elle remet ça à Boston ; elle prend une chambre dans un hôtel proche de l'arrivée, elle s'asperge avant de sortir pour simuler la transpiration, mais elle a mal calculé son coup, et elle se retrouve sur le bitume bien avant le peloton des femmes. Rosie Ruiz ne sait plus où se mettre et elle n'a plus qu'à changer de nom. Grete Waitz, la Norvégienne, n'a pas besoin de subterfuge pour impressionner. Elle emporte neuf marathons de New York en dix ans, à partir de 1978. La diététique est

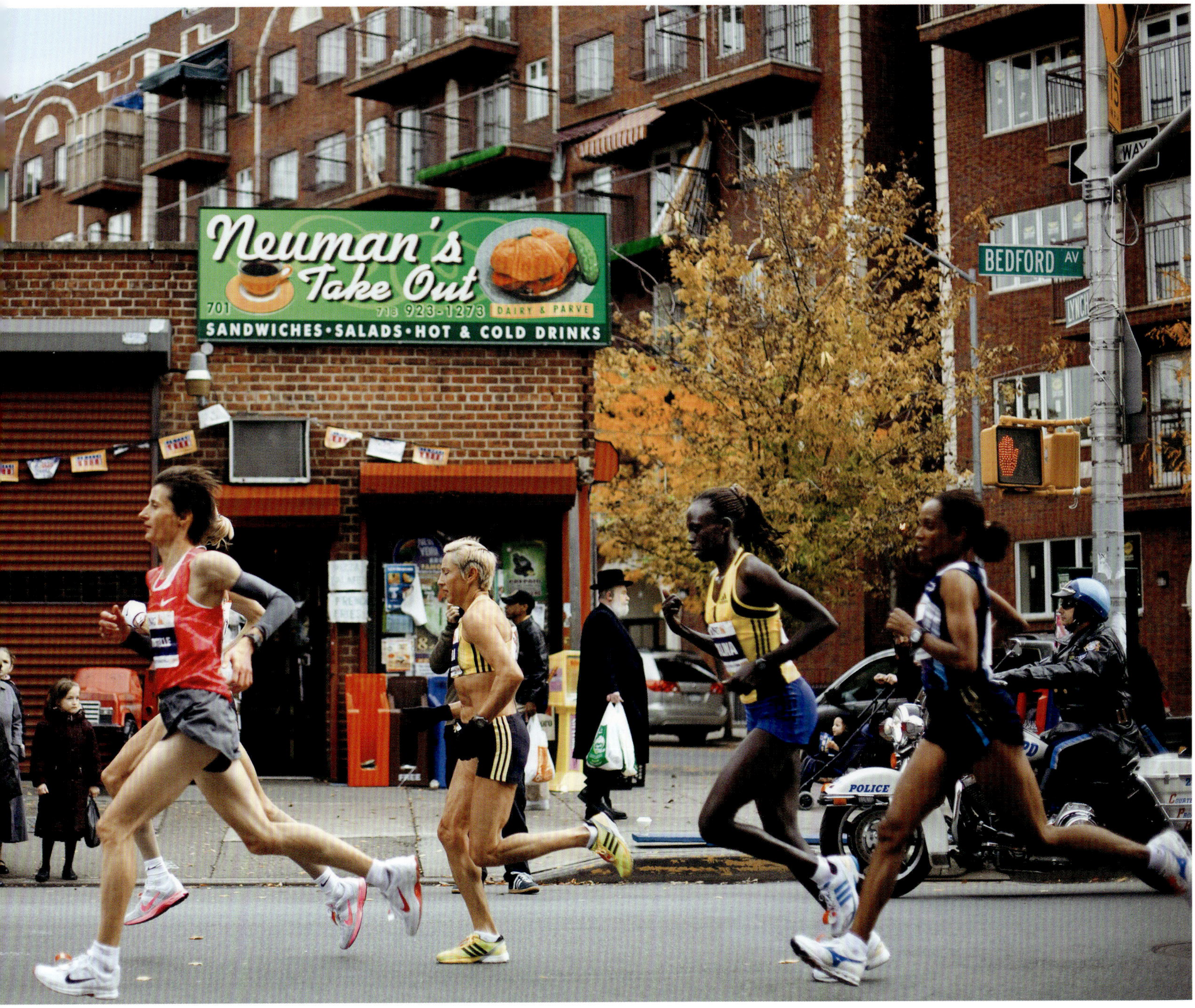

Marathon de New York, 2009.

encore approximative et sympathique ; la veille au soir de sa première victoire, elle aligne cocktail de crevettes, steak, verre de vin et glace. Une autre fois, elle fait passer le record du monde sous la barre des 2 h 25'. Après avoir raccroché les « pointes », elle s'engage pour Care. Elle a sa statue dans le pavillon norvégien de Walt Disney World Resort et à l'entrée du stade Bislett à Oslo, sans compter son effigie sur une série de timbres-poste.

Chicago

Le marathon de Chicago a des lettres de noblesse qui en font le dauphin de Boston.

Le premier a tout d'une épopée. Il se déroule un samedi de septembre 1905, un an après la foire qui avait présidé aux Jeux olympiques de Saint Louis, trois jours avant la publication de l'article où Einstein énonce la théorie de la relativité. Quinze coureurs sont au départ, vite éparpillés dans la nature, cernés par les automobiles et les bicyclettes, applaudis par cent mille spectateurs dès qu'ils parviennent dans les faubourgs. Les trois hommes de tête ont juste le temps de franchir le pont levé pour laisser passer un *steamer*. Ils sont sept à franchir la ligne d'arrivée, devant la tribune d'un champ de courses, devant une foule évaluée à quinze mille spectateurs payants, hommes en chapeau melon, femmes en robe blanche, sous des ombrelles, qui s'enthousiasment pour la victoire de l'*outsider* Metzner qui l'emporte sur l'obscur Kennedy et sur le favori Marks transporté aussitôt à l'hôpital. Malgré ce début en fanfare, le marathon connaît un déclin et finit par disparaître au début des années vingt.

« Dès lors, on aperçoit des durées aussi nombreuses qu'on voudra, très différentes les unes des autres »

HENRI BERGSON

Sa renaissance obéit à la logique générale des sociétés postmodernes. Elle date de 1977. Elle est toutefois sujette à débats ; le superintendant des parcs refuse le passage sur les territoires de sa juridiction, mais il est désavoué par le maire, Richard Daley, juste avant qu'il ne meure. Chicago n'hésite pas à proposer des prix supérieurs à ceux de New York pour tirer les athlètes. Un trust agroalimentaire est le premier sponsor ; à partir de 1993, la banque La Salle est le deuxième et, en échange, elle donne son nom au marathon. Quand la Bank of America avale LaSalle Bank en 2008, elle fait de même, de sorte que le *vrai* nom de l'épreuve est aujourd'hui

Bank of America Chicago Marathon, ainsi va le monde, pleurez si vous avez encore des larmes.

L'itinéraire forme une boucle, ce n'est pas illogique dans la ville du Loop, départ et arrivée à Grant Park, là même où Obama parut le soir de son élection. Les coureurs foulent le Columbus Drive, le Lake Shore Drive, le Loop, le Magnificent Mile entre les immeubles en béton et en verre. Le parcours est très roulant, propice aux records du monde et aux records personnels en tout genre. Les résultats confirment la mainmise des Kenyans perceptible depuis 1991 à Boston où ils ont gagné dix-huit fois. Ici, ils trustent les victoires depuis 2003, avec six vainqueurs différents, un doublé de Wanjiru, l'homme à la kalachnikov, en 2009 et 2010.

Il paraît que Kenya signifie « mont de l'autruche » et on sait que l'autruche est capable de courir très vite et longtemps.

Chez les femmes, Lilia Shobukova a fait aussi bien que Wanjiru. Elle est née dans le sud de l'Oural, au milieu des montagnes et des forêts de pins où elle a commencé à courir. En 2009, elle court à Chicago son deuxième marathon, c'est sa première victoire par un temps glacial. Sa récompense consiste en une visite à Disneyland. De retour au pays, elle prépare la saison suivante. Elle manque de rater le marathon de Londres à cause du volcan islandais Eyjafjöll, elle attend quarante-huit heures une correspondance aléatoire à l'aéroport de Madrid, elle réalise un temps canon. Elle fera mieux encore à Windy City en septembre quand le volcan se sera calmé. Sinon elle dort beaucoup, elle rêve de construire une piscine dans sa maison bachkire et d'une médaille olympique, la vie suit son cours.

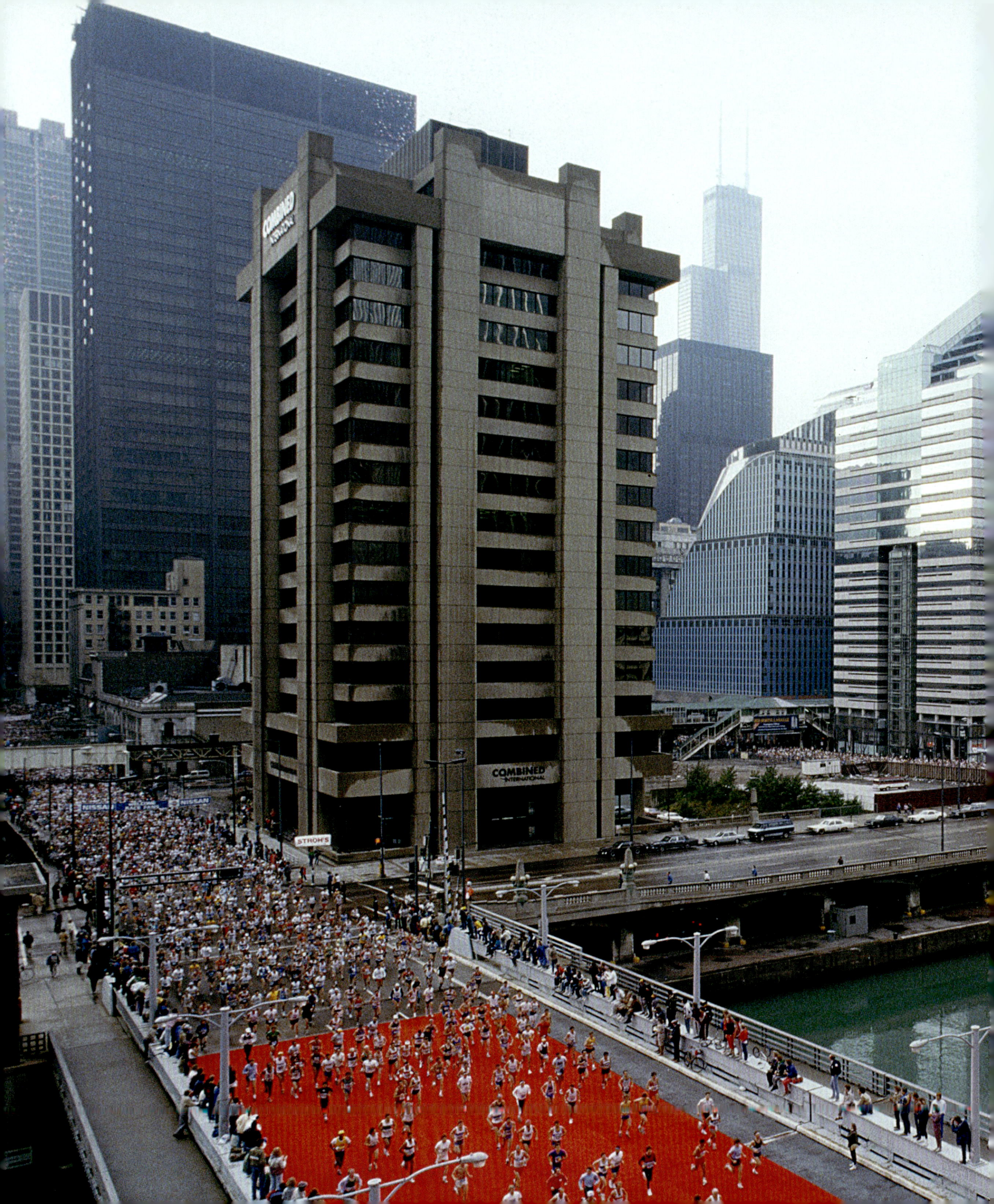
COMBINED
INTERNATIONAL
STROH'S
NISSAN

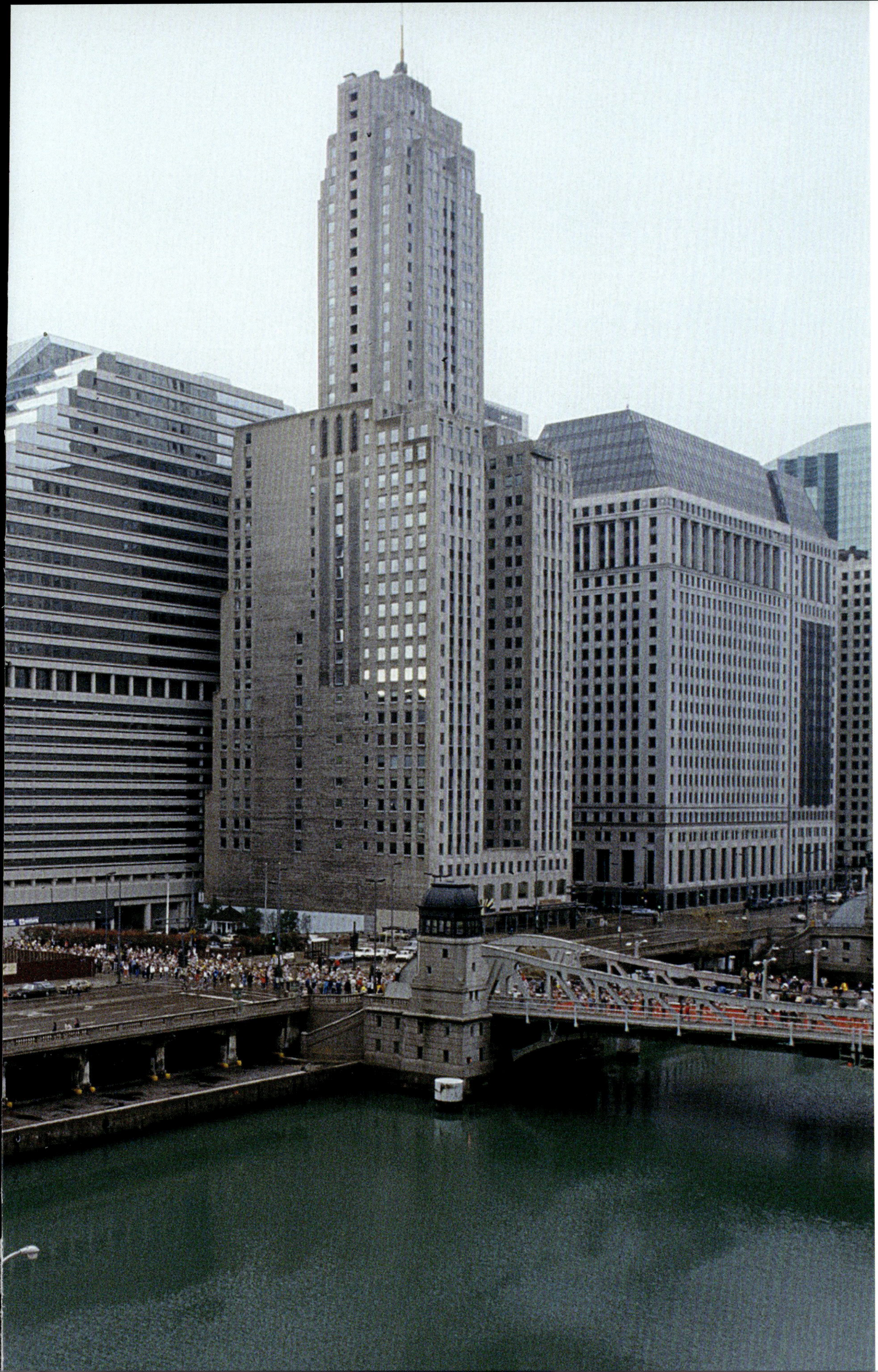

Chicago, 1987.

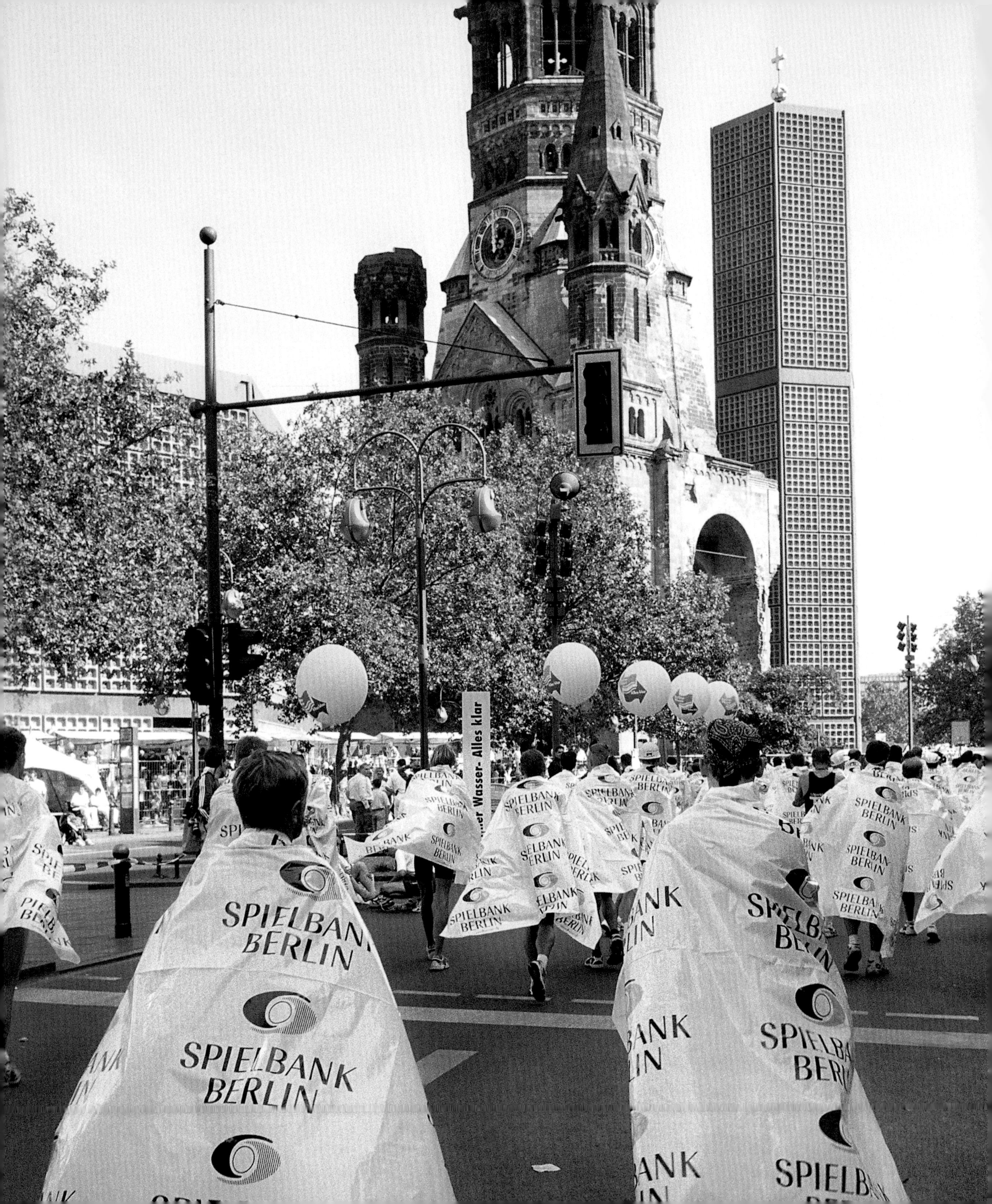
Wasser- Alles klar
SPIELBANK BERLIN
SPIELBANK BERLIN
SPIELBANK BERLIN

Berlin, 1998.

Berlin

Avec le marathon de Berlin, on entre dans un autre registre qui touche à l'Histoire en général et au Mur en particulier. Deux ans après le marathon olympique de Munich, un peloton d'à peine trois cents participants s'élance dans les rues de la vieille capitale prussienne, et le vainqueur court en un temps qui prêterait à sourire aujourd'hui, pour un vainqueur, 2 h 45', à sept secondes près. Les sept premières éditions sont toutes gagnées par des coureurs allemands de second ordre. Tout change à partir de 1981 quand l'épreuve trouve son itinéraire pour une décennie, avec départ devant le Reichstag, le Zoo, l'île aux Musées, le Kurfür, la traversée des quartiers qui font sa diversité. Elle se déroule le dernier dimanche

« Berlin était un océan, où l'on pouvait disparaître »

HANS MAGNUS ENZENSBERGER

de septembre et elle bénéficie aussi de l'élan donné par la préparation du 750e anniversaire de la ville. Un autre tournant, plus décisif encore, intervient en 1990, un an après la chute du Mur et un mois avant la réunification. Non seulement on traverse désormais les quartiers de l'est bientôt rénovés et on longe l'avenue Unter den Linden, mais on passe sous la porte de Brandebourg et c'est une émotion assez considérable, au moins pour les coureurs allemands. Cette année-là, on dénombre un million de spectateurs et soixante-dix orchestres sur le parcours.

Haile Gebreselassie est le roi de Berlin, quatre fois de suite victorieux, toujours souriant dans son beau maillot jaune, détenteur du record du monde en 2 h 03' 59'' depuis son passage sous le quadrige de la porte de Brandebourg en 2008. Après avoir commencé à courir sur les hauts plateaux éthiopiens au milieu des orangers et des animaux sauvages, il a

Berlin, 1986.

disputé ses premières courses sur piste en 1992, au lendemain de la chute de Mengistu, le négus rouge. Venu au marathon sur le tard, à vingt-neuf ans, il court sur les traces de Miruts Yifter qu'il admirait depuis qu'il avait sept ans, quand il avait écouté sur un poste à transistor rafistolé et grésillant la retransmission des finales olympiques de Moscou. Yifter est un coureur de fond dont on n'a jamais su l'âge, à dix ans près, ce qui n'est pas rien, on en conviendra. Il prétendait, assez mystérieusement, que « si les hommes peuvent me voler mes poules et mes moutons, ils ne peuvent pas me voler mon âge ». La longévité de Gebre est à son image. Contraint à l'abandon sur blessure lors du marathon de New York 2010, il a annoncé

« Quand je suis rentré en Éthiopie, les gens m'ont dit "Tu ne peux pas te retirer comme cela" »

HAILE GEBRESELASSIE

qu'il poursuivrait jusqu'aux Jeux olympiques de Londres. Il reconnaît qu'il a gagné beaucoup d'argent, mais il donne du travail à près de cinq cents personnes ; s'il investit dans l'immobilier, il investit aussi dans les installations sportives, le cinéma, les écoles, il considère que l'éducation est la clef de tout, et il prononce un éloge plutôt original de la politique.

Patrick Makau est son successeur à Berlin. Il a douze ans de moins, il est kenyan, spécialiste des semi-marathons, il a notamment gagné à Zanzibar à Bristol à Lahore. « Je devais faire quelque chose en athlétisme pour me sortir de la pauvreté », la phrase a le mérite de la clarté et un parfum d'antan. Il est venu battre le record de Gebre ou, en tout cas, les organisateurs clament qu'il est venu battre ce record. Il l'emporte en effet, mais il échoue dans la tentative de record, de peu, freiné par une pluie battante et froide, tombée pour la première fois depuis vingt-deux ans.

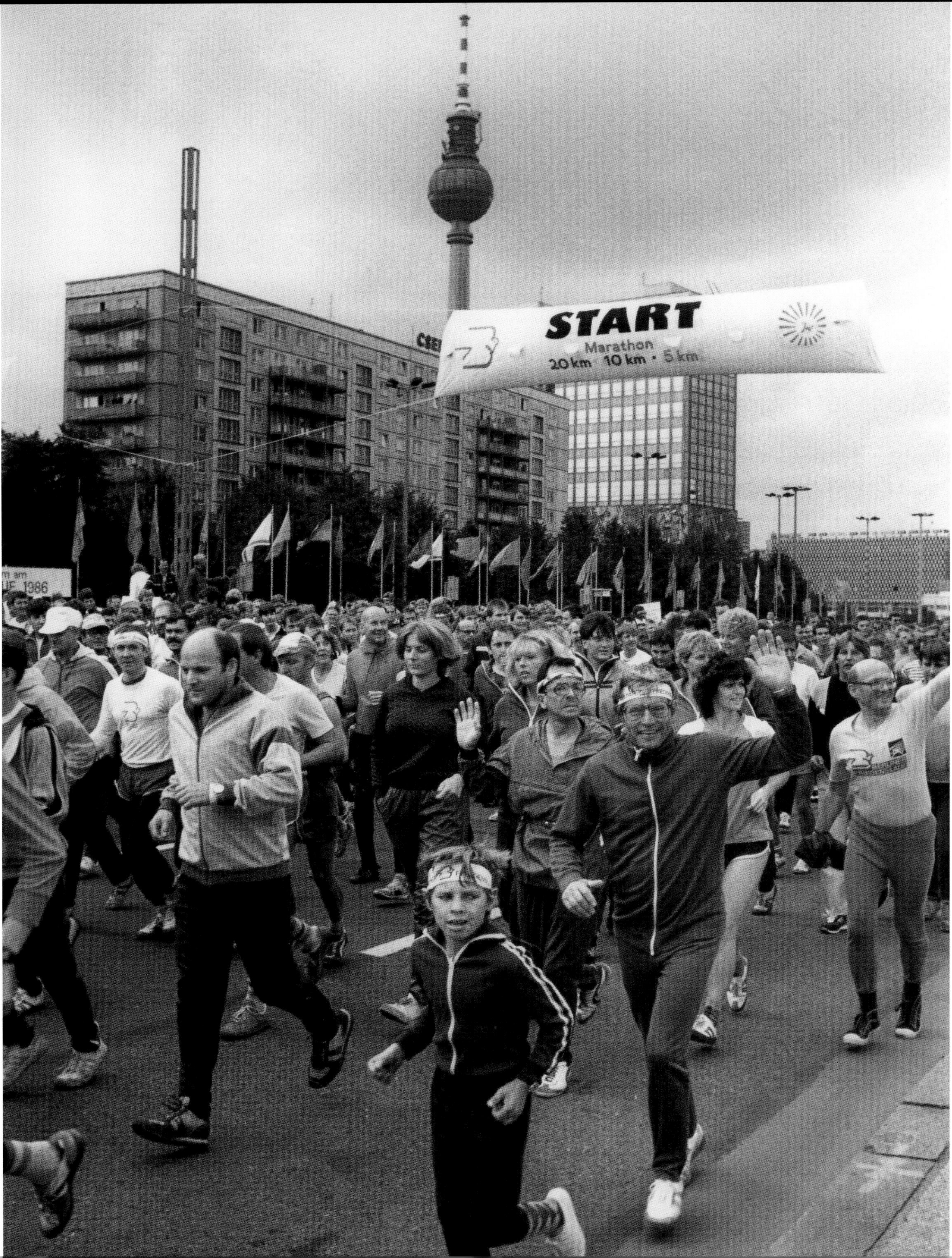
START
Marathon
20 km 10 km · 5 km

Londres

Le marathon de Londres relève encore d'un autre registre. Il date seulement de 1981. Mais on ne se trouve sans doute pas pour rien au pays du cross-country et du *fighting spirit*. Dès la première expérience, huit mille volontaires se pressent déjà sur la ligne de départ au bord de la Tamise, du côté de Greenwich. En prime, l'épreuve trouve un dénouement inédit. Les vainqueurs, car ils sont deux, Dick Beardsley et Inge Simonsen, passent la ligne en levant les bras, ex aequo, improvisant ce geste, se félicitant du joli temps de 2 h 11'. Depuis trente ans, des dizaines de milliers de coureurs empruntent chaque année les docks, aperçoivent l'ancienne usine où le musée Tate a installé sa galerie d'art contemporain, traversent la Tour de Londres et ses pavés qui font mal aux hanches, passent sous Big Ben, longent le Mall, sprintent devant le palais de Buckingham.

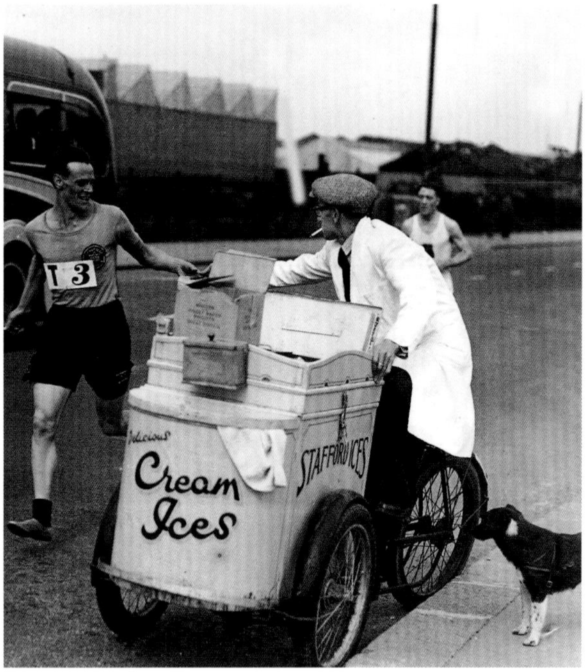

Marathon de Londres, 1948.

En 2002, c'est le premier marathon à inclure des tests sanguins pour l'élite. Jenny Wood-Allen n'est pas vraiment concernée, il est vrai qu'elle a quatre-vingt-dix ans et qu'elle achève sa course, si l'on peut dire, en 11 h 34'. Six ans plus tard, un rival lui ravit son record. Buster Martin a cent un ans, je ne sais pas le temps qu'il a mis, mais sitôt passé la ligne il aurait demandé : « Où est ma bière ? »

Virgin est le sponsor du marathon auquel il ne s'est pas privé d'accoler son nom. Depuis le temps pionnier du premier disque, l'entreprise a prospéré dans des activités diversifiées dont le récent Virgin Galactic qui vend des vols sub-orbitaux à des prix défiant toute concurrence. À l'occasion du marathon, les associations caritatives récoltent des millions de livres sterling, car environ quinze mille dossards leur sont attribués pour qu'elles les attribuent à des coureurs qui promettent de faire un don.

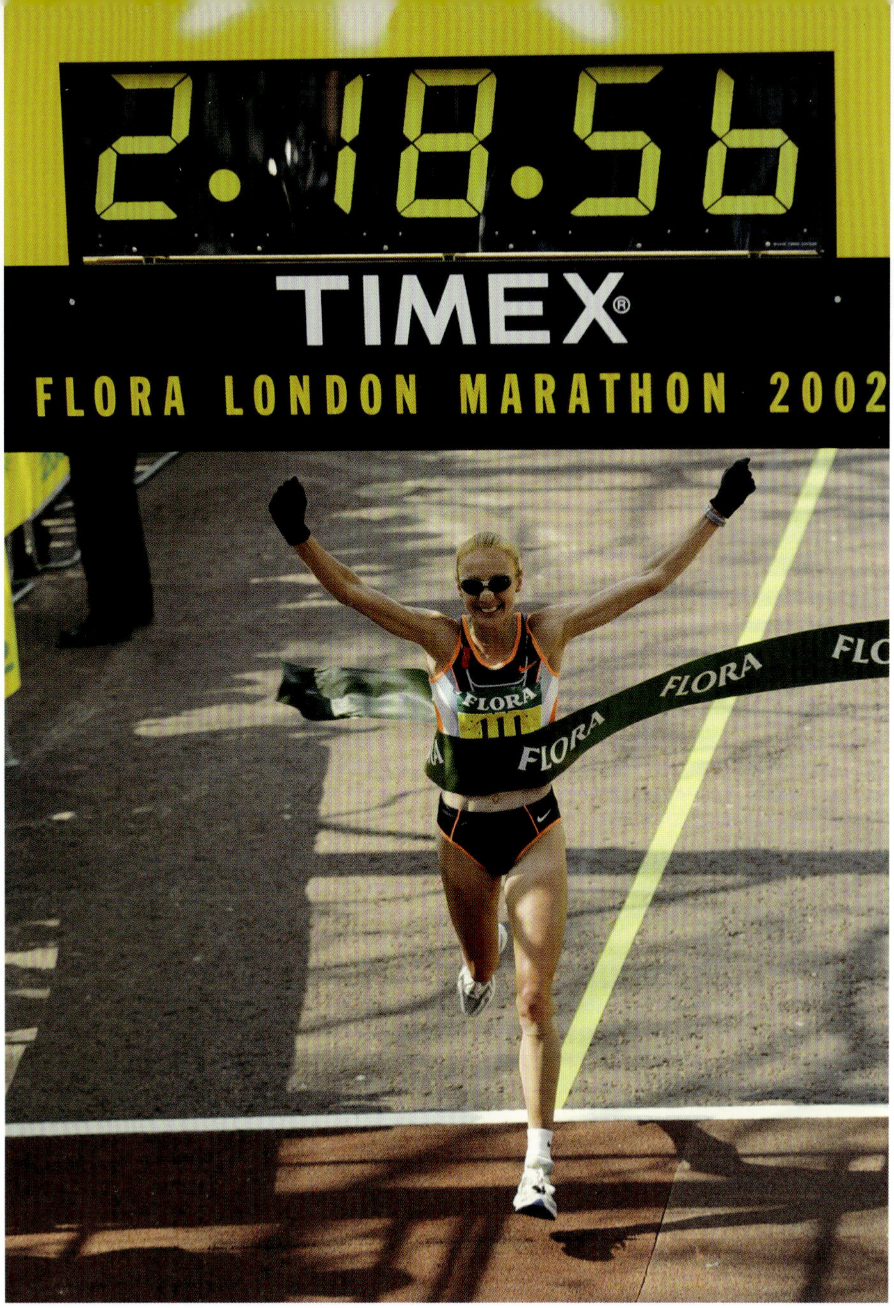

Londres, 2002. Paula Radcliffe gagne la course.

Nul doute que Paula Radcliffe soit la reine de Londres. Elle commence à courir à sept ans, l'âge de raison, histoire de juguler un asthme récurrent. Elle y prend goût, elle s'aligne dans des cross où elle brille. Sa foulée peut donner parfois l'impression qu'elle vole, elle est grande, 1,73 mètre, il va de soi qu'elle est légère, 54 kilos. Quand elle ne court pas, elle n'hésite pas à dire ce qu'elle pense de la course à pied. Dans les tribunes du stade d'Edmonton lors des championnats du monde d'athlétisme, elle brandit avec Hailey Tullett un grand placard véhément : « Les tricheurs à l'EPO dehors ». Elle se décide à disputer son premier marathon, à Londres bien sûr, elle le gagne. Ensuite elle écrit son autobiographie, *My Story So Far*, avec édition de poche ; sur le site Amazon, vous trouvez cent cinquante exemplaires d'occasion à 0,01 £. Elle gagne ensuite à Chicago, nouveau record du monde à la clef, puis à Londres nouveau nouveau record du monde, puis encore à Londres, dans un moins bon temps car elle a dû s'arrêter en raison d'ennuis gastriques. 2006 est une année particulière, avec des blessures et une grossesse. Elle fait son retour au marathon de New York qu'elle gagne deux années de suite. Si elle a échoué lors des marathons olympiques, on peut faire confiance à la Britannique née au pays de Lewis Carroll pour tout mettre en œuvre dans la perspective de Londres 2012. Après tout, elle n'aura que trente-neuf ans.

Paris

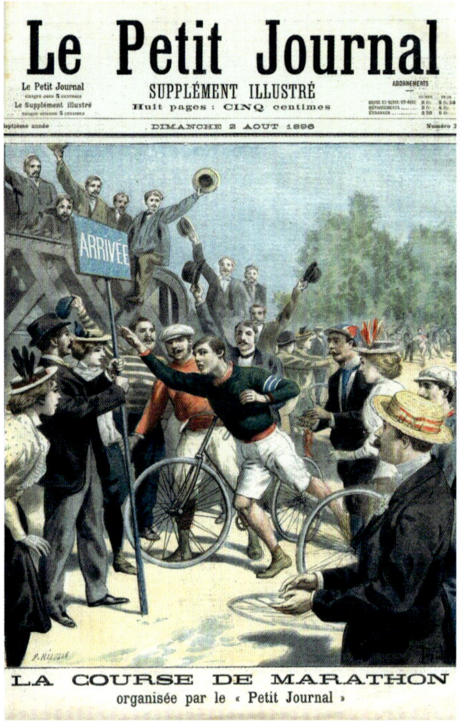

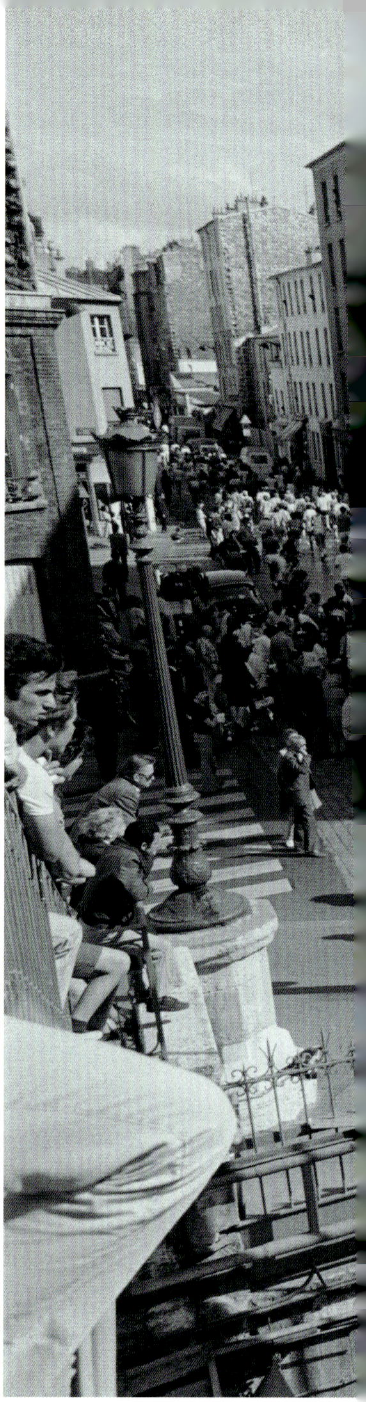

CI-DESSUS :
Un marathon entre Conflans-Sainte-Honorine et Paris, gravure de 1896.

CI-CONTRE :
Premier marathon de Paris, 1979.

Boston, New York, Chicago, Berlin, Londres, on a fait le tour du Cinq majeur. Paris n'a pas réussi à convaincre les pontes de l'IAAF (Association internationale des fédérations d'athlétisme) d'élargir le cercle à six ou sept courses.

On l'ignore, mais Paris a accueilli le premier marathon international après le marathon olympique d'Athènes gagné par Spiridon Louys. C'était en juillet 1896, un dimanche, dans la zone, porte Maillot, avec près de deux cents coureurs portant un brassard bleu ciel et blanc aux couleurs de la Grèce et accessoirement du Racing Club de France. Le ciel, lui, est gris. Quelques farfelus portent des ceintures de grelots comme les fous. Pierre Giffard et son *Petit Journal* organisent l'épreuve. Il a déjà créé Paris-Brest-Paris à vélo et inventé le gâteau à la crème éponyme, le Paris-Brest, en forme de roue. Le marathon se déroule entre Paris et Conflans *via* Versailles ; les coureurs sont suivis par une cohorte de cyclistes ; on remarque la propension du vainqueur, l'Anglais Hurst, à s'hydrater, orange pressée, coupe de champagne, sans doute un peu d'eau pas trop fraîche au passage, en tout cas à peine deux heures et demie, pauses comprises, c'étaient de beaux débuts.

Pourquoi faut-il alors attendre quatre-vingts ans pour le marathon suivant, mystère, sinon que Paris n'attire ni les promoteurs ni les foules. La renaissance a lieu en 1976, mais les trois premières éditions sont confi-

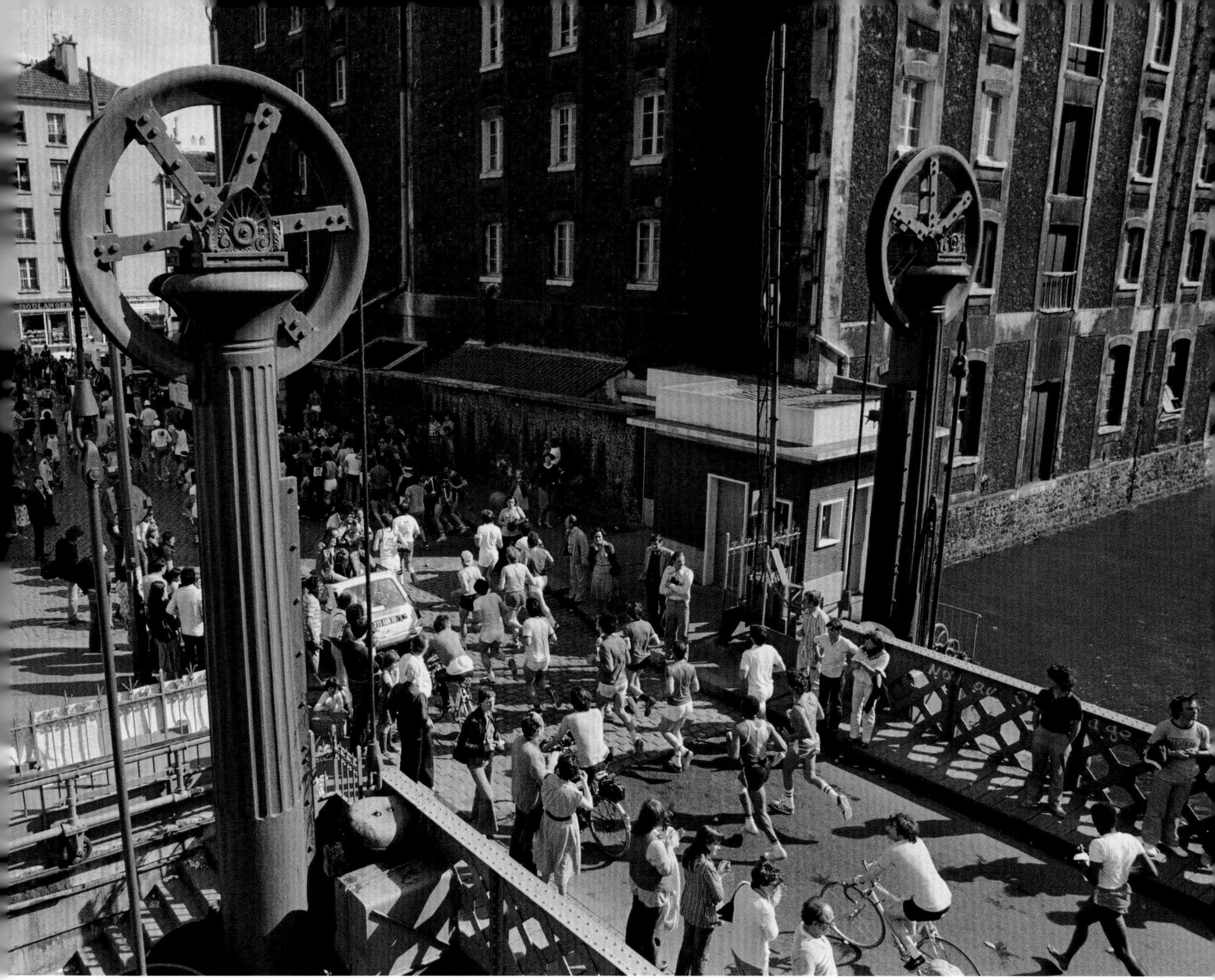

nées dans le bois de Boulogne et l'écho du peloton maigrichon reste confidentiel. Trois ans plus tard, il entre enfin dans Paris, il délaisse les sous-bois pour le macadam, le départ est donné devant l'Hôtel de Ville, le parcours tarabiscoté, séduisant sur le plan urbanistique mais saugrenu sur le plan athlétique, passe tour à tour par les vingt mairies d'arrondissement, tout sauf « roulant ». En 1981, il adopte son tracé à peu près définitif : le départ au pied de ce qui est à la fois l'Arc de triomphe et la tombe du Soldat inconnu, la bousculade et la cavalcade le long des Champs-Élysées parce que c'est le départ et que ça descend, la place de la Bastille,

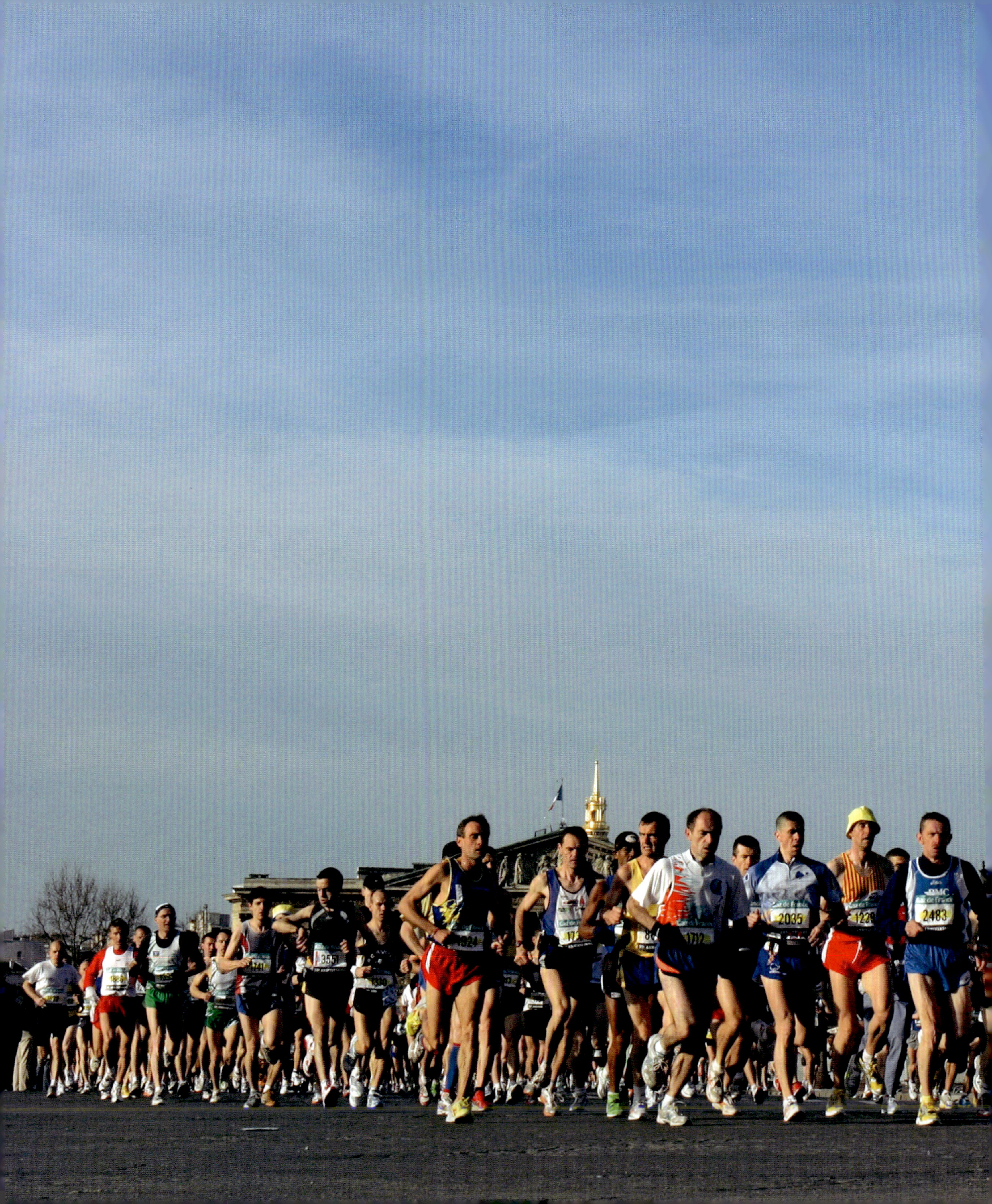
1324
3551
1712
2035
2483

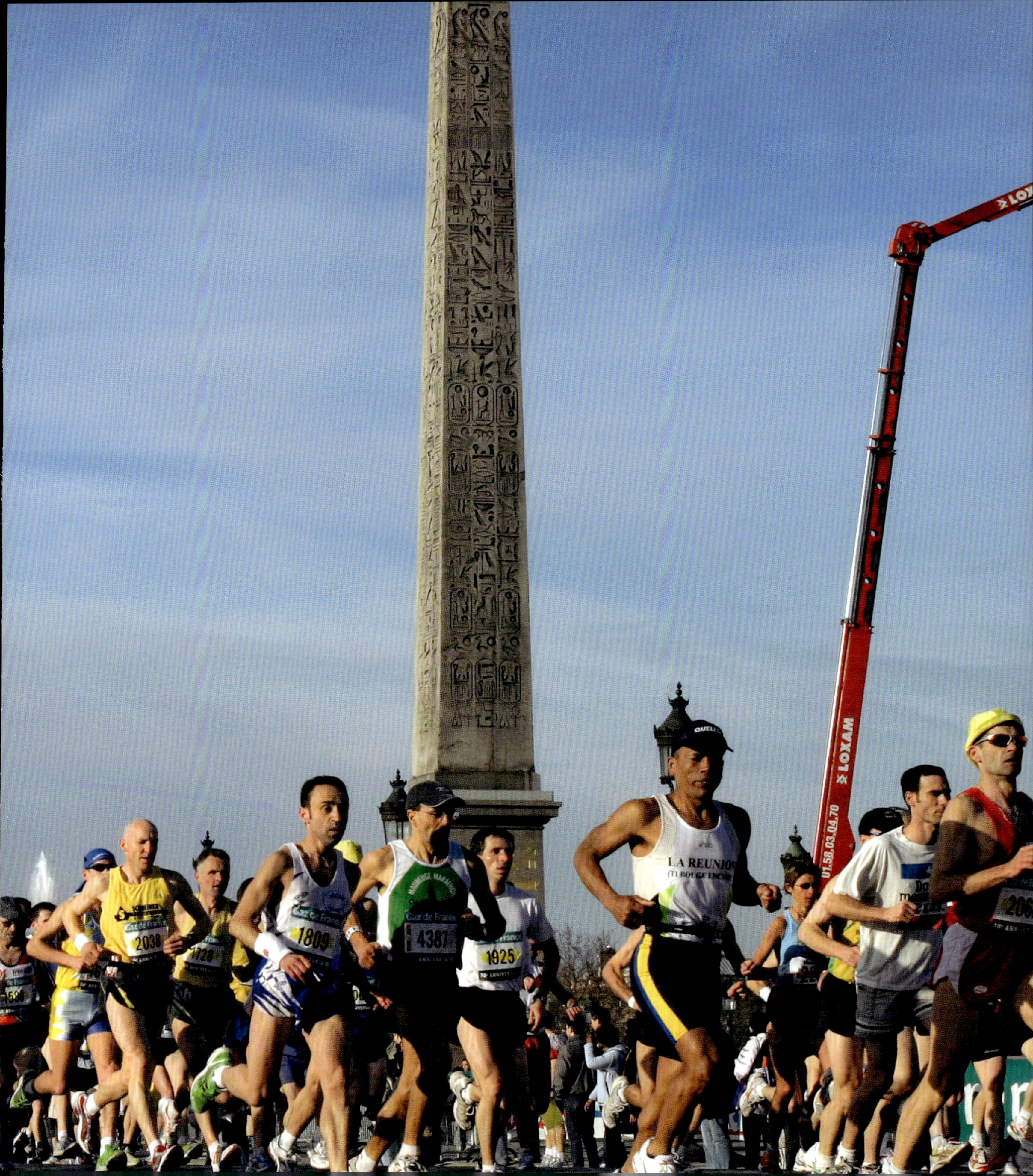
LOXAM
01.58.03.04.70
LA REUNION
Gaz de France
2038
1809
4387
1925

PAGE CI-CONTRE :
Marathon de Paris.

DOUBLE PAGE PRÉCÉDENTE :
30e édition du marathon
de Paris, 2009.

« Il y a des années que je rêve d'écrire un plan de Paris pour personnes de tout repos, c'est-à-dire pour des promeneurs qui ont du temps à perdre »
LÉON-PAUL FARGUE

le bois de Vincennes, la Bastille qu'il faut donc reprendre, le long de la Seine, berges ou quais, un tracé à peu près plat malgré les tunnels, le XVIe arrondissement qui n'est pas le plus joyeux, le bois de Boulogne avant de finir en bas de l'avenue Foch. Ce jour du mois de mai 1981, il pleut, et un concert incessant de klaxons assourdit les coureurs. On enregistre deux vainqueurs, ex aequo, ce doit être la mode, Dave Cannon et Ron Tabb imitent Simonsen et Beardsley à Londres le 29 mars.

Personne n'a réalisé le doublé depuis vingt ans. Steve Brace, un Gallois de Pen-y-bont ar Ogwr, l'avait emporté en 1989 pour le bicentenaire, marqué par la première participation des Japonais et la victoire d'une Japonaise, Kazue Kojima. Brace remet le couvert l'année suivante, il peut rêver d'un triplé mais le marathon est étrangement annulé en 1991 à cause de la guerre du Golfe. À la place, il s'en va gagner à Berlin. Avant lui, Jacky Boxberger avait engrangé deux victoires. Malgré ces trophées, il était resté l'ex-espoir de l'athlétisme français, très doué pour le demi-fond, avant qu'un accident de moto ne lui fasse perdre sa fluidité. Il passe alors au fond, il profite de la prolifération des courses sur route et des cachets attractifs des années quatre-vingt. Les spécialistes considèrent qu'il y ruine son talent. Le 9 août 2001, il connaît une mort tragique, piétiné par un éléphant lors d'un safari-photo au sud du Kenya.

Dominique Chauvelier présente un palmarès moins éclatant, mais sa carrière est émérite. S'il a gagné le marathon de Paris, c'est en vétéran, et quand on sait le niveau des vétérans on comprend qu'il s'agit d'une sacrée victoire. Dans une de ses chroniques de *Jogging international*, il raconte l'arrivée de l'argent dans la sphère de la course à pied au début des années quatre-vingt. Il a vingt-cinq ans, il vient de gagner le cham-

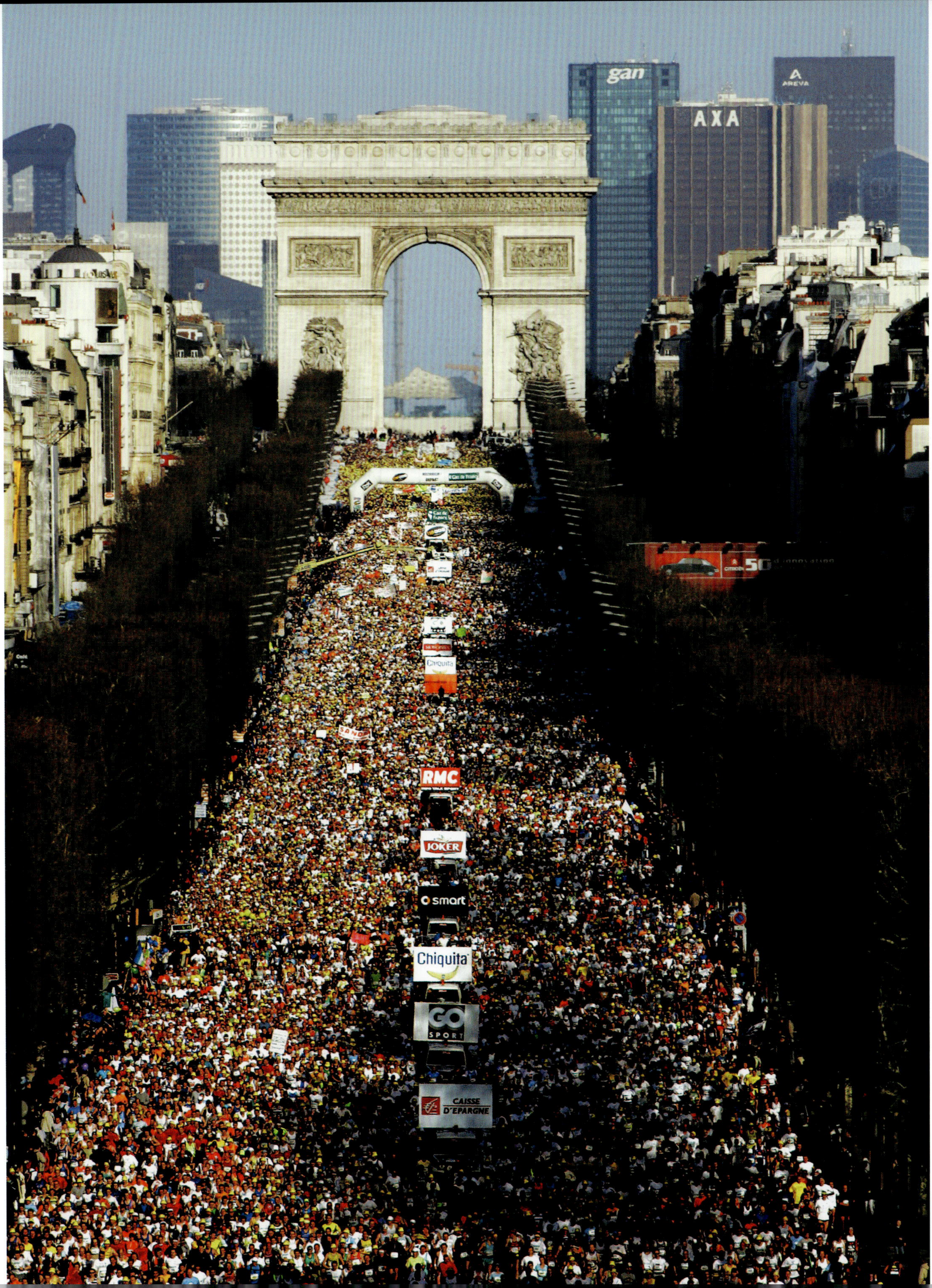
gan
AREVA
AXA
RMC
JOKER
smart
Chiquita
GO SPORT
CAISSE D'EPARGNE

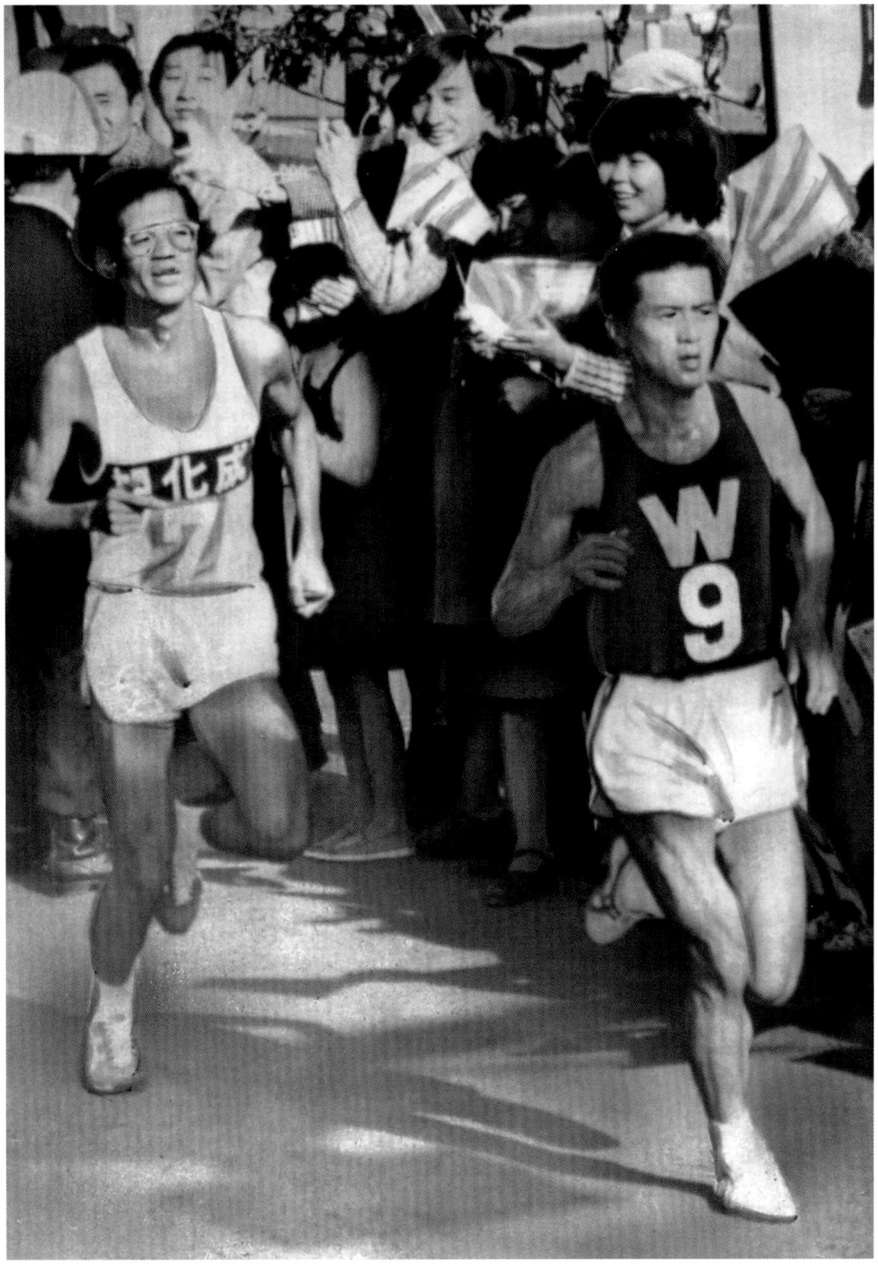

Marathon international
de Fukuoka, 1978.

pionnat de France et soudain, pour une course de trente kilomètres, on lui propose l'équivalent d'un mois de salaire. Favorisée notamment par les équipementiers qui voient s'ouvrir un marché phénoménal, la course à l'échalote s'accélère dans la seconde moitié des années quatre-vingt, avant l'intervention de l'Urssaf et l'irruption des coureurs d'Europe de l'Est puis d'Afrique. Il faut alors partager le gâteau et les coureurs de l'Hexagone sont réduits à la portion congrue. Le vainqueur du marathon touche cent trente mille dollars à New York, bien davantage à Chicago et à Londres, moins à Paris. Non sans malice, Chauvelier précise que « le dixième se contentera de mille euros et le onzième du droit de revenir ».

S'il est un marathon qui peut prétendre au statut de mythe, à l'égal ou presque de Boston, c'est bien celui de Fukuoka.

Certes, le premier n'a lieu qu'en 1947, mais le culte de la population japonaise pour la course à pied n'a pas d'égal. Le marathon est le sport national, avant le judo. Il est davantage de l'ordre de l'ascèse que de l'hédonisme, il peut évoquer la tension d'un arc envisagé du début à la fin de la course, il n'est pas sans rapport avec le shintoïsme quant à la place de l'homme dans la nature et, à sa façon, il tient du zen encore que le coureur à pied ne soit pas vraiment assis dans la position du lotus.

Fukuoka

Après la défaite, la capitulation et les deux bombardements atomiques, il s'est agi de revivre. Dans un contexte extrêmement difficile, Shizo Kanaguri, celui-la même qui s'était endormi sur le canapé d'un hôte accueillant lors du marathon des Jeux de Stockholm en 1912, a pris cette initiative de créer un marathon sur le sol japonais, décidé à construire l'avenir en renouant avec la tradition. Sa célébrité reste si grande qu'un jeu de société retrace sa vie.

En fait, les douze premières éditions se déroulent dans différentes villes, par exemple à Hiroshima en 1950, avant de se fixer à Fukuoka, dans le nord-ouest de l'île de Kyushu. Il se déroule le premier dimanche de décembre, un mois après un des tournois majeurs de sumo, dans un paysage typique. Entre le 25e et le 38e kilomètre, les coureurs empruntent la même route, en aller-retour, le long de la baie de Hakata.

Seko pleure le suicide de Nakamura : « Le premier jour, il a attrapé dix-huit truites avec les mouches qu'il avait confectionnées ; le second, on a retrouvé sa barque vide »

Benoît Heimermann

Depuis 2004, on assiste à une mainmise africaine et les Japonais ont disparu du palmarès. Les quatre victoires de Seko, au tournant des années soixante-dix et quatre-vingt, n'en sont que plus splendides. On le voit en 1979, devant les frères Soh, leurs lunettes et leur coiffure afro, côte à côte sur un podium de fête scolaire. On le voit encore pleurant dans les bras de son entraîneur Nakamura, saluant avec lui une autre fois, car Nakamura lui avait enseigné qu'il devait être heureux de posséder ce don de courir. L'entraîneur prétendait que le marathon est un art et le marathonien un artiste et que l'art requérait un esprit de sacrifice. Seko l'écoutait religieusement, il courait sept jours sur sept, il se donnait tout entier à sa passion. À chacun son point de vue et sa méthode de préparation : « Le marathon est ma seule petite amie, je lui donne tout ce que j'ai. »

Tokyo, 2009.

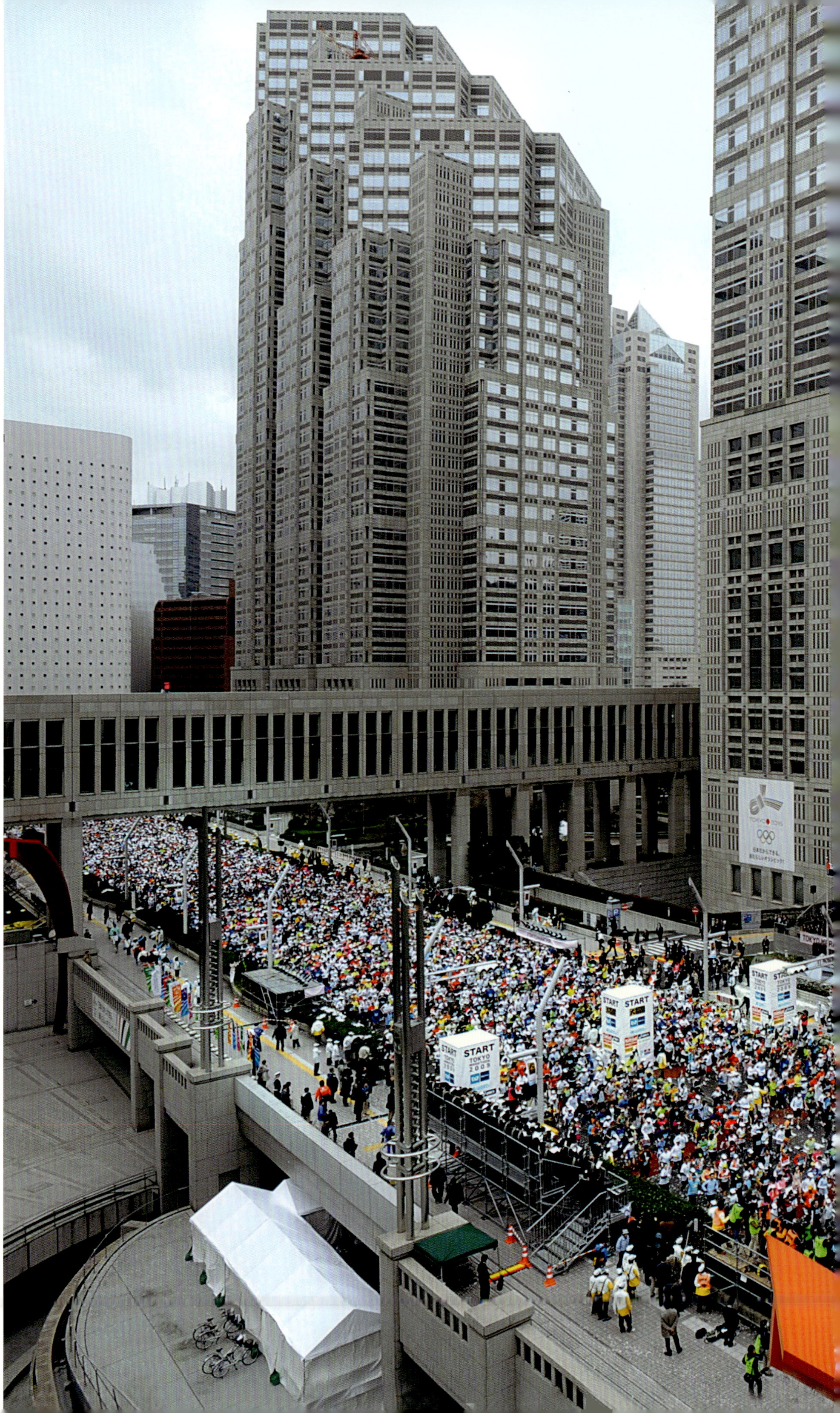

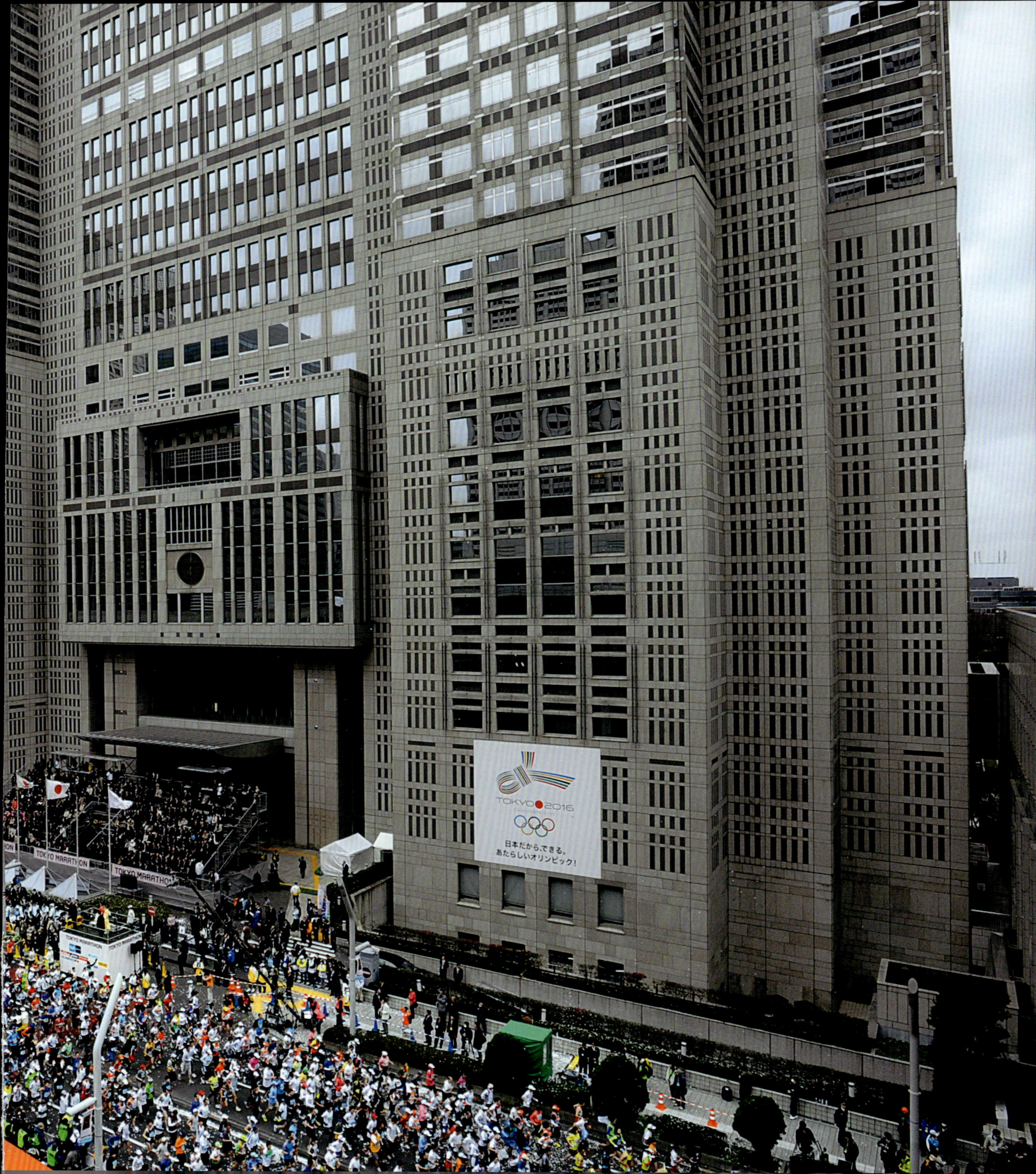
TOKYO 2016
日本だから、できる。
あたらしいオリンピック!
TOKYO MARATHON
TOKYO MARATHON
TOKYO MARATHON

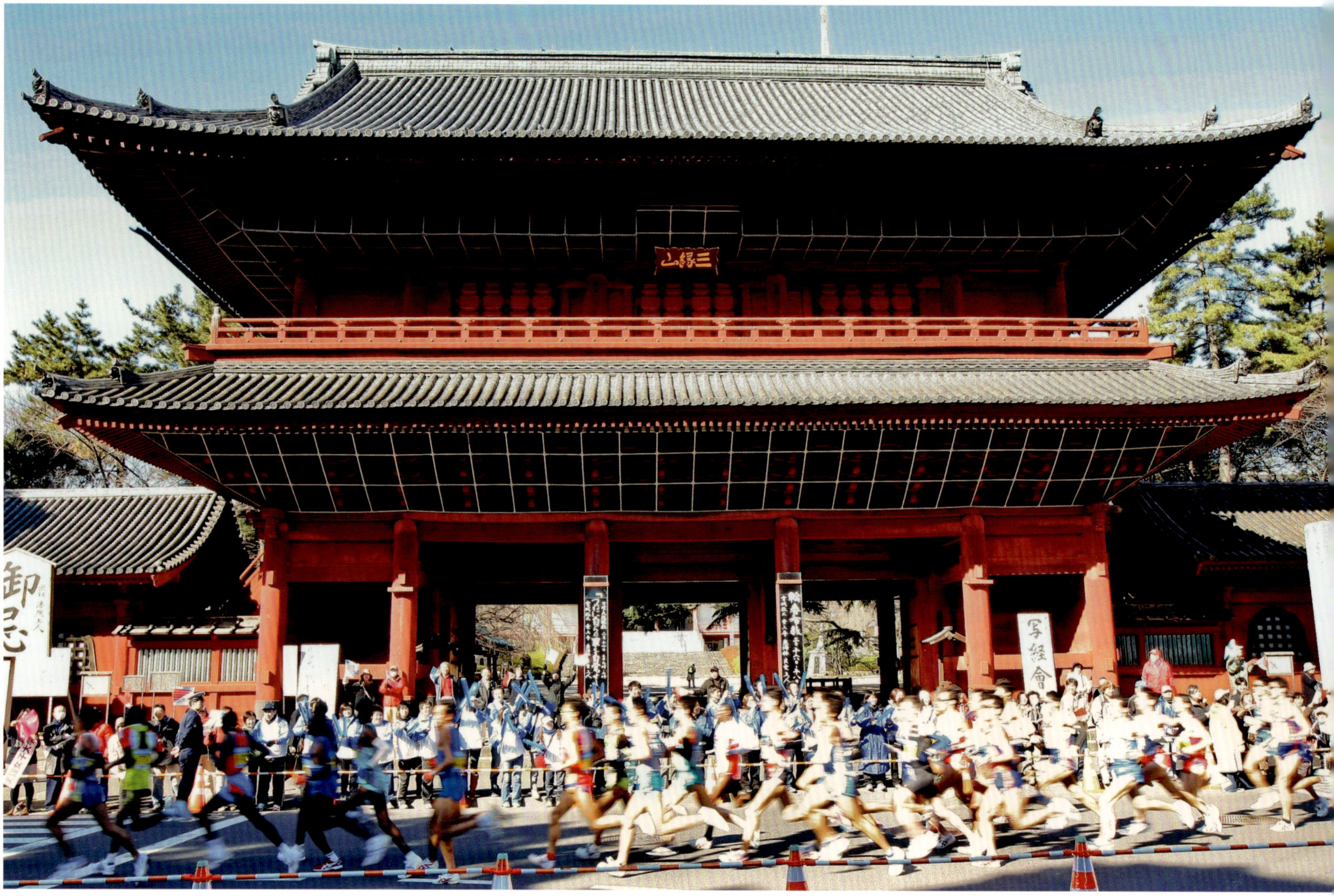

Tokyo, 2008.

Outre le marathon de Fukuoka, l'archipel offre l'occasion de courir à Tokyo, où Seko a connu sa plus belle victoire parce qu'il l'a emporté après deux ans de blessures et de doute qui l'avaient miné. Jusqu'en 2006, il offrait même l'occasion d'en courir deux dans la même ville. Depuis, on se concentre sur un seul, en février. Plus de trente mille coureurs traversent la ville ; ils partent du pied des cinquante et un étages de la mairie, passent par le palais impérial reconstruit à l'identique après la guerre, arrivent dans le Centre international d'expositions aux bâtiments futuristes. Beaucoup sont déguisés, dans des tenues assez invraisemblables, au hasard une tortue Ninja, Dark Vador, une Alice au pays des merveilles, un homme d'affaires en gilet et redingote. Deux millions de spectateurs les encouragent, Tokyoïtes de base, pom-pom girls, dames en kimono. En

Tokyo, Osaka...

2010, sous la neige, ils applaudissent à la victoire d'un Japonais, Fujiwara, qui déclare avec un sens tout japonais de la concentration : « Comme il était impossible de courir vite à cause du froid intense, je me suis concentré sur la victoire. » En 2011, douze jours avant le tremblement de terre du 11 mars, ils applaudissent Edison Pena, un des mineurs chiliens bloqués deux mois sous terre l'automne précédent, invité par les organisateurs admiratifs qu'il ait couru dans les galeries de la mine pour se maintenir en forme. Trois heures avant, ils ont salué la victoire d'un Éthiopien de trente ans au nom finlandais, Mekkonen, qui s'est mis au marathon un an auparavant.

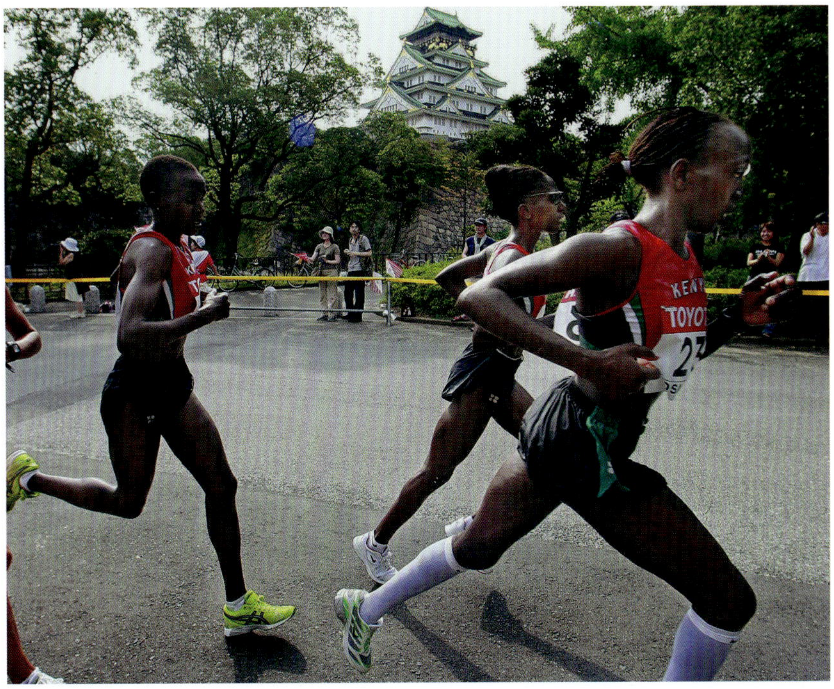

Osaka, 2007.

DOUBLE PAGE SUIVANTE :
Marathon des sables, 1988.

Il y a aussi naturellement la marathon d'Osaka, réservé aux femmes, fin janvier, depuis 1982. Sur les onze courses du XXIe siècle, on compte six victoires japonaises. À la pointe de la modernité et de l'ingénierie, il y a enfin le premier marathon de robots, organisé à Osaka en février 2011, avec cinq participants, cinq humanoïdes d'une trentaine de centimètres dont la démarche a un petit côté Neil Armstrong et Buzz Aldrin sur la Lune, ils se sont affrontés en quatre cent vingt-deux tours de piste de cent mètres, il leur a fallu quatre jours, mais au point où nous en sommes on peut supposer qu'ils feront des progrès.

Les autres marathons sont innombrables. Il en existe des dizaines chaque mois. Le choix est plus que jamais subjectif. Voilà où j'aimerais courir, un jour, tant que les jambes sont là.

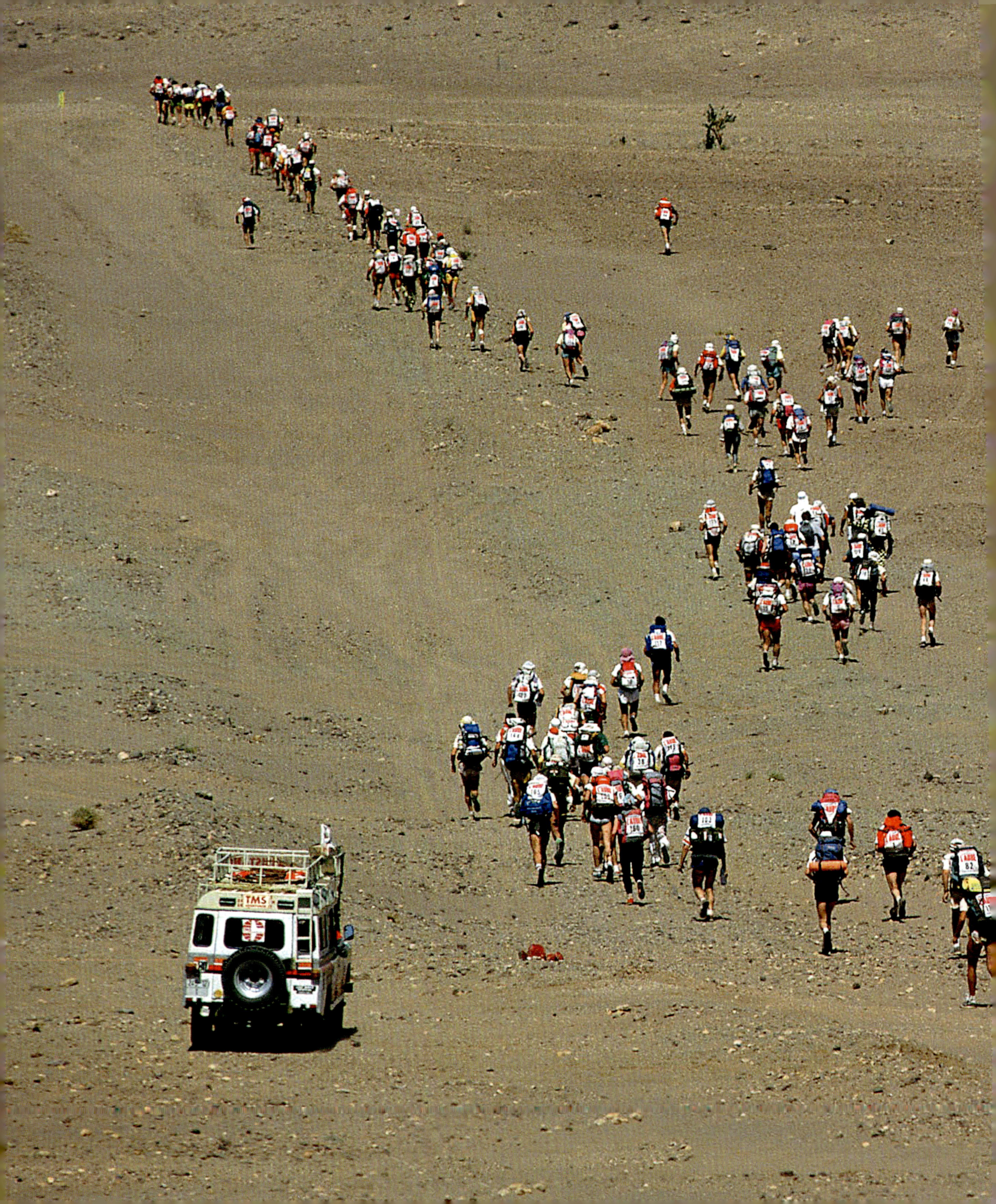
TMS

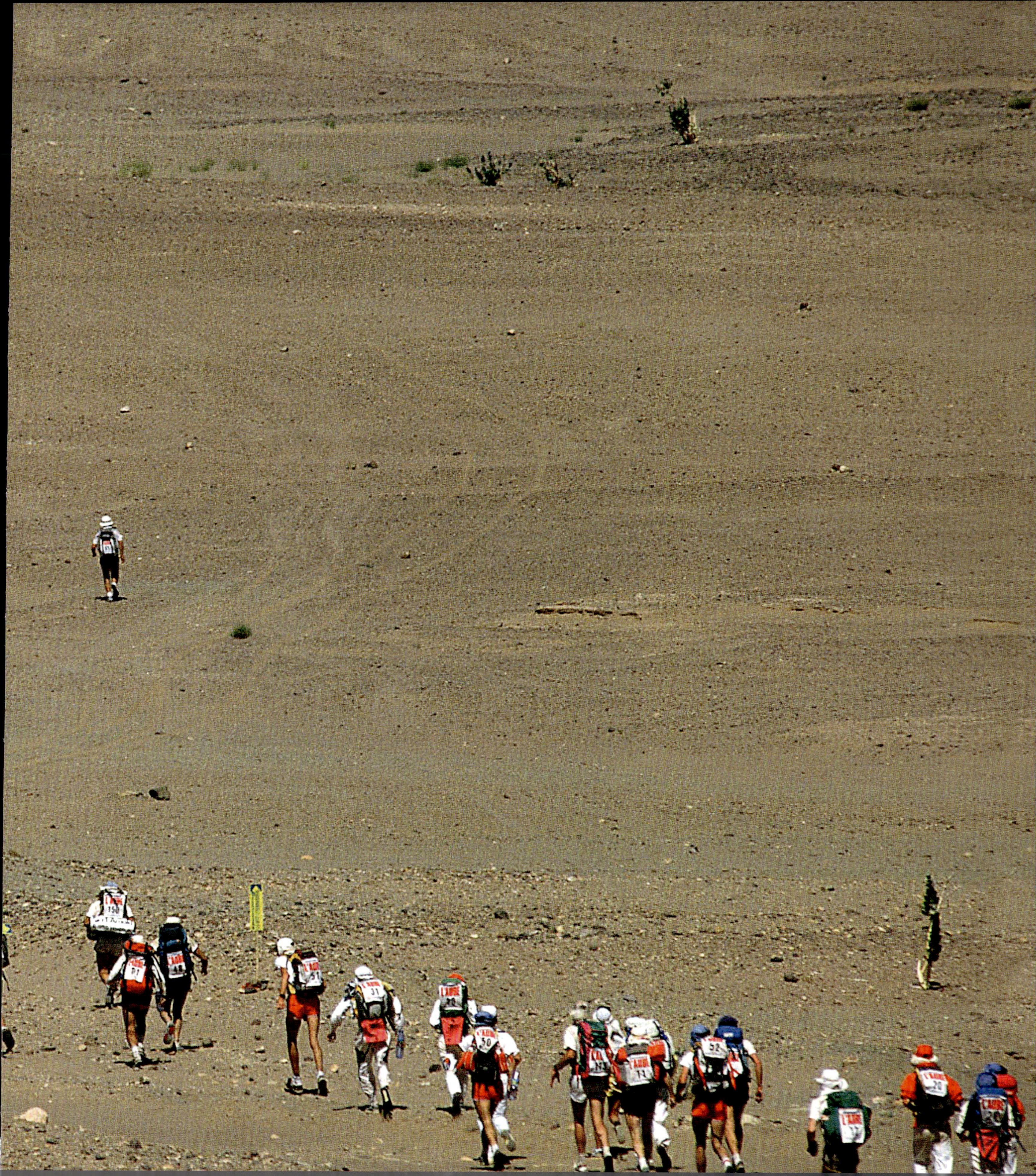

Zurich, Xiamen, Mumbai, Rotterdam...

Et rien qu'en janvier, vous avez encore Dubaï, Khon Kaen, Trinidad-et-Tobago, Miami, Marrakech, Houston, Syracuse, Naples, etc.

Au nouvel an, à Zurich, la nuit, et avec un peu de chance sous la neige. En janvier, il y aurait Xiamen dans le sud de la Chine, le lendemain, puis pourquoi pas Mumbai ou Bombay. En février, nous irions à Beppu dans l'île de Kyushu, puis sur les terres parmesanes du compositeur de *La Force du destin* pour le marathon Verdi, et enfin à l'ombre du Kilimandjaro, sans les neiges, ne serait-ce qu'en hommage au Tanzanien John Akhwari, dernier du marathon olympique de Mexico, pris de crampes vers le trentième kilomètre, victime d'une chute, le genou en sang, bandé, refusant d'abandonner parce que son pays ne l'avait pas envoyé de l'autre côté de l'océan pour des prunes, mettant plus d'une heure pour les dix derniers kilomètres, le stade déserté à son arrivée. En mars, en 2011, on peut porter sur les fonts baptismaux et sous la pluie le premier marathon de Jérusalem même si le tracé nourrit la polémique, ou supporter à Los Angeles le sumo de deux cents kilos qui met 9 h 48′ 52″ et qui déclare : « J'ai réussi mais c'était l'enfer. » En avril, pourquoi ne pas partir à Madrid, pour le *maraton popular*, difficile en raison de son tracé, et pourquoi ne pas enchaîner avec Rotterdam, tout plat, où tout un chacun a loisir d'établir des records. Au joli mois de mai, ce serait Hanovre, puis il faudrait choisir entre Cleveland et Toronto le même jour. En juin, au moment des nuits blanches, on mettrait le cap sur Saint-Pétersbourg. En juillet, on resterait dans les parages avec le Paavo-Nurmi à Turku. En août, on découvrirait le marathon des Deux Rives à Québec. En septembre, on irait voir en Pologne à quoi ressemble l'étrange Running Festival of Economic Forum. C'est en octobre qu'a lieu le plus grand nombre de marathons et il faudrait choisir encore entre le Loch Ness, Buenos Aires, Istanbul, Auckland et Venise où il faut sûrement franchir un nombre incalculable de ponts. En novembre,

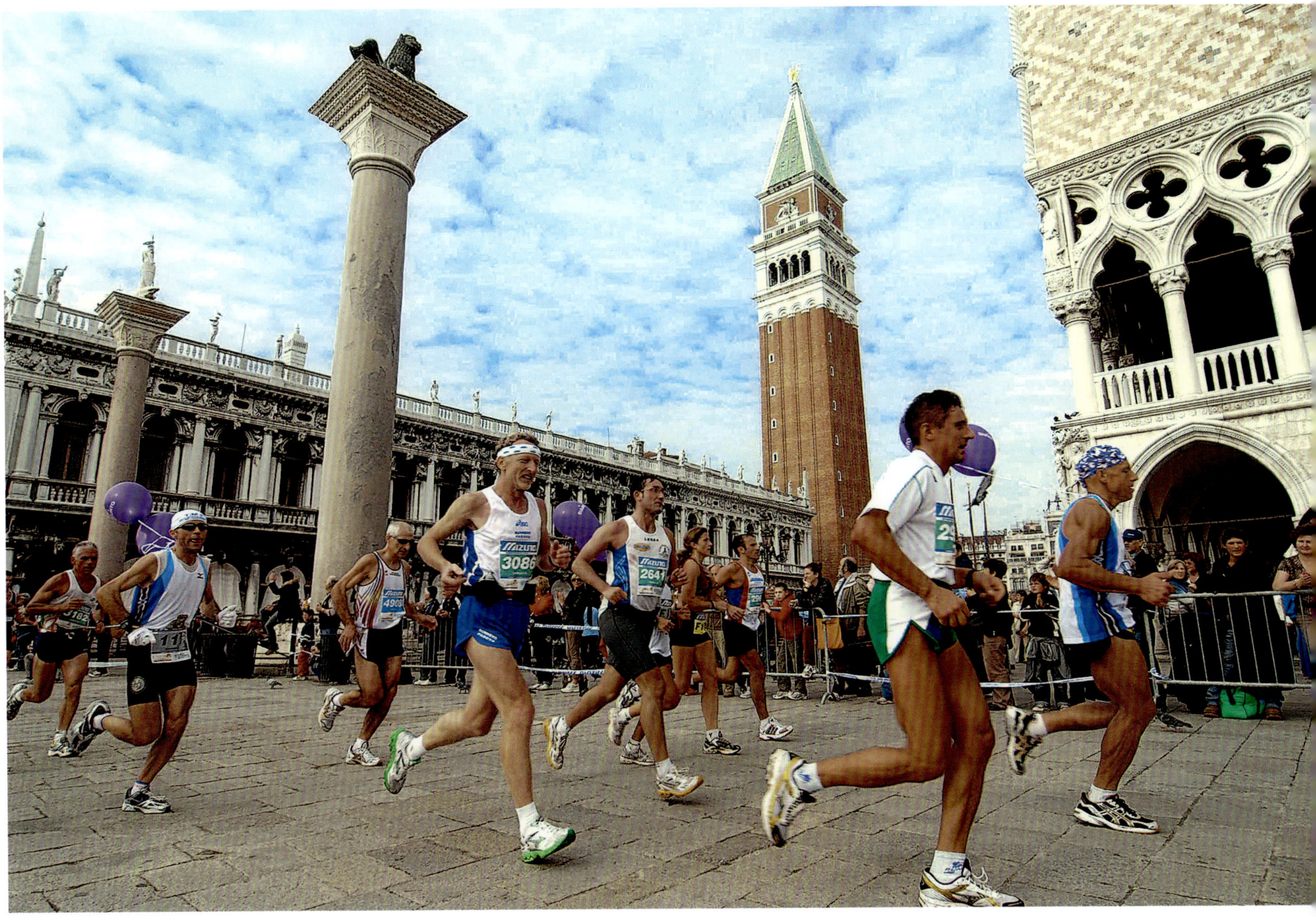

CI-DESSUS :
21e édition du marathon de Venise, 2006.

DOUBLE PAGE SUIVANTE :
Marathon de la muraille de Chine, 2010.

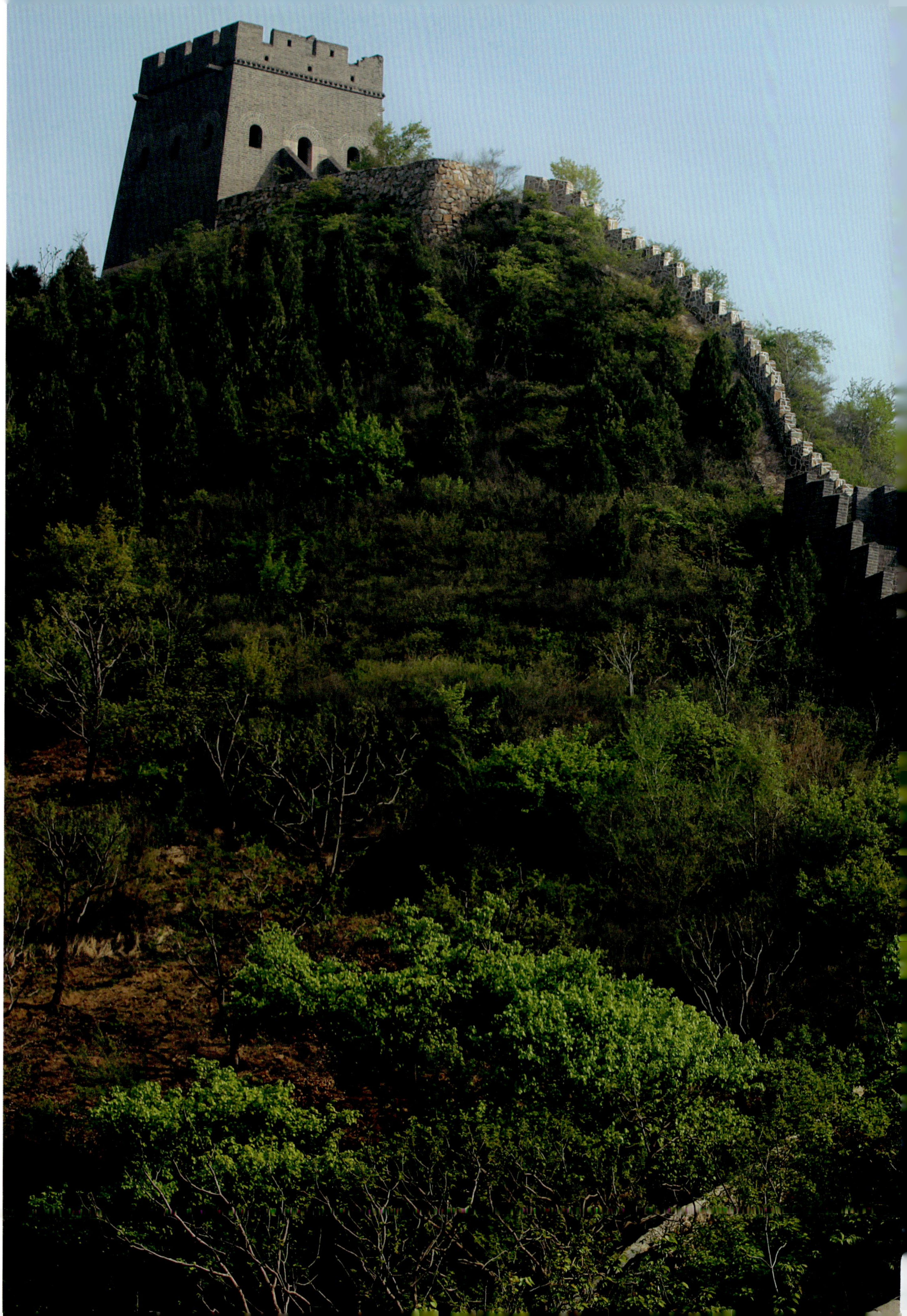

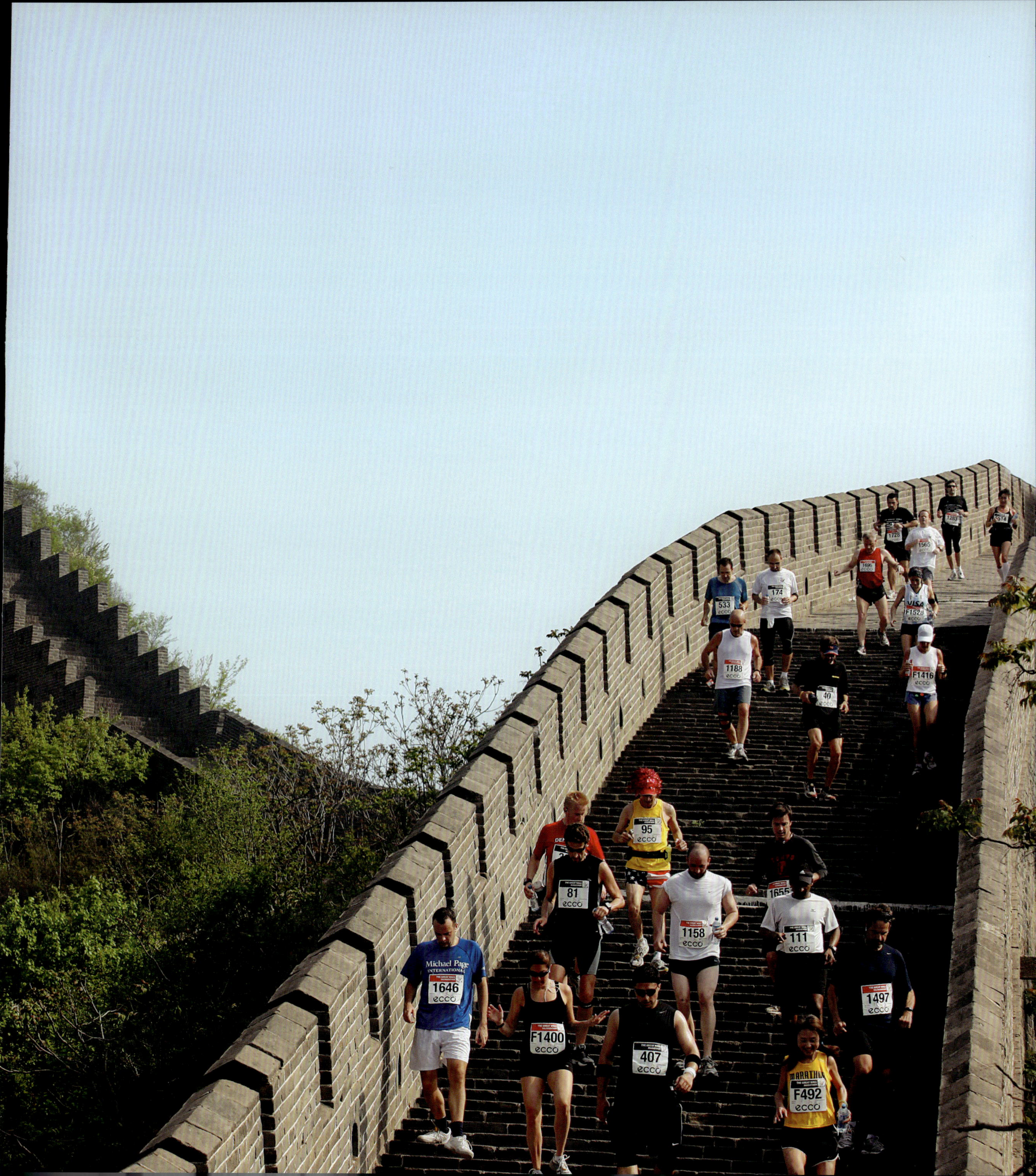

Michael Page INTERNATIONAL
1646
F1400
407
F492
1497
111
1158
81
95
1188
40
F1416
533
174
ecco

...Buenos Aires, Istanbul, Venise...

Athènes s'impose. En décembre, il y a Zagora à la limite du désert saharien, le 31, avant de vite retourner à Zurich pour le nouvel an.

Le calendrier devrait faire une place à quelques odyssées moins classiques. Je m'en voudrais d'oublier la Grande Muraille de Chine où il faut déguster trois mille sept marches inégales de granite et les vignobles du Médoc où un *numerus clausus* de huit mille bienheureux a droit à déguster quelques verres. S'il n'est pas facile de courir sur une longue distance à Kourou, il existe néanmoins depuis vingt ans un marathon de l'Espace en l'honneur de la station de lancement des fusées Ariane. Et j'aime cette anecdote rapportée par un astrophysicien, après avoir lancé une fusée ou disputé un marathon, je ne sais plus ; en tout cas, il croise sur la plage deux tortues luth qui viennent de pondre et qui errent, perdues, leur carapace est bleutée, sans écailles, elles pèsent une demi-tonne chacune, il passe tout l'après-midi à leur tracer un chemin avec des rondins pour les reconduire à la mer.

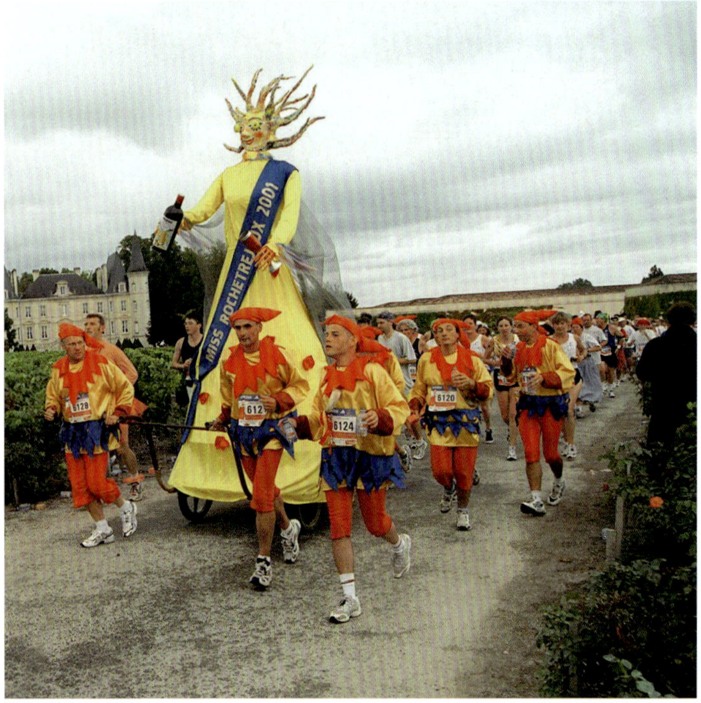

CI-DESSUS :
Marathon du Médoc.

PAGE CI-CONTRE :
Relais Ekiden, Japon, 2009.

Enfin, histoire de boucler la boucle, il faut évoquer les relais Ekiden, d'origine japonaise, marathon par équipes, qui peut rappeler les lampadédromies à Athènes dans l'Antiquité. Ainsi, depuis 1951, les amateurs disputent la Prince Takamatsu Cup, du nom du jeune frère de l'empereur Hirohito qui, lui, fut opposé aux initiatives militaristes avant la guerre et qui présida la Croix-Rouge japonaise après la défaite. Le départ du relais est donné à Nagasaki, l'arrivée a lieu à Fukuoka, il y a mille et soixante-quatre kilomètres à gambader, et il n'y a plus qu'à trouver quatre ou cinq bons copains pour former une équipe.

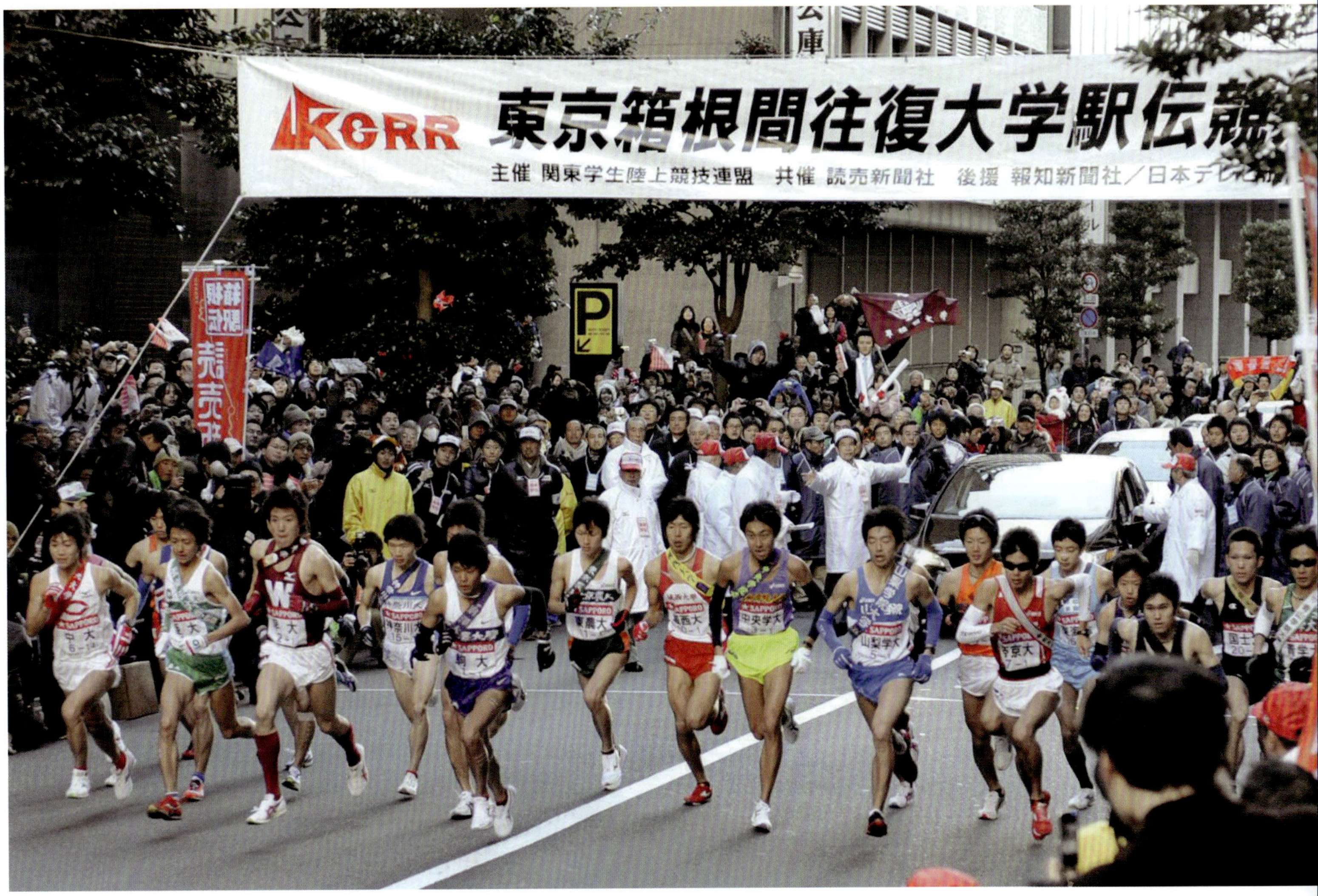

*« L'altérité survit dans l'atmosphère de la fête,
dans les courses nocturnes de garçons et de filles qui
semblent s'y dérouler à la lueur des torches brûlantes »*

Jean-Pierre Vernant

Le marathon est presque fini. Il ne reste plus que 195 mètres à parcourir. Même si on est encore assez frais, on n'a pas l'esprit à calculer qu'on a déjà couru deux cent dix fois deux cents mètres depuis le départ. Ceux qui en ont l'énergie livrent un sprint pour gagner de haute lutte la 700e, la 7 000e ou la 23 456e place contre un gamin de trente ans à l'allure d'athlète ou un vieux de soixante qui en paraît bien soixante-dix, ratatiné, rase-mottes mais toujours en jambes.

Sur la ligne, un coureur sur deux arrête le chronomètre de sa montre alors qu'un panneau lumineux indique le temps écoulé depuis le coup de feu du *starter* et que la puce électronique qu'il porte à la cheville enregistre son temps à la seconde près. La ligne franchie, la vie perd de son caractère époustouflant. Il faut quelques instants pour se réhabituer à marcher. Les plus fatigués ont droit à une couverture en laine tandis que les vainqueurs font la couverture des magazines spécialisés. Ensuite, on accorde en général davantage d'importance à la boisson qu'à la médaille et au certificat qui sont les signes ostensibles d'une espèce de victoire. Pourtant chacun est plus ou moins heureux ou déçu du temps qu'il a mis.

Même si les endorphines s'endorment doucement, on reste encore sur un petit nuage, ou dans ce nuage, un peu comme Athéna Nikè quand elle apparaît aux héros. Il n'y a plus qu'à rentrer chez soi en métro ou en voiture, plus ou moins fatigué, vaguement mélancolique d'en avoir terminé, déjà en proie aux souvenirs.

Le moment est venu de prendre un livre. L'idéal serait donc *La Solitude du coureur de fond* où Sillitoe n'en finit pas de raconter en même pas cent pages ce qui nous met en mouvement. Pour les amateurs de bande dessinée, *Le Marathon de Safia* est impeccable. Si on n'a pas le courage de lire, on peut toujours regarder un livre de peinture. *L'homme qui court* de Malevitch court sous le signe de la croix, en brodequins noirs, en blouse de moujik, le visage invisible de n'importe quel moujik pourchassé par les bolcheviks qui veulent faire son bonheur en le forçant à rentrer dans le rang. *Fouler* de Jean-Pierre Schneider vaut pour toute une série de toiles. Le tableau du 7 IX 02, un samedi, montre un léger nuage de poussière sous le talon de la jambe gauche et renoue avec la course de l'Antiquité grecque.

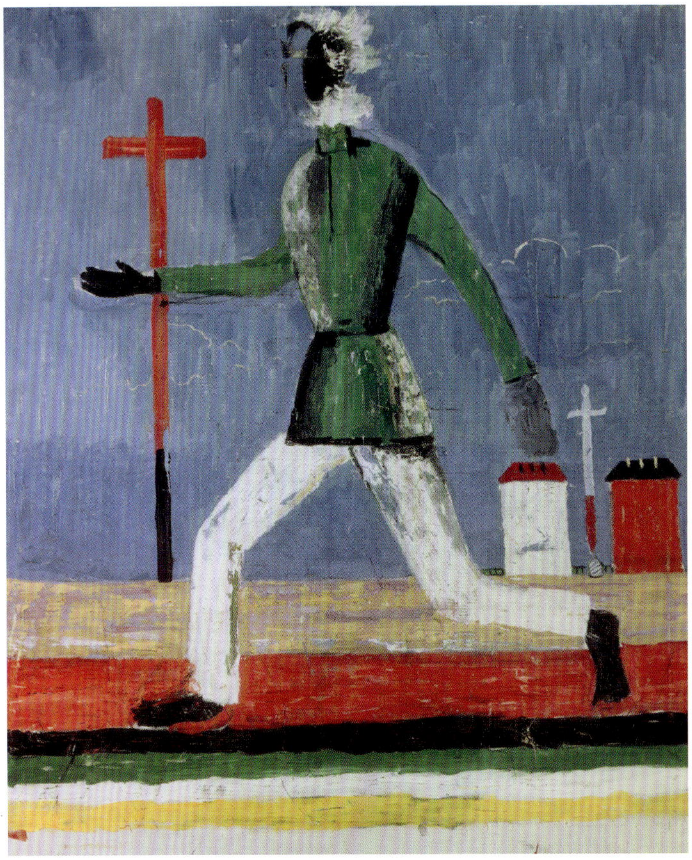

Kasimir Malevitch, *L'Homme qui court*, 1933-1934, Paris, musée national d'Art moderne, collection Centre Pompidou.

Quant au Marathon de l'espoir, il évoque la belle et triste histoire de Terry Fox. En 1980, il a vingt-deux ans, une jambe artificielle, et il décide de traverser le Canada d'un océan à l'autre, par défi, et pour financer la lutte contre le cancer. Il court quarante-deux kilomètres par jour, il est obligé de s'arrêter au bout de quatre mois, épuisé, les poumons obstrués par des métastases de son cancer des os. Il meurt un an plus tard, il aura récolté vingt-deux millions de dollars pour la recherche.

Au-delà de la course à pied, le mot s'est imposé pour dire toute séance éprouvante d'une durée inhabituellement longue. On connaît des marathons diplomatiques, des marathons de l'emploi et on a vu, parfois, des ouvriers se mobiliser en courant des dizaines de kilomètres pour sauver une entreprise. On connaît aussi des marathons des mots. Certains marathoniens racontent leur course, kilomètre par kilomètre. Les plus taciturnes se contentent d'une phrase. La plupart pensent déjà à la prochaine. Ils savent qu'ils n'ont plus qu'à mettre leurs baskets jaunes, ou noires, et se lancer.

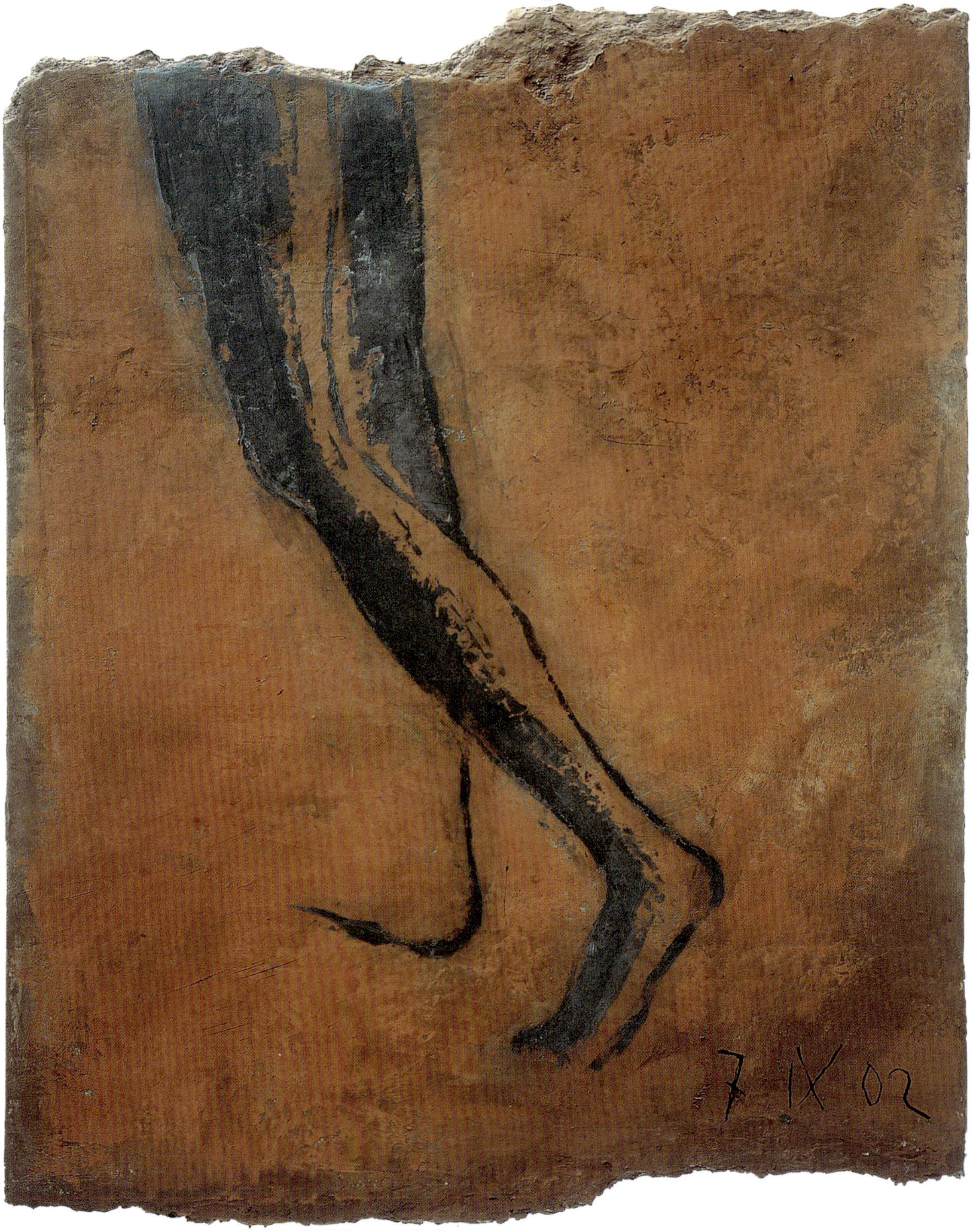

Jean-Pierre Schneider, *Fouler*, le 7 IX 02.

BIBLIOGRAPHIE

Pierre Lévêque, *Nous partons pour la Grèce*, PUF.
Raymond Pointu, *Les Marathons olympiques*, Calmann-Lévy.
Robert Parienté et Guy Lagorce, *La Fabuleuse Histoire des Jeux olympiques*, Éditions de La Martinière.
Alan Sillitoe, *La Solitude du coureur de fond*, Points Seuil.
Haruki Murakami, *Autoportrait de l'auteur en coureur de fond*, Belfond.
Jean Echenoz, *Courir*, Éditions de Minuit.

MES REMERCIEMENTS

à Claude Hénard pour sa volonté de mener à son terme ce projet,
à Caroline Fuchs et à Karine Benzaquin pour leurs suggestions,
à Virginie Perrollaz, Éric Deleporte et Charlotte Debiolles,
à Pierre Cabanes qui a eu l'amabilité de relire la partie grecque de ce livre,
à Raymond Pointu dont la science et le style m'ont enchanté,
à tous ceux avec qui j'ai couru des cross, des courses et des marathons.

CRÉDITS PHOTOGRAPHIQUES

AFP Photo/Getty Images : Afton Almaraz : 133 ; Julian Herbert : 143 ; Nick Laham : 102, 104, 105.
AKG : 7, 46, 48-49 ; Ullstein Bild : 64, 66, 84-85, 141 ; Erich Lessing : 10 (détail), 18 ; Michael Weis : 110.
Archives du 7e Art/Igloolik Isuma Productions/DR : 116-117.
Art Archive/Dagli Orti : 34.
Corbis : © Bettmann : 53, 56 bas droit, 63, 72, 122-123, 125 haut, 127 ; © Bettman/Paul Richards : 90 haut ; © Jean Guichard/Sygma : 145 ; © Richard Hamilton Smith : 136-137 ; © Elizabeth Kreutz/NewSport : 108-109 ; © Dai Kurokawa/ epa : 154 ; © JP Laffont/Sygma : 129 ; © David Lees : 128 ; © David G. McIntyre/epa : 160-161 ; © Andrea Merola/epa : 159 ; © Kay Nietfeld/epa : 106 ; © Franck Robichon/POOL/ epa : 152-153 ; © Jean-Yves Ruszniewski/TempSport : 97 ; © George Tiedemann : 126 ; © Underwood & Underwood : 60.
École nationale supérieure des beaux arts, Paris : 28-29.
© Mark Gamba : 130-131.
Gamma-Rapho : Mary Evans/Keystone-France : 42.
Getty Images : 90 bas ; © Reg Birkett/Keystone : 142 ; © Bongarts : 43, 91 ; © Rich Clarkson/Sports Illustrated : 89 ; © Jerry Cooke/Sports Illustrated : 82 ; © Hulton Archive : 51, 74 (détail) ; © Image Bank/Patti McConville : 4 ; © IOC/Allsport : 38, 81 ; © Heinz Kluetmeier/Sports Illustrated : 125 bas ; © Popperfoto : 44, 56 haut, 56 bas gauche , 62, 69, 78 ; © Adam Pretty/Allsport : 101 ; © Sankei Archive : 98, 150 ; © Billy Stickland/ Allsport : 94 ; © Time & Life Pictures : 70, 73, 75 ; © Tony Triolo/Sports Illustrated : 87 ; © John G. Zimmerman/Sports Illustrated : 76-77.
Magnum Photos/© John Vink : 138.
ProdDB©lionFilm/DR : 119.
Regards du sport/vandystadt.com : © Michel Maindru : 149 ; © Christian Petit : 146-147 ; © Gérard Planchenault : 156-157.
RMN : © Collection Centre Pompidou, Dist. RMN/Philippe Migeat : 165 ; Hervé Lewandowski : 23, 31 ; René-Gabriel Ojéda : 15 (détail).
© Roger-Viollet : 50, 58-59.
© Rue des archives/PVDE : 144.
© Jean-Pierre Schneider : 166.
Sipa Press : AP/Itsuo Inouye : 155 ; FIEVEZ : 162 ; NEWSCOM : 163.

En couverture :
Page 1 : 1re colonne, de haut en bas : AKG/E. Lessing ; Gamma-Rapho/Mary Evans/Keystone-France ; Getty Images/ Popperfoto ; Getty Images/Popperfoto ; AKG/Ullstein Bild.
2e colonne, de haut en bas : Sipa Press/AP/I. Inouye ; Getty Images/Time & Life Pictures ; Getty Images/Sankei Archive ; Corbis/Underwood & Underwood ; AKG/Erich Lessing.
3e colonne, de haut en bas : Getty Images/Popperfoto ; Corbis/ Bettmann ; Getty Images/Popperfoto ; Getty Images/ Sports Illustrated/Jerry Cooke.
4e colonne, de haut en bas : Corbis/A. Merola/EPA ; Sipa/ Newscom ; Roger-Viollet ; AFP Photo/Getty Images/Nick Laham.
5e colonne, de haut en bas : Corbis/F. Robichon/POOL/EPA ; AFP Photo/Getty Images/J. Herbert ; AFP Photo/Getty Images/A. Almaraz ; Corbis/Bettmann.

Page 4 : Corbis/Franck Robichon/POOL/EPA.

Photogravure : Sogec à Turin, Italie
Impression : Graphart Printing à Trieste, Italie
Dépôt légal : octobre 2011. N° 97275